DuMont Schnellkurs

BUDDHISMUS

Frank Rainer Scheck, geboren 1948, publizierte u. a. einen Kunst-Reiseführer »China« und übersetzte Werke zur Zen-Kunst und zur indischen Baukunst. Manfred Görgens, geboren 1954, publizierte u. a. eine »Kleine Geschichte der indischen Kunst«, zwei Reiseführer zu indischen Regionen und einen Fotoband »Sri Lanka«. Beide Autoren kennen den buddhistischen Kulturkreis seit 25 Jahren durch zahlreiche ausgedehnte Reisen

DuMont Schnellkurs

DuMont Schnellkurs

BUDDHISMUS

Frank Rainer Scheck
Manfred Görgens

DUMONT

Impressum

Umschlagvorderseite von links nach rechts und von oben nach unten:
Buddha-Kopf aus Tumshuq, Zentralasien (SMPK, Museum für Indische Kunst, Berlin) / Die ›allsehenden Augen‹ des Buddha vom Swayambunath-Stupa bei Kathmandu, Nepal (Foto Günter Heil, Berlin) / Mönch der japanischen Kegon-Sekte, auf einem Baum meditierend. Rollbild des 13. Jahrhunderts (Ausschnitt) / Rechteck, Dreieck, Kreis. Tuschzeichnung von Sengai, Idemitsu Museum, Tokio / Kalachakra-Mandala (Foto Martin Brauen, Bern) / Seine Heiligkeit, der 14. Dalai Lama (Foto dpa) / Votivstupa aus Gandhara (Foto Manfred Görgens, Wuppertal) / Blatt vom Bo-Baum in Bodh Gaya, Indien (Foto Jürgen Bringenberg, Wuppertal) / Blick auf die Mogao-Höhlen von Dunhuang, China (Foto Erhard Pansegrau, Berlin)

Umschlagrückseite von oben nach unten:
Mönchsnovizen am Goldenen Fels (Foto allOver, Josef Beck) / Buddhistische Mönche als Schreiber. Malerei aus einer Klosterruine bei Kara-Shahr, Zentralasien (British Museum, London) / Fußabdruck des Buddha Shakyamuni. Thangka aus Newar, Nepal (Foto Martin Brauen, Bern)

Umschlagfond: Buddha- und Bodhisattva-Statuen aus dem Swat-Tal, Pakistan

Frontispiz: Mönch vor der Hand einer Kolossalstatue des Buddha. Sukhothai, Thailand (Foto allOver, Josef Beck)

Die Deutsche Bibliothek – CIP-Einheitsaufnahme

Scheck, Frank Rainer :
Buddhismus / Frank Rainer Scheck ; Manfred Görgens. – Orig.-Ausg. –
Köln : DuMont, 1999
   (DuMont-Taschenbücher ; 516 : DuMont-Schnellkurs)
   ISBN 3-7701-3601-2

Originalausgabe
© 1999 DuMont Buchverlag, Köln
Alle Rechte vorbehalten
Satz: APE, Martin Sulzer-Reichel, Overath, Britta Zuschlag, Köln
Druck und buchbinderische Verarbeitung: Editoriale Lloyd

Printed in Italy   ISBN 3-7701-3601-2

Inhalt

Vorwort 7

Einleitung 8

Der historische Buddha

- Lebensdaten und Legenden 12
- *Die Geburtslegende (nach dem Lalitavistara)* 13
- Der Fürstensohn als Asket 14
- Erwachung unter dem Bo-Baum und ›Andrehen des Lehrrades‹ .. 17
- Die Missionsjahre des Erwachten 18
- Die erste Ordensgemeinde 22
  Buddhas Schüler und Jünger 24
- Die ersten Konzilien 26
- Die ›Drei Juwelen‹ des Buddhismus 28

Die frühe Lehre

- Leben als Leiden 30
- Lebensdurst als Leidensursache 33
- Vernichtung des Lebensdurstes zur Beendigung des Leidens .. 35
- Der ›Achtfache Pfad‹ – Durch Selbstzucht zur Leidaufhebung .. 36
  Achtsamkeit und Meditation 42
- Rätselhaftes Nirvana 44

Hinayana – Die Kleine Überfahrt

- Das Problem der kanonischen Überlieferung 46
- Die Entstehung des Buddhismus 48
- Lehrmeinungen und Schulen 51
- Die ›Schule der Alten‹ und die ›Große Gemeinde‹ 53
- Hinayana heute 56
  Mönchsleben auf Sri Lanka 66

Mahayana – Die Große Überfahrt

- Rückkehr zum Göttlichen 68
- *Die Herren der Buddha-Länder* 73
- Neue Erlösungswege 74
- Mahayana heute 81
  Die Barmherzigkeit der Bodhisattvas 82

Inhalt

Tantrayana – Die Mystische Überfahrt
- Volksmagische Grundlagen — 88
- Tantra im Hinduismus — 90
- *Sexualmagische Praktiken* — 94
- Das mystische Weltbild — 96
- Makro- und Mikrokosmos — 97
- Der Götterhimmel des tantrischen Buddhismus — 100
- *Das Mandala als mystische Gesamtschau* — 104

Tibetischer Buddhismus
- Widerstreit mit dem Bön — 106
- Die ›Erste Ausbreitung der Lehre‹ — 108
- Die ›Zweite Ausbreitung der Lehre‹ — 110
- Die lamaistischen Orden und der tibetische ›Gottesstaat‹ — 112
- *Lebensrad und Totenbuch* — 118
- Spirituelle Grundlagen und Techniken — 120
- Die Bedeutung des Lama — 122
- *Thangkas* — 126

Der Buddhismus in Ostasien
- Die indische Mission — 128
- Buddhistische Synthesen mit den Religionen Chinas — 132
- *Daoismus und Konfuzianismus* — 134
- Über Korea nach Japan — 138
- Vom Chan zum Zen — 145
- *Zen-Anekdoten* — 151

Buddhistische Architektur- und Bildsprache
- Die frühe Architektur — 152
- Von der Dagoba zur Pagode — 156
- Die Entwicklung des Buddha-Bilds — 162
- *Körperhaltungen und Gesten* — 170
- Götter und Buddhas, Bodhisattvas und Dämonen — 174

Der Buddhismus im Westen — 178

Glossar — 184
Bibliographie — 186
Sach- und Ortsregister, Personenregister — 187
Bildnachweis — 192

Vorwort

Ist es einer Weltreligion angemessen, in einem ›Schnellkurs‹ vorgestellt zu werden? Lassen sich spirituelle Entwicklungen von 2500 Jahren Dauer in einem Büchlein von nicht einmal 200 Seiten Umfang zusammenfassen? Dies waren Fragen, welche die Autoren skeptisch bewegten, als ihnen die publizistische Aufgabe »Schnellkurs Buddhismus« aufgetragen wurde. Beide erinnerten sich jedoch daran, wie dringlich sie selbst auf ihren ersten Asienreisen nach einer elementaren Hilfe gesucht hatten zum Verständnis all der sich auftürmenden religiösen Eindrücke, nicht zuletzt jenen des Buddhismus.

Der Lotos, Symbol der Makellosigkeit, wächst in höchster Reinheit aus dem Schlamm des *samsara* auf. Sein Stengel ist die Weltachse, von der die Blätter in alle Himmelsrichtungen ausgehen.

Und so schien letztlich doch der Versuch berechtigt, die Hauptlinien einer großen Religion verständlich zu machen, die aus der Lehre eines nordindischen Weisen hervorging, von Indien her weite Teile Süd- und Ostasiens prägte und bis heute wirksam ist. Wer über die Grundzüge schon informiert ist und akademische Bewertungen wünscht, hat also zweifellos das falsche Buch in der Hand. Nicht aber, so hoffen wir, all diejenigen, die eine erste Unterrichtung suchen.

Dennoch zwei Hinweise zu Problemen, die eher Fachkreisen auffallen werden: Bei der Bebilderung war es nicht immer möglich, die Textpassagen synchron zu illustrieren. Dies ergab sich teils daraus, daß der frühe Buddhismus – nach den erhaltenen Artefakten zu schließen – eine bilderlose Zeit war, teils aber auch aus dem kaum aussichtsreichen Unterfangen, Fragen philosophischer Natur adäquat zu bebildern.

Einen noch weiteren Spagat erforderte die Umschrift fremdsprachiger Begriffe, die ja einem ungewöhnlich großen Kulturraum mit unterschiedlichen Schriftsystemen entstammen. Die Verwendung diakritischer Zeichen wäre zwar auf das Lob von Indologen, Tibetologen, Japanologen etc. gestoßen, hätte das Buch für Laien jedoch schlichtweg unlesbar gemacht. Wir sind uns bewußt, daß unsere Umschriften anfechtbar sind, mußten aber eine Vereinfachung anstreben, wobei wir uns auf die gängigsten Schreibweisen jener populärwissenschaftlichen Werke stützten, die in Asien in lateinischer Schrift erscheinen.

Köln/Wuppertal, Februar 1999, F. R. S./M. G.

»Die buddhistische Religion drückt einen schönen Abend aus, eine vollendete Süßigkeit und Milde – es ist Dankbarkeit gegen alles, was hinten liegt; mit eingerechnet, was fehlt: die Bitterkeit, die Enttäuschung, die Rancune; zuletzt: die hohe geistige Liebe; das Raffinement des philosophischen Widerspruchs ist hinter ihm, auch davon ruht es aus; aber von diesem hat es noch seine geistige Glorie und Sonnenuntergangsglut.«
Friedrich Nietzsche, »Der Wille zur Macht«

Einleitung   Der Nährboden des Buddhismus: ...

Ashoka-Säule. Lumbini, Nepal

An der Grenze zu Indien, noch unterhalb der Vorberge des Himalaya, liegt das nepalesische Pilgerziel Lumbini, der Geburtsort Buddhas. Auf einer Säule aus poliertem Sandstein ist dort folgende Inschrift zu lesen: »König Priyadarshi, Liebling der Götter, besuchte zwanzig Jahre nach seiner Krönung persönlich diesen Ort und huldigte der Stätte, weil hier der Erhabene, der Weise aus dem Geschlecht der Shakya, geboren wurde.«

Die Edikte Priyadarshis, der Welt bekannt als Kaiser Ashoka (3. Jahrhundert v. u. Z.), haben wesentlich dazu beigetragen, daß sich die Lehre einer kleinen Mönchsgemeinde über ganz Indien und weiter über große Teile Asiens verbreiten konnte. Der Weg zu solchem Erfolg war eine Revolte des Geistes, beinahe erzwungen durch das Erfordernis, sich der Fesseln von Traditionen und starren Lehrmeinungen zu entledigen.

Traditionen und Lehrmeinungen, wie sie die vedische Religion vertrat. In der indischen Frühzeit nach der arischen Einwanderung glaubte und verkündete er die Existenz von 33 Göttern, denen auf Erden Opfermahle eingerichtet werden müßten. Die Priester, die durch ihre Rezitationen den jeweils gewünschten Gott zu Tisch herabführten, genossen eine Sonderstellung in der Gesellschaft und vermochten diese schließlich zu überhöhen und zu mißbrauchen. Neben den Brahmanen gab es weitere Stände (*varna*), die Krieger (*kshatriya*) sowie die Händler, Handwerker und Bauern (*vaishya*), die das ›Wissen‹ (*veda*) um die kosmischen Zusammenhänge aber nicht selbst besaßen. Denn die Priester hielten ihre Traditionen und Dichtungen geheim.

Die von den arischen Einwanderern unterworfenen Völker waren ohnehin von Geburt her zu Dienern (*shudra*) degradiert oder sogar als Unberührbare (*paria*) verstoßen, ein Schicksal, dem sie sich zu fügen hatten und für das sich auch eine Rechtfertigung ausprägte: Hatte einst der Lebenswandel als verantwortlich dafür gegolten, ob ein Wesen nach seinem Tod zu den Göttern findet oder zur Hölle fährt, so war er nun schick-

> »Die wahre Unmöglichkeit, über den Buddhismus adäquat zu reden, liegt in ihm selbst. Ja, wenn sie sich aufhellt, ahnt man seinen Umfang. Näher als im Wort, das ihn bereden will, scheint er im Wort, das an ihm verstummt.«
>
> Heinrich Zimmer, »Yoga und Buddhismus«

... die vedische Religion Einleitung

Ein blinder Brahmane wird von einem jungen Asketen geführt, der ein Reliquiar in der Hand hält. Schieferrelief aus Gandhara, Nordpakistan, ca. 2. Jahrhundert u. Z.

Der Buddhismus in Südasien

ab Mitte 3. Jt. v. u. Z.
Blüte der Harappa-Kultur im Tal des Indus
ab 1500
Einwanderung der Indo-Arier
ab 1000
Arier dringen in den Osten vor
spätes 6. Jahrhundert
Einfall der Achämeniden im Nordwesten; Bildung indischer Großreiche
477 (?)
Tod Mahaviras, des Begründers des Jainismus
5. Jahrhundert (?)
Lebenszeit Buddhas
327–325
Alexander der Große am Indus
268
Der Maurya-Kaiser Ashoka auf dem Thron Magadhas, erstes indisches Großreich
ca. 250
Buddhistisches Konzil in Pataliputra; Mahinda führt Buddhismus auf Lanka (Ceylon) ein
ca. 183
Griechischstämmige Baktrer regieren über Gandhara, Förderung des Buddhismus, vor allem unter König Menander
1. Jahrhundert
Shatavahanas auf dem Dekkhan, Förderer der buddhistischen Kunst; Ausbildung des Mahayana; auf Ceylon Niederschrift des Pali-Kanons begonnen
ca. 75
Skythen in Gandhara, ihnen folgen die Kushanas, die die buddhistische Lehre nach Zentralasien übermitteln

salgebend für eine nächste Existenz. Eine Geburt (*jati*), ein Leben, ein Dasein als Mensch, Tier oder Gott, ein zermarterndes Leid oder das Glück auf Erden – nichts davon, so lautete die Lehre, geschah zufällig, nichts davon war während einer ablaufenden Existenz noch umzulenken. Die Summe begangener guter oder schlechter Taten (*karman*) bestimmte vielmehr das nächste Dasein.

Jati wurde zum Schlüsselwort der indischen Gesellschaft. Die Wiedergeburt ist unausweichlich, ein Ergebnis früheren Lebenswandels, der immer wieder, in einem ewigen Kreislauf (*samsara*), Entlohnung oder Vergeltung fordert. Daß damit bestehende Macht- und Sozialstrukturen sanktioniert werden, liegt auf der Hand. Zugleich besitzt das Konzept aber eine metaphysische Dimension. Sie ist verbunden mit den Fragen, ob es ein Entrinnen aus dem Samsara gibt, ob die letztlich sinnleere Verstrickung in den Kreislauf der Reinkarnationen auch einen Pfad der

Einleitung Heilswege nur für wenige Auserwählte

78 u. Z.
Beginn der Shaka-Ära, eventuell identisch mit dem ersten Regierungsjahr des Kushana-Herrschers Kanishka (ältere Datierung)
1./2. Jahrhundert
Erste Bildnisse Buddhas
ca. 150
Geburt Nagarjunas
225
Beginn der Kanishka-Ära (neuere Datierung); Untergang der Shatavahanas
249
Einfall der persischen Sasaniden in Gandhara
ca. 275
Vakatakas auf dem Dekkhan fördern buddhistische Kunst
320
Aufstieg der Gupta-Dynastie, Ausbreitung über Nord- und Mittelindien, Hochblüte der indischen Kunst
4. Jahrhundert
im Norden Indiens Höhepunkt des Yogacara mit den Brüdern Asanga und Vasubandhu; Ausklingen des Buddhismus in Südindien
399–414
Faxian bereist Indien
400–500 (?)
Lebensdaten Buddhaghoshas, berühmter Pali-Lehrmeister auf Sri Lanka
440
Gründung des Klosters Nalanda
455–500
Einfälle Weißer Hunnen in Gandhara, Zerstörung buddhistischer Klöster
5./6. Jahrhundert
Zerfall des Gupta-Reiches; hinduistische Dynastien auf dem Dekkhan

Erlösung vorsieht, ob *atman*, das ›Selbst‹ als Kern eines jeden Wesens, den Durst nach neuer Geburt überwinden und wieder eins werden kann mit *brahman*, dem höchsten Weltprinzip.

Einen Heilsweg ahnten die Denker des Brahmanismus in der Erkenntnis, daß Brahman und Atman letztlich identisch sind, daß keine Allmacht die Welt erschafft, erhält und zerstört, sondern das Selbst. *Tat tvam asi* heißt die Formel, die diese Einsicht auf den Punkt bringt: »Das bist du!« Dies war nun allerdings keine allgemeingültige, bis ins Detail geklärte Erkenntnis, sondern Thema hitziger und oft abstruser Debatten, deren Ergebnisse komplex und widersprüchlich ausfielen. So hatten diese philosophischen Lehren den Massen wenig zu bieten. Asketen wandten sich angewidert ab und suchten ihr persönliches Heil in der Selbstkasteiung, meist mit dem Zweck, durch Erlangung von Wunderkräften gottgleich zu werden. Aber auch dieser entbehrungsreiche Weg enthielt keine Botschaft an die Allgemeinheit.

Eine solche Botschaft war indes um so mehr gefragt, je weiter die Arier, dem Lauf des Ganges folgend, in den Osten vordrangen. Hier begegneten sie neuen Kulturen und Herausforderungen, gegen welche die apodiktischen, verstiegenen Denkweisen der Priester verstummten. Je geringer ihre Autorität, desto bedeu-

Der Ganges bei Varanasi (Benares), Nordindien

Die Entstehung neuer Religionen Einleitung

Gomateshvara, einer der mythischen Vorgänger des Mahavira. Kolossalstatue von 983 u. Z. in Shravana Belgola, Südindien. Die ›Furtbereiter‹ (tirthankara) des Jainismus werden anders als Buddha stets nackt dargestellt

tender wurde die Rolle der militärischen Machthaber, der Kshatriyas, auch für die spirituelle Führung.

Einen tiefgreifenden Wandel brachte zugleich der Vorstoß des Perserkönigs Dareios I. an den Indus gegen Ende des 6. Jahrhunderts v. u. Z. Die neuen Wirtschafts-, Verwaltungs- und Sozialsysteme, mit denen das Land nun in Berührung kam, hinterließen bei den indischen Herrschern einen ebenso nachhaltigen Eindruck wie die plötzliche Offenbarung einer viel größeren Welt, in der sich die Schlachten am Ganges als nichtig ausnahmen. Der Handel mit dem Westen führte zur Blüte im Osten, ließ neue indische Reiche und Machtkonstellationen entstehen.

Die Welt des 6. Jahrhunderts v. u. Z. war größer geworden, die Starre und Unzulänglichkeit der alten Welterklärungen wurde zunehmend als schmerzhaft empfunden. Fast notwendigerweise war dies eine Zeit, in der sich spirituelle Umbrüche vollziehen mußten. Und es ist kein Zufall, daß sie sich nicht irgendwo an der Peripherie des indischen Subkontinents vollzogen, sondern in seinem zivilisatorischen Kerngebiet. Nacheinander brachte Magadha, eines der neuen Reiche in Nordindien und eine der Kornkammern des Landes, zwei Persönlichkeiten hervor, die mit den vedischen Traditionen brachen, den Glauben an einen Götterhimmel hinter sich ließen und als Religionsstifter ganz neuer Art tiefen Einfluß gewannen: Mahavira, den letzten in einer Reihe von angeblich 14 ›Furtbereitern‹ des asketischen Jainismus, und vor allem den Fürstensohn Siddharta Gautama, den Buddha.

ab 6. Jahrhundert
Entwicklung des Vajrayana
606–647
Nordindien unter König Harshavardhana, der erneut den Buddhismus (und andere Religionen) fördert
629–645
Der chinesische Mönch Xuang-zang in Indien
637, 710–713
Vorstöße der Araber in Sind
770
Gründung der Pala-Dynastie, letzte Förderer des Buddhismus in Indien
um 800
in Kashmir Shivaismus statt Buddhismus
998–1030
Mahmud von Ghazni, mehrfache Raubzüge in Nordindien
ab ca. 1000
Renaissance des Theravada auf Sri Lanka
1095
Palas von hinduistischen Senas abgelöst
1186–1204
Islamische Ghoriden erobern Nordindien
1250
Ende des Buddhismus in Indien mit dem Untergang des letzten bengalischen Fürstentums (Pattikhera)
1505
Landung der Portugiesen auf Sri Lanka, Zwangskonvertierungen und wirtschaftlicher Einbruch lösen eine Krise des Theravada aus
Mitte 18. Jahrhundert
Buddhismus auf Sri Lanka durch Mönche aus Burma und Thailand wiederbelebt

Der historische Buddha
Buddha-Mythologie

Lebensdaten und Legenden

Ende des 19. Jahrhunderts traf ein französischer Forscher die heute erstaunlich klingende Feststellung, Buddha sei keine historische Figur, die Legenden um ihn deuteten vielmehr auf einen Sonnenmythos hin. Aber vielleicht ist diese Interpretation ja gar nicht so erstaunlich, war die Buddha-Forschung doch lange Zeit ausschließlich auf märchenhafte Quellenwerke angewiesen, etwa das *Lalitavistara* (›Entfaltung des göttlichen Spiels‹), eine Textsammlung aus mehreren Jahrhunderten, die das Leben des Religionsstifters in ein Gewebe von Wunderberichten kleidete und den Meister damit der historischen Konturierung entzog. Zugleich bezeugt die ursprüngliche Lehre selbst, daß die verbürgte historische Gestalt und die wissenschaftliche Erforschung ihres Erdendaseins ohne Bedeutung für den Heilsweg sind, ja, daß die Verehrung des Menschen Buddha auf einen unheilvollen Irrweg führt.

Im übrigen wurde der historische Buddha schon bald nach seinem Tod nicht als ein einmaliges Wesen verstanden, sondern als wiederkehrendes Phänomen, das sich immer wieder, zuletzt eben in Gestalt eines Fürstensohnes namens Siddharta Gautama, manifestiert habe. Andere *tathagatas* (›So Gegangene‹) seien lange vor dem historischen Buddha erschienen. All diese Großen jedoch verkündeten die gleiche Lehre, zu der sie im Laufe unzähliger vorausgegangener Existenzen gefunden hatten. Schon früh ist die Rede von bis dahin sieben Tathagatas, deren letzter Siddharta sei. Folgen werde ihm als zukünftiger Erlöser Maitreya. Das Wort ›Erlöser‹ kann in die Irre führen: Maitreya ist durchaus kein Messias, wie ihn Juden und Christen kennen, vielmehr wird er noch einmal, nach Äonen der Finsternis und Unwissenheit, den Weg des Buddha gehen, um aus der Möglichkeit der Erlösung eine beispielhafte Wirklichkeit zu machen.

Der historische Buddha, bekannt als Shakyamuni (›Der Weise aus dem Geschlecht der Shakya‹), war Sproß eines nordindischen Geschlechts. Die Shakya-Fürsten hatten ihren Sitz in Kapilavastu (wahrscheinlich

Maitreya, der Buddha der Zukunft. Feuervergoldete Bronze des 13. Jahrhunderts, Nepal

Der historische Buddha

Die Geburt Buddhas

Buddha geht in Gestalt eines Elefanten in den Leib seiner Mutter Maya ein. Steinrelief aus Bharhut, Nordindien, 2./1. Jahrhundert v. u. Z.

Die Geburtslegende (nach dem *Lalitavistara*)

Die Legende von Buddhas Geburt beginnt mit einem Engel, der aus dem Tushita-Himmel voller Mitleid zur Erde herabblickt und den leidenden Wesen dort unten die Erlösung wünscht. Um sie aus ihrer Not zu befreien, nimmt er in Gestalt eines weißen Elefanten von Maya Besitz. Wie Maria, die ›Mutter Gottes‹, so hat auch die Gattin des Fürsten Shuddhodana bis dahin ein Dasein in völliger Keuschheit geführt. Im Traum trägt eine Wolke sie in einen himmlischen Palast, wo der weiße Elefant, ohne Schmerz zu bereiten, in ihre Seite eindringt. Die Idee einer ›unbefleckten‹ Empfängnis ist also nicht singulär; in ihrer frühesten Fassung stammt sie vielleicht aus dem alten Indien.

Nach zehnmonatiger Schwangerschaft erlebt Maya die Geburt auf bemerkenswerte Weise: Eine Reise führt sie in den Hain von Lumbini, wo sie, stehend und mit der rechten Hand den Zweig eines Teakbaumes ergreifend, das Kind aus der rechten Hüfte gebiert. Der Neugeborene, dem seine früheren Existenzen bereits bewußt sind, entsteigt seinem Bett aus Lotosblüten, um sieben Schritte in jede Himmelsrichtung zu tun. Dann verkündet der Knabe (vgl. Abb. S. 14), der schon mehrere Sprachen beherrscht, daß er zur Erlösung finden werde. Überhaupt sind seine Fähigkeiten wundersam, ob im Ringkampf oder in der Mathematik, besonders aber im Bogenschießen. Am fünften Tag seiner Erdenexistenz erhält das Kind den Namen Siddharta (›Der das Ziel erreicht hat‹). Der Beiname Gautama geht auf einen Brahmanen zurück, welcher dem Shakya-Fürsten als Berater zur Seite stand. Eine Woche nach der Geburt stirbt Buddhas Mutter. Ihre Schwester, Mahaprajapati, übernimmt die Erziehung und wird später die Frau von Shuddhodana. Ihr Einfluß auf Siddharta ist von großer Bedeutung; sie ist es auch, die ihn später dazu bewegt, einen Nonnenorden zu gründen (vgl. S. 20).

Maya gebiert Buddha aus ihrer Hüfte. Schieferrelief aus Gandhara, Nordpakistan, 2. Jahrhundert u. Z.

Der historische Buddha — Datierung der Geburt

> »Knapp zwölf Meilen östlich von hier erreichen wir die Stadt Kapilavastu. Sie besitzt weder einen König noch Einwohner; sie ist wie eine riesige Wüste. Es gibt dort nur eine kleine Gemeinde von Priestern und etwa zehn verstreut siedelnde Familien. An der Stelle des verfallenen Palastes von Shuddhodana befindet sich ein Bildnis der Mutter des Prinzen, auf dem der Prinz, reitend auf einem weißen Elefanten, in ihren Leib eindringt.«
> *Der Chinese Faxian, zwischen 399 und 414 u. Z. als Pilger an den heiligen Stätten des Buddhismus*

Tiraulakot in Nepal) und besaßen dort Teilautonomie über eine Provinz des Großreiches Koshala. Im Hain von Lumbini nahe der Hauptstadt wurde um 500 v. u. Z. Siddharta Gautama, der spätere Buddha, als Sohn des Fürsten Shuddhodana und seiner Gattin Maya (›Die Illusion‹) geboren. Als Geburtsjahr gilt der älteren Literatur zumeist das Jahr 563, während neuere Theorien erst auf das 5. oder gar 4. Jahrhundert v. u. Z. weisen. Die buddhistische Tradition geht von einem – sicherlich unzutreffenden – Datum vor 600 v. u. Z. aus.

Einig sind sich die Quellen darin, daß Buddha im Alter von 80 Jahren starb. Er hatte mit 29 Jahren Gattin, Sohn und Elternhaus verlassen, sechs Jahre später die Erwachung (in der älteren Literatur: Erleuchtung) erlangt und dann den Rest seines Lebens der Verbreitung der Lehre gewidmet. Den von ihm überlieferten Reden lassen sich Fragmente einer Biographie entnehmen. Reicher und plastischer ist die Legendenbildung, die sich auch um seine früheren Existenzen rankt. Bei der Beschreibung des Werdegangs vom Fürstensohn über den Asketen zum Erwachten und Lehrer läßt sie sich kaum zuverlässig von den Fakten trennen.

Der Fürstensohn als Asket

Ein Mensch, der im Luxus lebt, aber die Selbstkasteiung vorzieht, um nach einer – noch ungewissen – Heilslehre zu streben, ist entweder ein hoffnungsloser Außenseiter oder Urgestein des Neuen. Der ungewöhnliche Übergang vom Fürstensohn zum Asketen wird vom späteren Buddhismus in eindrucksvollen und beziehungsreichen Mythen dargestellt, wobei die Wonnen im elterlichen Palast den

Buddha Shakyamuni als Knabe. Szene unmittelbar nach der Geburt. Der Knabe steht auf einem Lotos und zeigt auf Himmel und Erde. Chinesische Bronze der Ming-Zeit (1368–1644) nach einer Urform aus Gandhara

Der Fürstenhof der Shakya | Der historische Buddha

denkbar größten Kontrast zu den Entbehrungen in den Jahren der Askese bilden.

Am Hof eines – wohl eher bescheidenen – Adelssitzes werden dem jungen Siddharta die Verlockungen des Lebens geradezu aufgedrängt. Dem Vater war nämlich geweissagt worden, der Sohn werde entweder zum Herrscher oder aber zum Welterlöser avancieren: das eine, wenn ihm der Anblick irdischen Leids erspart bleibe, das andere, wenn ein Asket ihm deutlich mache, wie er dem Weltenleid entrinnen könne. Shuddhodana richtet seinem Sohn den Palast daraufhin als Goldenen Käfig ein und ist glücklich, als sich Siddharta in Prinzessin Yashodhara verliebt und mit ihr einen Sohn zeugt. Doch der Luxus wird Siddharta zur Fessel und treibt den Neugierigen zu drei Ausritten nach Kapilavastu, bei denen er nacheinander einem Greis, einem Pestkranken und einem Leichenzug begegnet.

Das Entsetzen über die Lebensqual, die jeden Menschen unausweichlich bedrängt, bewegt den Fürstensohn zu einem vierten Auszug in die Stadt. Dabei kreuzt ein Wanderasket seinen Weg und erklärt ihm, er selbst sei durch die Abkehr von allem Weltlichen zu innerem Frieden jenseits von Freud und Leid gelangt. Siddharta ist diese Begegnung eine Offenbarung; es erschließt sich ihm die Vorausbestimmtheit seines irdischen Daseins.

Buddhas Reden, wie sie uns überliefert sind, verzichten weitgehend auf die Bildhaftigkeit der Legende. Nüchtern schildert der Meister seinen letzten Auszug

Der heimliche, nächtliche Auszug des Fürstensohns Siddharta aus dem elterlichen Palast. Darstellung in einer Handschrift von 1776, Thonburi, Thailand. Der Prinz reitet das Pferd Kanthaka, Genien (*apsaras*) tragen die Hufe des Pferdes und ersticken so jeden Laut, während Gott Indra das Maul des Pferdes schließt, um sein Wiehern zu verhindern. Der hier vierköpfig dargestellte Dämonenfürst Mara versucht, den Prinzen mit irdischen Verlockungen zurückzuhalten. Siddhartas Stallknecht Chandaka umklammert den Schweif des Pferdes

Der historische Buddha — Zeit der Askese

> »Nicht lange danach zog ich, der Jüngling mit schwarzem Haar, glücklich in meiner Kindheit und nun gerade ein Mann, gegen das Sehnen von Vater und Mutter, die tränenüberströmt klagten, nachdem ich mir Kopf- und Barthaar geschoren und das prachtvolle Gewand gegen die gelbe Kutte getauscht hatte, hinaus aus der Heimat in die Heimatlosigkeit.«
>
> *Aus Buddhas Rede vom rechten Forschen*, Majjhimanikaya 26

aus dem Palast, den Aufbruch in die Heimatlosigkeit. Alles, auch sein Name Siddharta, geht damit verloren. Als wandernder Mönch (*shramana*) studiert Gautama eine Zeitlang die Lehren der Brahmanen Arada Kalama und Udraka Ramaputra, doch erkennt er in ihren Theorien nur die Starre und das Verhaftetsein im Vergänglichen, das er gerade überwinden will. So entscheidet er sich mit fünf anderen Mönchsgefährten für Meditation und Askese nach den Methoden verschiedener einflußreicher Shramanen. Insonderheit ging es hier wohl um die Auseinandersetzung mit der Lehre des Mahavira (vgl. S. 11), der jedwede Handlung, auch die unwillkürliche oder unabsichtliche, als Kettung an den Körper (und damit als Verstrickung in Wiedergeburten) ansah. Entsprechend konnte die spirituelle Lösung nur in der Handlungslosigkeit, mit letzter Konsequenz im bewußt auf sich genommenen Verhungern bestehen.

Nach Jahren geradezu übermenschlicher Kasteiungen und Selbsterniedrigungen begreift Buddha, dem Tod schon nahe, daß auf dem Weg des Mahavira (Begründer des Jainismus) weder Ruhe noch Tugend zu erlangen ist, sondern nur eine neue, noch qualvollere Konfrontation mit der menschlichen Vergänglichkeit stattfindet. So wie er zuvor zum Kummer der fürstlichen Familie dem Luxus entsagte, so beendet er nun diese Etappe auf seinem Erkenntnis- und Erlösungsweg mit dem natürlichsten Akt der Welt: Er ißt Reis und nimmt ein Bad im Fluß. Seine fünf Mönchsfreunde freilich sind entsetzt und kehren sich von ihrem Gefährten ab. Doch markiert das Ende der Askese nur das Überschreiten aller vorgegebenen Lehren und ist die erste Handlung auf dem großen Pfad zwischen Wonne und Leid.

Buddha als Asket. Moderne Bronzeskulptur nach einem Vorbild aus Gandhara. Chiang Mai, Thailand

Das Erwachen **Der historische Buddha**

Erwachung unter dem Bo-Baum und ›Andrehen des Lehrrades‹

Am Geburtstag des Siddharta, so will es die Legende, keimte im Wald von Uruvela beim heutigen Gaya in Nordindien ein Feigenbaum (*Ficus religiosa*), den der Shakya-Sohn nun erkennend umschreitet, um anschließend unter der Baumkrone sein Lager für die bevorstehende Erwachung zu bereiten.

Noch einmal die Ausgangssituation: Der Kreislauf menschlichen Leidens in unaufhörlicher Wiedergeburt verlangt nach einer Erlösung oder Errettung, die in den geläufigen Lehren nicht zufriedenstellend aufgezeigt ist. Das Ziel des Shakyamuni Siddharta Gautama ist die widerspruchsfreie Auflösung eines gedanklichen Problems und eine Erfahrung jenseits der Vergänglichkeit. Erreichen will er dies statt durch asketische Abtötung des Körpers und seiner Funktionen durch geistige Versenkung abseits irdischer Zerstreuung und durch bewußte, von Sinnengier befreite Wahrnehmung. Daß der Meditierende das tiefste Ziel der indischen Geisteswelt in Nachtwachen erlangt, verweist auf ein Geheimnis der menschlichen Psyche, nämlich ihre Fähigkeit, jenseits äußerster Ermüdung Euphorie entwickeln und sich so alten Fragen radikal neu stellen zu können.

Die Nachtwachen verbringt Gautama – wir folgen der Legende – wieder im Spannungsfeld der Extreme. Die personifizierte Erde, die bereits um die bevorstehende Erwachung des Fürstensohnes zum Buddha weiß, steht ihm zur Seite, als der um seine Macht bangende Dämon Mara den Meditierenden mit Verlockungen ebenso wie

Blatt vom Bo-Baum aus Bodh Gaya; der Originalbaum wurde vom bengalischen König Shashanka († 625 u. Z.) zerstört, der heutige Baumriese in Bodh Gaya ist ein Ableger des 2200 Jahre alten Baumes in Anuradhapura, der wiederum vom Originalbaum abstammen soll

Der unter dem Bo-Baum meditierende Siddharta, die rechte Hand in *bhumisparshamudra* (vgl. S. 170), wird von den Dämonen Maras bedrängt. Palmblattminiatur von 1177, Nordindien

Der historische Buddha — Vom Bodhisattva zum Buddha

Mönche vor dem aus Stein und Ziegel errichteten Dhamek-Stupa (4./5. Jahrhundert u. Z.) in Sarnath, Nordindien. Hier hielt der Erwachte seine erste Predigt

mit Greueln von seinem Erleuchtungspfad abbringen will. Doch weder wollüstige Verführerinnen noch blutrünstige Teufel oder das Unterpfand einer Allmacht über die Welt vermögen den Shakya-Sohn zu beirren. In weiteren, jetzt selbst von Mara ungestörten Nachtwachen findet Gautama zur Erleuchtung, weltlich gesprochen: zur Lösung des Problems. Der *Bodhisattva*, der ›Anwärter auf die Erwachung‹, wird zum *Buddha*, zum ›Erwachten‹.

Auf sieben Tage und Nächte der Versenkung folgen vier Wochen Aufenthalt bei dem Feigenbaum. In dieser Zeit quält Mara den Buddha mit einer letzten Versuchung: Da die Erwachung nicht in Worte zu kleiden und der Weg dorthin nicht zu reglementieren sei, habe er kein Mittel, den Menschen seine Lehre zu vermitteln. Darum solle er, statt zu versuchen, den Unwissenden Beistand zu leisten, die irdische Hülle verlassen und ins *Nirvana* (›Verwehen‹; vgl. S. 44f.) eingehen. Doch Buddha überwindet auch diese Verlockung und beschließt, den Mittleren Pfad zur Ruhe, zum Wissen, zur Erwachung und zum Verwehen seinen Mitmenschen zu verkünden. Im Gazellenhain zu Sarnath trifft er auf seine fünf alten Mönchsgefährten, die noch dem Asketentum anhängen und ihn zunächst als Vielfraß verspotten, dann aber seiner berühmten Rede von den Vier Edlen Wahrheiten lauschen, mit der das Rad der Lehre (*dharmachakra*) unaufhaltsam in Gang gesetzt wird.

Die Missionsjahre des Erwachten

Die Beschaulichkeit der Szene im Gazellenhain, wo selbst die Tiere dem Wort des Buddha lauschen, läßt vorausgegangene Mißschläge vergessen. Nachdem der Erwachte in Bodh Gaya zwei Händler, Trapusa und Bhallika, mit seinen Gedanken beeindruckt hat, will er den beiden Brahmanen, deren Schüler er einst war, seine Lehre vorstellen, doch sind sie inzwischen verstorben. Beinahe grotesk verläuft dann das Zusammentreffen mit einem Wanderasketen, der schon bei den ersten Worten des Erwachten Reißaus

Buddhas erste Predigt. Fünf Mönche in ihrem Ornat lauschen den Einsichten des Erwachten. Die beiden Gazellen sind Bildhinweis auf den Tierhain von Sarnath. Schematisierende Nachzeichnung einer burmesischen Wandmalerei des 13. Jahrhunderts aus Tempel 499 in Pagan, Burma

Mission — Der historische Buddha

nimmt. In Sarnath trägt Buddha deshalb zaghaft zunächst den Freunden, die mit ihm Askese geübt hatten, seine Lehre vor. Der kritische Punkt ist überwunden, die strengen Asketen sind überwältigt von den einsichtsvollen Reden und augenblicklich bereit, dem Erwachten bei seiner Mission beizustehen.

Es folgen 45 Jahre der Wanderung durch den Nordosten des indischen Subkontinents, in denen Buddhas Anhängerschaft schnell zunimmt. Vielerorts werden bis heute überlebensgroße ›Fußabdrücke‹ gezeigt, die Bildhauer nach dem Besuch des Erwachten in den Stein schlugen. Der Legende nach wuchs überall dort ein Lotos, wo Buddha seinen Fuß aufsetzte. Die Pflanze, deren Blütenlager er bald nach der Geburt entstieg, vereint Schönheit mit Dauerhaftigkeit (vgl. S. 7). Ihr Samen, so weiß man heute, behält noch nach tausend Jahren die Kraft zum Keimen – so wie es sich auch für die Lehre bewahrheitete.

Die Mission des Buddha zielte zunächst auf die geistige Elite aus den Reihen der Kriegerkaste, in seltenen Fällen wurden auch Brahmanen bekehrt. Dagegen blieb die Auseinandersetzung mit dem Volk auf Trostspendung beschränkt; die einfachen Glaubensvorstellungen gewährten keinen Zugang zu der neuen, komplexen Lehre. Auf breiter Ebene wirksam wurde jedoch die Suggestivkraft spektakulärer Ereignisse an den Fürstenhöfen. König Bimbisara von Magadha erkannte die buddhistische Lehre an, und Prasenajit von Koshala forderte Buddha auf, im Wettstreit gegen erlesene Denker anderer Schulen anzutreten.

An verschiedenen Plätzen Indiens und Südasiens zeigt man in Stein geschlagene Fußabdrücke des Erwachten. In Bodh Gaya, Nordindien, werden diese Trittspuren auf Baumwollgrund nachgezeichnet und Pilgern als frommes Andenken verkauft

Der historische Buddha
Humanes Anliegen und Überwindung der Kasten

Solche Wortduelle, bei denen dem Sieger hohe Preise winkten, hatten eine lange Tradition. Doch anders als etwa der gefeierte Brahmane Yajnavalkya, der alles Blendwerk aufbot, um die Zuhörer zu beeindrucken und den erwünschten materiellen Lohn einzustreichen, suchte Buddha das Wortgefecht nur, um wahrhaftig seine Mitmenschen zu überzeugen. Wunder begleiten der Legende zufolge den Wettkampf. Sie bezeugen, welche Kraft von der Aufrichtigkeit des Erwachten ausgeht.

Allein schon mit dem Gedanken einer Mission war ja ein humaneres Weltbild verbunden, das eine Brücke zu den Sorgen der Menschen schlug. Nicht die Kastenzugehörigkeit, sondern Intellekt und Bereitschaft entschieden darüber, ob eine Heilsfindung möglich war. Damit wurde die indische Schicksalergebenheit durchbrochen und der Nutzen einer Lebensbesserung nicht grundsätzlich auf eine spätere Existenz hinausgeschoben.

Den letzten revolutionären Schritt tat Buddha, als er 32 Jahre nach seinem Auszug noch einmal ins Elternhaus zurückkehrte. Er führte seine Familie auf den Mittleren Pfad (vgl. S. 18) und gelangte dann in einer Unterredung mit seiner Adoptivmutter Mahaprajapati zu der Erkenntnis, daß ein Nonnenorden gegründet und somit auch allen Frauen Gelegenheit gegeben werden müsse, den Heilsweg zu beschreiten. Die Gleichstellung der Geschlechter ist hier in einer Weise vollzogen, die anderen Weltreligionen lange fremd blieb.

Im Alter von 80 Jahren, als sich Buddha in Kushinagara (heute Kashia, Bihar) aufhielt, nahm er eine Speise zu sich, die in den Quellen als ›Eberweich‹ bezeichnet wird. Daß es sich um Wildschwein handelte, wird mit Hinweis auf das buddhistische Tötungsverbot oft bestritten; möglicherweise bezieht sich der

Der Buddha des Großen Wunders von Shravasti, bekannt auch als Feuer- und Wasser-Wunder. Buddha erweist sich hier als Herr der Elemente, Flammen schlagen aus seinen Schultern, Wasser strömt aus seinen Füßen. Skulptur aus Afghanistan, ca. 3. Jahrhundert u. Z. Shravasti, das heutige Maheth an der Grenze zu Nepal, war zu Buddhas Zeit die Hauptstadt des Reiches Koshala. Der Erwachte soll im nahegelegenen Jetavana-Kloster 25 Jahre lang gewirkt und dort mehrere Wunder vollbracht haben

Der Tod des Buddha | **Der historische Buddha**

Buddhistische ›Nonnen‹ in Burma. Es handelt sich um sogenannte Acht-Gebote-Frauen, die in ihrem Status den ordinierten Mönchen – sie haben weitere Gebote einzuhalten – nicht unmittelbar vergleichbar sind. Einen buddhistischen Frauenorden und Frauenklöster gibt es in den Ländern des Hinayana nicht mehr

Begriff auf einen Pilz. Jedenfalls starb der historische Buddha an einer Lebensmittelvergiftung. Er verwehte für die Welt, doch ließ er das Licht seiner Lehre zurück.

Nach alter Sitte übergaben die Bürger von Kushinagara die sterbliche Hülle dem Scheiterhaufen. Nun aber wurden sie, so die Legende, unvermutet Opfer einer Belagerung. Acht Regenten stritten um den Besitz des Leichenbrands, bis ein Brahmane zur Teilung der Asche riet. Sie wurde von den weltlichen Führern heimgetragen und unter acht Hügelgräbern beigesetzt.

Nach dem Reliquienstreit wird die Asche Buddhas durch die Vermittlung des Brahmanen Drona, dargestellt in der Mitte, unter acht Herrscher Nordindiens aufgeteilt. Ursprünglich wurde die Szene links und rechts von Säulen flankiert. Schieferrelief aus Gandhara, Nordpakistan, 3. Jahrhundert u. Z.

Der historische Buddha
Die Nachfolge

Die erste Ordensgemeinde

Als erste ›Bettelmönche‹ (*bhikshu*) traten Trapusa, Bhallika und die erwähnten fünf Mönchsfreunde Buddhas, Ashvajit, Bhadrajit, Kaundinya, Mahanama und Vaspa, dem neuen Orden (*sangha*) bei. Yasha, ein von Schwermut befallener Kaufmannssohn aus Varanasi (Benares), überwand durch Buddhas Beistand seine seelische Krankheit und schloß sich der Gruppe an, gefolgt von weiteren 54 jungen Männern aus der Stadt am Ganges. Nachdem sie alle in die Lehre eingewiesen waren, trennten sie sich voneinander, um als Seelsorger und Missionare auf jeweils eigenen Wegen durchs Land zu ziehen. Den Lebensunterhalt bestritten sie aus Almosen, die Laiengläubige ihnen überließen. Solche Förderer fanden sich insbesondere in der aufstrebenden Händlerkaste. Der spirituelle Lohn für ihre Mildtätigkeit wie auch für andere gute Taten bestand in der Aussicht auf eine bessere, dem Erwachen näher gerückte Wiedergeburt. Im übrigen blieb niemandem, der sich zu den Geboten des Ordens bekannte, die Aufnahme verwehrt.

Einer der ›Ältesten‹ (*sthavira*), welche die buddhistische Lehre in einer ersten Mission verbreiteten. Tibetische Malerei des 18. oder 19. Jahrhunderts

Laiengläubige haben fünf Weisungen zu befolgen, die sich mit ihrem weltlichen Alltag ohne weiteres in Einklang bringen lassen: Sie sollen kein Lebewesen töten, nichts annehmen, was nicht freiwillig gegeben wurde, sich von der Sinnenlust zu keinem unrechten Lebenswandel verleiten lassen, nicht lügen und keine berauschenden Getränke zu sich nehmen.

Für Mönche gilt darüber hinaus der Verzicht auf Nahrungsaufnahme nach der Mittagszeit, auf Zerstreuungen wie Tanz und Musik, auf Schmuck,

Die Ordensregeln **Der historische Buddha**

Kosmetika, komfortable Nachtlager und den Besitz von Geld. In späterer Zeit entstand ein umfangreicher Katalog von Verhaltensregeln, die der Ordensgemeinde jeweils am Voll- und Neumondtag vorgetragen wurden, damit die Mönche Gelegenheit hatten, eventuelle Verstöße öffentlich zu bekennen. Keine Vergebung war möglich bei Mord, Diebstahl und der wissentlich falschen Behauptung, zur Erwachung gelangt zu sein. Geschlechtsverkehr, verstanden als die stärkste Fessel an die Vergänglichkeit, war ebenfalls ein zwingender Grund für den Ausschluß aus der Mönchsgemeinschaft.

Daß sich schon zu Lebzeiten Buddhas Tausende von Menschen dazu entschlossen, die Ordensregeln einzuhalten, darf als Beleg für die Überzeugungskraft des Lehrers gelten. Zwar wurde die Bewegung von einigen Zeitgenossen kritisch als Massenflucht betrachtet, aus heutiger Sicht erkennen wir in der schnell wachsenden Schar der Anhänger jedoch die spirituelle Ausstrahlung Siddharta Gautamas.

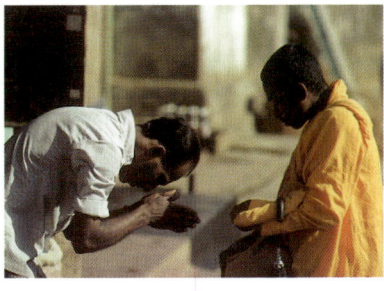

Mönch beim morgendlichen Bettelgang auf Sri Lanka. Die buddhistischen Ordinierten bestreiten ihren Lebensunterhalt aus Almosen. Die Spender, Laiengläubige, danken den Mönchen, weil sie selbst durch ihre milde Gabe spirituelle Verdienste erwerben

Thailändische Mönche beim letzten Tagesmahl, das um die Mittagszeit eingenommen wird

Buddhas Schüler und Jünger

Nachdem Buddha in Sarnath die ersten Gefolgsleute gewonnen hatte, zog er allein zurück nach Uruvela. Er traf dort mit einer Gruppe von Brahmanen zusammen, herausragenden Denkern seiner Zeit. Geistige Führer dieser Gruppe waren die drei Brüder Kashyapa, von denen vor allem Maha Kashyapa (›Der Große Kashyapa‹) als Leiter des ersten Konzils Bedeutung für die frühe Geschichte des Buddhismus erlangen sollte. Die Bekehrung der hochangesehenen Brüder führte dazu, daß sich gleich Hunderte von Brahmanen zu Buddhas Lehre bekannten – ein aufsehenerregendes Ereignis, das sogar König Bimbisara von Magadha aufhorchen und ihn bald darauf zum Laiengläubigen werden ließ. Die politische Unterstützung durch den Fürsten von Magadha bewirkte wiederum, daß breite Schichten mit der neuen Lehre vertraut wurden. Zwei von Buddhas Lieblingsschülern waren Brahmanen aus Magadha: Shariputra, der wegen seiner hohen Bildung und Weisheit gerühmt wurde und eine wichtige Funktion als Mittler zum Volk übernahm, sowie Maudgalyayana, dem man übernatürliche Kräfte zuschrieb – wahrscheinlich Fähigkeiten, die er als Asket erworben und im Rahmen der Meditationslehren Buddhas weiterentwickelt hatte. Beide, Shariputra und Maudgalyayana, starben vor Buddha.

In den späteren Lebensjahren des Meisters waren es zwei seiner Fami-

Shariputra, ein Lieblingsschüler Buddhas. Tibetische Holzskulptur mit Goldauflage

lienangehörigen, die ihn als Vertraute auf seinem Heilsweg begleiteten: sein Sohn Rahula und sein Vetter Ananda. In den kanonischen Schriften beginnen die Reden Buddhas oft mit einem: »So wurde es von mir gehört«. Der Zeuge, der dies sagt, ist eben jener Ananda, der angeblich 84 000 Aussprüche des Erwachten im Gedächtnis behielt. Ananda war es auch, der den sterbenden Buddha mit Tränen ver-

Buddhas Schüler und Jünger

Der Brahmane Maha Kashyapa. Schieferrelief aus Gandhara, Nordpakistan, ca. 2. Jahrhundert u. Z.

abschiedete – ein uns geläufiges, für buddhistische Mönche aber seltenes und seltsames Bild, da die Lehre das irdische Dasein ja als Leiden und das Dahinscheiden eines Erwachten als Konsequenz seiner Erlösung auffaßt.

Anders als der gütige Ananda erlangte Devadatta, ein anderer Vetter Gautamas, zweifelhafte Berühmtheit als Bösewicht. Devadatta war ein strenger Asket, der für den Orden eine straffere Ordnung und größere Weltabgeschiedenheit forderte. Es kam hierüber zu einer Auseinandersetzung, die möglicherweise für die Missionsarbeit und die Zukunft der Mönchsgemeinde eine große Belastung darstellte. Die Legende entwickelte daraus jedoch ein viel dramatischeres Szenario: Ajatashatru, Sohn des Königs Bimbisara, bereitet einen Putsch gegen seinen Vater vor und verbündet sich dazu mit Devadatta gegen Buddha, den Freund und Berater des regierenden Königs. Es wird von Anschlägen auf das Leben Gautamas berichtet, die aber angesichts der übernatürlichen Fähigkeiten des Erwachten allesamt scheitern. Devadatta wird übrigens nicht nur als Widersacher des historischen Buddha genannt, sondern erscheint auch in den Erzählungen über frühere Existenzen Siddharta Gautamas in unterschiedlicher Gestalt als Verkörperung des Bösen.

Ananda bringt als Zeichen seiner Bekehrung Buddha Speisen dar. Schieferrelief aus Gandhara, Nordpakistan, ca. 2. Jahrhundert u. Z.

Der historische Buddha
Probleme der Überlieferung

Die ersten Konzilien

Zwar liegen die Reden Buddhas heute schriftlich vor, und es gibt Übersetzungen in allen Weltsprachen, doch sind diese Texte authentisch? Noch aus vedischer Zeit stammt die Tradition, heilige Worte – damals war es das von Brahmanen gehütete Geheimwissen über Opfer- und Zauberformeln – mündlich an ausgewählte Schüler weiterzugeben. Die Bedeutung des gesprochenen Wortes als vorrangiges Medium der Überlieferung sollte den Shramanen Gautama noch um Jahrhunderte überdauern. Von einem schriftlich niedergelegten Urkanon der Lehre darf also nicht ausgegangen werden. Die prekäre Quellenlage bedingt vielfältige Spekulationen über die letztlich unlösbare Frage nach den Erstformulierungen und Grundgedanken. Wo setzen gewollte oder ungewollte Modifikationen durch spätere Deutungen, Einschübe und Stellungnahmen, aber auch durch Übersetzungsprobleme ein? Letztere verweisen auf die große Schwierigkeit, Buddhas Lehre in westliche, mit völlig anderen Assoziationen behaftete Sprachen zu übertragen.

Der historische Buddha war als Lehrer wie als Berater mit Menschen unterschiedlichster Herkunft befaßt. Ihrer Sorgen hat er sich bis hin zu Fragen um materielle Güter angenommen, dabei stets die jeweilige Lebenssituation als Entscheidungsrahmen anerkennend. Diese für den Erfolg der Lehre bedeutsame Toleranz macht es – um einen Begriff der abendländischen

Illuminierter buddhistischer Palmblatt-Text von 1156 aus Bihar, Nordindien (vgl. auch Abb. S. 74/75)

Die ersten drei Konzilien — Der historische Buddha

Geisteswelt zu benutzen – paradoxerweise nur noch problematischer, den Kern der Lehre zu konkretisieren. Das Paradoxon ist in der indischen Philosophie als Begriff unbekannt und als Phänomen nicht mit Konflikten behaftet. Vom japanischen Zen-Buddhismus wird es heute sogar als besonders erleuchtungsträchtig erachtet (vgl. S. 146).

Die Saptaparni-Höhle in Rajgir, Nordindien. Hier soll das erste buddhistische Konzil stattgefunden haben

Bald nach Buddhas Tod stellte sich dem Orden die Frage, wie die Vielfalt an Deutungen und Erinnerungen an die Worte des Erwachten zu einer verbindlichen Einheit zu verschmelzen sei. Zur Festlegung von Richtlinien fanden sich, so die Legende, in Magadhas Hauptstadt Rajagriha (heute: Rajgir) die 500 bedeutendsten Schüler Gautamas zu einem siebenmonatigen Konzil zusammen, bei dem Buddhas Vetter Ananda als unbestritten bester Kenner um Rat, gelegentlich um Entscheidung in Zweifelsfragen ersucht wurde.

Dieses erste Konzil vermochte jedoch nicht zu verhindern, daß es auch weiterhin zu Meinungsverschiedenheiten kam. Buddha selbst hatte für den Orden ja keine hierarchische Stufung vorgesehen und als geistliche Führung die Lehre selbst benannt.

Um 380 v. u. Z. trat in Vaishali angeblich ein zweites Konzil zusammen, das über einen brisanten Streit um die Ordensregeln zwischen den ›Anhängern der ältesten Mönche‹ und den ›Mitgliedern der Großen Gemeinde‹ (*mahasanghika*) befinden sollte. Erstere, die sich zu Buddhas unverändertem Wort bekennen wollten, trugen den Sieg davon, während letztere, die spätere Auslegungen als bedeutsamer und zeitgemäßer empfanden, sich abspalteten.

Unter Kaiser Ashoka (vgl. S. 8; S. 48f.) fand um 250 v. u. Z. ein drittes Konzil in Pataliputra (heute: Patna) statt, dessen wesentliches Ziel in der Abfassung einer Mönchssatzung bestand. Doch die beiden Hauptströmungen fanden zu keinem Konsens mehr, und die Maha-

Der Text der Ashoka-Säule von Topra, Nordindien, abgefaßt in Devanagari-Schrift. Die Säule wurde im 14. Jahrhundert von Sultan Firoz Shah nach Delhi gebracht und steht dort noch heute, gut erhalten mit einer fast vollständigen Inschrift, in der Zitadelle von Kotla

Der historische Buddha
Wer ist Buddhist?

sanghikas lehnten die Beschlüsse des Konzils ab. Einige Jahrhunderte später hielten sie in Jalandhara (Ost-Punjab), nach anderer Überlieferung in Kundalavana (Kashmir) eine eigene Zusammenkunft ab und fixierten dort den Schriftenkanon des Mahayana (vgl. S. 68ff.).

Anbetung der Drei Juwelen (*triratna*), worunter Buddha, seine Lehre und der von ihm gestiftete Orden zu verstehen sind. Zu diesen Drei Juwelen nimmt der buddhistische Gläubige täglich seine Zuflucht. Schieferrelief aus Gandhara, Nordpakistan, 2. Jahrhundert u. Z.

Die Drei Juwelen des Buddhismus

Buddhist ist man weder durch Geburt noch durch ein formelhaftes Glaubensbekenntnis. Wer die in den folgenden Kapiteln dargestellte Lehre, in welcher ihrer konkreten Formen auch immer, als Wahrheit erkennt, der darf sich als Buddhisten betrachten. Sie oder er braucht keinem Zeremoniell zu folgen, keine Tempel zu besuchen, keine Götter oder gar Buddha anzubeten. Es stimmt zwar, daß derlei Rituale heute in allen buddhistischen Ländern verbreitet sind, doch handelt es sich ausnahmslos um spätere Zutaten. Buddha selbst erachtete sie als nutzlos, ja sogar als Hindernisse auf dem Weg zur Erkenntnis der Vier Edlen Wahrheiten. Die Gebote, die er aussprach, sind in keiner Weise mit den christlichen Geboten zu vergleichen; sie zu mißachten bedeutet nicht, den Zorn eines Gottes auf sich zu lenken, sondern zeigt lediglich an, daß die Lehre noch nicht verstanden wurde oder daß sich der in ihr aufgezeigte Weg für den Adepten als noch zu schwierig erwiesen hat. In diesem Licht sind die moralischen Weisungen, die Buddha den Laien nannte, als Gradmesser der Erkenntnis, nicht als katechetische Pflicht zu verstehen.

Triratna-Symbol, umgeben von einer Flammen-Mandorla, in der neuzeitlichen Darstellung eines tibetischen Blockdrucks

Was nach einem Ritual aussieht und wie ein Glaubensbekenntnis klingt, zielt in Wahrheit darauf ab, den Gläubigen an seine spirituellen Grundfesten

Das Dreifache Juwel — Der historische Buddha

zu erinnern. Gemeint ist die dreimal täglich gesprochene Formel des ›Dreifachen Juwels‹ (*triratna*): »Ich nehme meine Zuflucht zu Buddha. Ich nehme meine Zuflucht zum Dharma. Ich nehme meine Zuflucht zum Sangha.«

Buddha, das erste Juwel, ist weder Prophet, noch Gott, noch Inkarnation einer göttlichen Macht, sondern wird als beispielgebender Mensch gesehen, der sich dank seiner Vollkommenheit selbst zu unterrichten vermochte und durch eigene Anstrengung zur Erlösung fand. Für seine Zeitgenossen war er Wegweiser eines Pfades, der zur Befreiung führt. Zu Buddha Zuflucht zu nehmen bedeutet daher nicht servile Verehrung, sondern ist Ausdruck dafür, daß der Gläubige den Rat des Erleuchteten sucht und schätzt.

Nach dem Tod des Meisters wurde die auf seinen Erkenntnissen aufbauende Lehre (*dharma*) maßgebend. Auch dieses zweite Juwel des Buddhismus verlangt keinen bedingungslosen Glauben. Die Lehre analysiert unsere Welt und unser Dasein, vertritt und erweist auf der Grundlage der gewonnenen Einsichten ihren tiefen Ethos und zeigt einen Weg zur Schulung des Geistes auf.

Menschen, die ihr Leben vollkommen nach dem Dharma ausrichten wollen, müssen der Welt entsagen, weil ökonomische und soziale Zwänge ebenso wie berufliche und familiäre Bindungen unweigerlich zu Konflikten mit der Lehre führen und hinderlich sind auf dem Heilsweg. Solche Menschen treten dem Mönchsorden (*sangha*) bei, sind damit aber keine Priester, sondern lediglich Vorbild für die Laiengläubigen.

> »Und Buddha erwog: Diese meine Locken ziemen nicht für einen Mönch; aber es gibt niemanden, der imstande wäre, das Haar eines zukünftigen Buddha zu scheren. So will ich es selbst mit meinem Schwert abtrennen.«
> *Aus dem Pali-Kanon*

Einem burmesischen Novizen werden die Haare geschoren

Die frühe Lehre — Definition des Leidens

Buddhistische Begräbnisprozession nahe Kandy, Sri Lanka

Leben als Leiden

»Dies, ihr Mönche, ist die heilige Wahrheit vom Leiden: Geburt ist Leiden, Altern ist Leiden, Krankheit ist Leiden, Sterben ist Leiden. Trauer, Klage, Kummer, Schmerz, Trübsal, Verzweiflung – sie alle sind Leiden. Mit Unliebem vereint sein ist Leiden, von Liebem getrennt sein ist Leiden, nicht erlangen, was man begehrt, ist Leiden; kurz, die fünf Gruppen von Daseinsfaktoren, die das Anhaften an der Welt verursachen, sind leidvoll.«
An diese erste der Vier Edlen Wahrheiten, die Buddha in seiner Rede von Sarnath den Mönchen verkündete, schließt die Erkenntnis an, daß letztlich alles Leben Leiden sei. Genau dies aber rief im Abendland wie auch in den lebensfroh eingestellten Ländern Südostasiens immer wieder Unverständnis und Ablehnung hervor. Wie kann etwas Leiden sein, das als Freude empfunden wird? Luxus, Gesundheit, Freundschaft, wo steckt in ihnen die Qual?

Die Antwort des Buddhismus setzt mit zwei – vermeintlichen – Binsenwahrheiten ein. Die eine betrifft die Endlichkeit des Individuums in der Unendlichkeit der Zeit. Keine Mehrung materieller Güter, kein Arzt, kein Priester vermag etwas an dieser Vergänglichkeit zu ändern. So bleibt nur, vor dieser Wahrheit und vor dem Ende des Lebens die Augen zu verschließen. Luxus, Medizin und Religion dienen dabei zum Trost und zur Selbsttäuschung.

Die zweite Grunderkenntnis betrifft die Substanzlosigkeit alles Existierenden: Ein Haus ist nicht mehr als eine Materie gewordene Idee, es läßt sich zerlegen

»Wird der indische Arzt zu einem Kranken gerufen, so legt er sich vier Fragen vor, was wirklich sei an diesem Falle. Er stellt vier Wahrheiten fest. So auch der Buddha. Zum ersten stellt der Arzt ein Leiden als wirklich fest, zum zweiten seine wirklichen Anzeichen und Ursachen. Aus diesem Befund konstatiert er als dritte Wahrheit, ob das Leiden heilbar sei. Hier entscheidet sich das Schicksal des Patienten. Denn von

Zentralbegriff Vergänglichkeit **Die frühe Lehre**

in Baumaterialien, diese in Werkstoffe, die wiederum in organische Verbindungen und Elemente zerfallen, bis am Ende ein materielles Nichts bleibt, das weder vom Verstand noch von den Sinnen zu erfassen ist. Zugleich aber entfaltet dieses materielle Nichts in unbegreiflicher Endlosigkeit die vielgestaltigen Phänomene des Makrokosmos.

Wenn der Leidende seinem Leben vielleicht ein Ende wünscht, so vermag der – scheinbar – Glückliche das geheime Leid darin zu entdecken, daß seinem Glück nicht die Ewigkeit beschieden ist. Der Biographie Gautamas läßt sich entnehmen, daß ihm diese Einsicht in das Grundleid und die Vergänglichkeit schon in der Jugend die Freude am Luxus getrübt hat, während ihm die Askese dann einzig die Bestätigung der Vergänglichkeit lieferte. In späteren Jahren erinnerte er sich an seltene Augenblicke der Ruhe unter einem Baum, in denen sein Geist durch die Naturerfahrung vor der Bedrohung durch das Ende befreit schien. Die Erwachung unter dem Bo-Baum sollte die höchste Steigerung eben dieser Jugenderfahrung werden.

Die in der Rede von Sarnath benannten körperlichen und geistigen Leiden (s. o.) bedürfen keiner weiteren Erklärung, wenn man neben die direkte Leiderfahrung jene indirekte stellt, die aus der Verlustangst und schließlich aus dem Verlust selbst resultiert. »Was aber leidhaft und vergänglich ist, davon kann man nicht sagen: Das bin ich, das gehört mir, das ist mein Selbst.« Dieser Schluß Buddhas widerspricht der Theorie der Brahmanen – und liegt auch fern der christlichen Vorstellung von einer Seele –, wonach dem Individuum etwas Unveränderliches innewohnt, das eine Seelenwanderung erlebt.

Dabei bestreitet Buddha nicht grundsätzlich einen solchen Kreislauf und zweifelt ebensowenig an kosmischen Gesetzen von Natur und Moral, deren Befolgen oder Nichtbefolgen die Art der Wiedergeburt bestimmen. Aber er entwickelt mit der Nicht-Substantialität, dem *anatman*, eine ungewöhnliche

unheilbaren Leiden soll der indische Arzt (wie der antike) die Hände lassen. Und als vierte Wirklichkeit weist er den Weg zur Heilung.«
Heinrich Zimmer, »Yoga und Buddhismus«

Buddha unter dem Bo-Baum. Zeitgenössische Populärdarstellung aus Thailand

Die frühe Lehre Täuschungen als Grundlage für ein Ich-Verständnis

Deutung dieser Abläufe in der End- und Materielosigkeit der Materie. Ein recht anschauliches Lehrstück liefern uns heute die virtuellen Welten der Computer, die auf nichts anderes als Energiefluß zurückgehen. Würde man sie auf menschliches Handeln programmieren und darüber hinaus auf ein Ich-Bekenntnis, so entstünde hier eine Welt, deren Wirklichkeit nicht mehr abfragbar wäre, weil ein solches Bekenntnis Programm, aber auch innere (Schein-)Wahrheit sein kann.

Ein Knabe bringt Buddha Staub dar – Symbol für die Vergänglichkeit der Welt. Schieferrelief der Gandhara-Tradition aus Afghanistan, ca. 3. Jahrhundert u. Z.

Als unheilvolle wirksame Kräfte gelten in der buddhistischen Lehre jene »fünf Gruppen von Daseinsfaktoren, die das Anhaften an der Welt verursachen« (vgl. Randtext S. 34). Es sind Täuschungen, von denen der Unwissende sich blenden läßt; Gebilde aus unpersönlichen, für sich nicht existenzfähigen Kräften, die sich ihrerseits bei genauerer Betrachtung als »leidhaft und vergänglich« erweisen. Erst im Zusammenspiel erzeugen die Daseinsfaktoren das subjektive, auf Täuschungen beruhende Erleben des Individuums, mithin sein Empfinden, das Ich sei identisch mit jenen vergänglichen Prozessen, die sich als leidhaft erweisen.

Die buddhistische Wahrheit vom Leiden wird damit noch gesteigert, denn nicht nur ist das Dasein vergänglich und leidhaft, es ist auch substanzlos. Doch allein dadurch wird Erlösung möglich. Gäbe es nämlich etwas Unveränderliches, Festes, wäre dessen Auflösung gedanklich und faktisch nicht zu vollziehen. Von Bedeutung ist in diesem Zusammenhang, daß Buddha keine Antwort auf die Unendlichkeit oder Endlichkeit von Raum und Zeit gegeben oder auch nur gesucht hat. Das höchste Leid besteht nämlich nach seiner Auffassung nicht in der menschlichen Ohnmacht vor kosmischen Rätseln, sondern darin, etwas nicht zu erlangen, was man zutiefst begehrt: das Ende der Wiedergeburten. Dieses große Ziel läßt sich weder durch Wünsche oder Gebete noch durch metaphysische Überlegungen herbeiführen, sondern verlangt zunächst einmal die Erkenntnis der Leidensursache.

Der Körper als Maß der Vergänglichkeit — Die frühe Lehre

Lebensdurst als Leidensursache

»Dies, ihr Mönche, ist die heilige Wahrheit von der Entstehung des Leidens: Es ist jenes Wiedergeburt erzeugende, von Wohlgefallen und Lust begleitete Begehren, das bald hier, bald dort sich ergötzende; das ist: das sinnliche Begehren, das Begehren nach ewigem Dasein, das Begehren nach Selbstvernichtung.«

Novizen unter dem Bo-Baum von Bodh Gaya, Nordindien

Die Versuchung ist überwältigend: Der Unwissende, der hinter der Freude nicht das Leid erkennt, erliegt dem Begehren. Er verlangt nach sinnlichen Genüssen, die ihm erstrebenswert erscheinen, und findet in ihnen doch immer nur ein Ich bestätigt, das dem Tod und damit dem Ende der Genüsse entgegengeht. Leid, das Erleben und Ertragen dieser Unzulänglichkeit, wird demnach bedingt durch einen niemals zu stillenden Lebensdurst. Dabei ist der Körper selbst das unverkennbare Maß der Tatsache, daß der Mensch auf nichts Beständiges hoffen darf. Was wohnt dem Greis noch inne von dem, was er als Kind einst war? Weder seine Gedanken noch sein Ich-Gefühl oder seine Erinnerungen, ja, nicht einmal seine Körperzellen sind dieselben geblieben. Wie kann sich der Mensch dann ernsthaft von der Welt und vom Begehren täuschen lassen und an ein Ich glauben, das doch nur in der Gegenwart, in einem flüchtigen Moment real erscheint? Doch unter-

Zwei alte tibetische Mönche im Kloster Drepung, Tibet

Die frühe Lehre   Das Bedingte Entstehen

liegt ein solches Problembewußtsein immer wieder der Verlockung, die von den Genüssen ausgeht, und mündet damit in die Ewigkeit des Leidens.

Paticcasamuppada heißt in buddhistischer Terminologie der Teufelskreis des Bedingten Entstehens, in dem wir uns mit jedem Schritt immer weiter in das Leid des Daseins verstricken. Am Beginn der Kette steht das Nichtwissen (*avijja*), das Triebkräfte (*sankhara*) hervorruft und damit zu neuer Existenz drängt. Diese Kräfte bedingen ein Bewußtwerden (*vinnana*), das nach ›Name‹ und ›Gestalt‹ (*nama-rupa*) verlangt, aus welchen wiederum die sechs Sinne (*sal-ayatana*; fünf Sinne und das Denken) als Fundament der geistigen Abläufe hervorgehen. An diesem Punkt des Bedingten Entstehens wird der Bewußtseinseindruck (*phassa*) möglich, der wiederum zur Empfindung (*vedana*) führt, die ihrerseits Begierde (*tanha*) auslöst. Über das Anhaften, den Lebenshang (*upadana*), entwickelt sich nun das Werden (*bhava*) in Bahnen, die das Begehren vorausbestimmt hat. So kommt es zur Geburt (*jati*) und damit zu Altern und Sterben (*jaramarana*).

Dieser berühmte Kausalnexus der buddhistischen Lehre, der hier in der gängigen Fassung dargestellt ist (es existieren mehrere Varianten), erscheint den Denkern des Ostens als eine Offenbarung. Helmuth von Glasenapp hat auf das verblüffende Phänomen hingewiesen, daß sich dem Westen der Sinn eher in umgekehrter Folge erschließt: Dem Altern und Sterben muß die (Wieder-)Geburt vorausgegangen sein, ihr der Prozeß des Werdens, für den der Lebenshang Voraussetzung war. Dieser Lebenshang seinerseits entstand aus Begierde, die durch Empfindung geweckt wurde. Für sie ist die Berührung mit der Außenwelt erforderlich, die aber erst durch die Sinne erfahrbar wird. Nur ein Einzelwesen kann die Sinne spielen lassen, insofern ein Bewußtsein gegeben ist. Das Bewußtsein wiederum resultiert aus den Triebkräften eines früheren Daseins. Die Triebkräfte führen letztlich zum Ausgangspunkt zurück: der Verkennung,

---

Als die fünf Anhaftungsgruppen betrachtet die frühe Lehre: *rupa* (das Körperliche, bestehend aus vier Elementen: dem Festen = z. B. Haare, Fleisch; dem Flüssigen = z. B. Speichel, Urin; dem Heißen = z. B. Wärme, Verdauung; Wind = z. B. Atem, Blähungen; sie alle sind in jedem Gebilde vorhanden, werden karmisch erworben, gehören einem nicht, bilden aber doch den Körper); *vedana* (Gefühle); *sanna* (Wahrnehmungen und die Unterscheidung des Wahrgenommenen von anderem); *sankhara* (Geistformationen, Gemütsregungen = Wille, der nach den genannten Wahrnehmungen eintritt); *vinnana* (Bewußtsein, Bewußtwerden ohne Inhalt).

Lebensgier als Wurzel des Bösen **Die frühe Lehre**

die sich vor die Einsicht stellt, daß alles Dasein vergänglich, leidvoll und substanzlos ist.

Aus der Lebensgier gehen als weitere Wurzeln des Bösen Haß und Verblendung hervor: Streit, Krieg, Mord oder Diebstahl bedeuten ein unheilsames Karman, das sogar im Diesseits offenkundiges Leid erzeugt. In jedem Fall führt der schlechte Lebenswandel in Worten, Taten und Gedanken zu jenseitiger Leidanhäufung, also zu einer schlechten Wiedergeburt. Wer einen Sinn in diesen Prozessen sucht, bezeugt lediglich sein Unwissen vom wahren Zustand der Welt und entfernt sich vom eigentlichen Ziel, einem Dasein ohne Gier, Haß und Wahn, das ein gutes Karman bedeutet.

Leiden entsteht also aus den genannten Bedingungen heraus in uns selbst, kann aber auch zum Erlöschen gebracht werden, und zwar ebenfalls (und ausschließlich) aus uns selbst heraus. Keine andere Religion setzt so sehr auf die Selbstveränderungskraft des Individuums wie die Lehre des Buddha.

Ausschnitt (Nabenzentrum) eines tibetischen Lebensrades (vgl. S. 118) mit Darstellung der konditionalen Entstehung (*paticcasamuppada*): Die Gestalten rechts werden nach einem schlechten Lebenswandel in die höllischen Sphären gezogen, während sich die Gestalten zur Linken in der Aufwärtsbewegung zum Nirvana befinden. Die drei Tiere im Innern der Nabe stehen für die ›unheilsamen Wurzeln‹ menschlicher Verblendung: Gier (Hahn), Haß (Schlange) und Verblendung (Schwein)

Vernichtung des Lebenshungers zur Beendigung des Leidens

»Dies, ihr Mönche, ist die heilige Wahrheit von der Aufhebung des Leidens: Es ist eben dieses Begehrens restloses Vernichten, Aufheben, Verwerfen, Fahrenlassen, die Befreiung, die Loslösung.«

Immer wieder verliert sich die Erkenntnis, immer wieder fallen wir auf die Position des zweifelnden Ichs zurück, begehren und kämpfen um das Erstrebte, ohne den Preis dafür in Betracht zu ziehen. Der Glaube an die Realität von Ich und Dasein läßt dieses Streben als sinnvoll erscheinen. Aber es muß nicht einmal die Idee der Wiedergeburt bemüht werden, um das aus dem Begehren erwachsende Leid vor

Die frühe Lehre Auflösung der Kausalkette

Mönchsmoderne auf Sri Lanka

Augen zu führen. Kampf um materielle Güter schafft Leid für den Verlierer, Zuneigung zu einem neuen Lebenspartner Leid für den Zurückgelassenen, Herrschaft Leid für den Beherrschten – und das Gefühl der Besitzlosigkeit, der Einsamkeit, des Beherrschtseins schafft Leidbereitschaft.

Alles Grübeln über Fragen der Metaphysik oder gar die Suche nach einem höheren Sinn dieses erkennbaren Leidens lenkt nur vom Wesentlichen ab, nämlich dem Weg zu dessen Auflösung. »Wer fragt, irrt bereits, wer antwortet, irrt ebenfalls.« Doch wer die Kausalkette auf ihr einzig zu beeinflussendes Glied hin prüft, der gelangt zugleich zur Wurzel des Übels: zum Begehren, das es aufzulösen gilt.

Die Erkenntnis, daß alles vergänglich, leidvoll und unpersönlich ist, stellt das Begehren bloß, so daß es nicht mehr als sinngebend verstanden werden kann. Da Leben unweigerlich mit Leiden einhergeht, muß der Lebenshunger überwunden werden, und zwar durch den Mittleren Pfad zwischen Sinnenfreude und Askese. Auf ihm versiegen die unheilsames Karman schaffenden Faktoren Gier, Haß und Verblendung. Sind sie überwunden, lassen sich die Sinne nicht mehr durch Formen täuschen, und es werden moralische Stützen, etwa die Ordensregeln, verzichtbar, da kein Bedürfnis nach Zerstreuungen mehr besteht. Hier wächst nun auch die Erkenntnis, daß alles Begehren letztlich sogar den Zugang zu reiner Freude verstellt hat – ein bedeutender Hinweis an jene, die Buddhas Lehre als lebensfeindlich ansehen wollen. Denn wie soll man etwas in letzter Konsequenz genießen, ob Besitz, Liebe oder das Dasein, wenn man aus Verblendung heraus überzeugt ist, immerzu um dessen Verlust bangen zu müssen?

Der Achtfache Pfad –
Durch Selbstzucht zur Leidaufhebung

»Dies, ihr Mönche, ist die heilige Wahrheit von dem Wege zur Aufhebung des Leidens: Es ist dieser heilige Achtfache Pfad, der da heißt: rechte Erkenntnis, rechte

---

Buddhas Haltung zum Verzehr von Fleisch: Jeder Mensch soll bestrebt sein, weitgehend auf Fleisch zu verzichten. Der Mönch soll im Hinblick auf das Gebot des Nicht-Tötens kein Fleisch essen. Ist er jedoch eingeladen, soll er Fleisch nur dann ablehnen, wenn er weiß, daß der Gastgeber eigens für ihn geschlachtet hat. Ansonsten bedeutet die Zurückweisung eine Grobheit gegenüber dem Gastgeber, die als stärkeres Vergehen wiegt als der Verzehr des Fleisches.

Der Achtfache Pfad — Die frühe Lehre

Gesinnung, rechtes Reden, rechtes Handeln, rechtes Leben, rechtes Streben, rechte Achtsamkeit, rechtes Sichversenken.«

Acht Schritte zur Auflösung des Lebensbegehrens werden genannt. Nach heutiger Lehrmeinung sind sie aber nicht in dieser Reihenfolge zu vollziehen, sondern in aufsteigende Gruppen einzuteilen, wobei zu beachten bleibt, daß die jeweils höheren Schritte die Ziele der niederen einschließen.

Am Beginn steht ein Grundmaß an Erkenntnis, das erforderlich ist, um rechtes Reden, Handeln und Leben zur Vollendung zu bringen. Mit dieser Vollendung steigt die Erkenntnis, so daß von den Elementen der Sittlichkeit, wie man sie nennt, zu den Elementen der inneren Sammlung übergegangen werden kann, also zu Streben, Achtsamkeit und Sichversenken. Sie wiederum sind Voraussetzung für die Eigenschaften des Wissens, also für die rechte Gesinnung und – der höchste Gewinn – für die Vollendung der rechten Erkenntnis. Jeder der Schritte ist zweistufig, wobei die erste Stufe den Weg für Laien weist, etwa das Darbringen von Almosen zur Erlangung weltlicher Verdienste (vgl. Abb. S. 23), während die zweite den Mönchen vorbehalten bleibt.

Ein tibetischer Novize öffnet das Tempeltor

Rechte Erkenntnis bedeutet für Laiengläubige die elementare Einsicht, daß zwischen karmisch Unheilsamem und Heilsamem zu unterscheiden ist. Unheilsam, dem eigenen Heil also nicht förderlich, sind (wir bedienen uns der traditionellen Nomenklatur): das Töten von Lebewesen, das Aneignen fremden Eigentums, unzulässiger Geschlechtsverkehr, Lügen, Hinterbringen, grobe Rede, leeres Geschwätz, Habgier, Bosheit und Übelwollen. Denn in alledem stecken die als Leidensursache aufgeführten Grundübel Begehr-

Die frühe Lehre Rechte Erkenntnis und Gesinnung

Laiengläubiger, wohl ein adliger Stifter. Relief vom Osttor des Stupa I in Sanchi, Nordindien, 1. Jahrhundert v. u. Z

sucht, Haß und Verblendung. Karmisch heilsam ist dagegen das Verwerfen des Unheilsamen.

Erkenntnis auf höherer Stufe bedeutet dann das Verstehen der Vier Edlen Wahrheiten, die Buddha in der Rede von Sarnath benannte. Der Eintritt in diese zweite Stufe beginnt damit, daß der Buddhist von unnützen Fragen Abstand nimmt und sein Augenmerk ganz auf die Erkenntnis der Wahrheiten richtet. Dies bedeutet zugleich, daß die ersten Fesseln fallen, die den Geist beherrschen: der Hang zu Ritualen (allgemeiner: das Festhalten am Gewohnten), Skeptizismus und Persönlichkeitswahn. Letzterer kann sowohl im Ewigkeitswahn (das Ich besteht nach dem Tod fort) als auch im Selbstvernichtungswahn (das Ich wird nach dem Tod vernichtet) bestehen. Fortschreitende Erkenntnis geht dann einher mit dem Auflösen von Sinnengier und Groll als weiteren Fesseln des Geistes und schließlich dem Ablegen der Fesseln an das Dasein, nämlich dem Begehren nach feinkörperlichem und unkörperlichem Dasein, ferner Dünkel, Aufgeregtheit und Nichtwissen. Eine solch tiefgreifende Loslösung erreicht allerdings nur der *arhat*, der Heilige auf der höchsten Stufe der Weisheit, dem die Erwachung bevorsteht. Andere gelangen bis zur Phase des ›Stromeintritts‹, auf die nur noch wenige Wiedergeburten folgen, zur letztmaligen Wiederkehr in das Weltgeschehen oder zur Nichtwiederkehr ins Diesseits, das heißt zur Wiedergeburt in die Welt der Götter.

Rechte Gesinnung verlangt, auf weltliche und überweltliche Wünsche zu verzichten, Güte walten zu lassen und die Schädigung anderer Wesen zu vermeiden. Nur durch strenge Übung gelangt der Mönch, der kon-

Rechtes Reden, Handeln und Leben — Die frühe Lehre

sequente Buddhist, zur bewußten Erzeugung eines solchen Charakters, so daß er sich durch keinen Anreiz mehr zu Gier, Haß und Gewalt hinreißen läßt.

Rechtes Reden, der Schritt, der wohl die geringsten Anforderungen stellt, bedeutet zunächst Verzicht auf alle Lügen, auch solche aus Not heraus oder um eines anderen willen. Verpönt ist außerdem, Informationen weiterzugeben, die andere entzweien, vielmehr soll ein gegenseitiges Verstehen und die Freude an gemeinschaftlicher Eintracht gefördert werden. Schimpfworte sind ebenso zu vermeiden wie leeres Geschwätz. Alles Reden soll höflich, denkwürdig, abgemessen, begründet und sinnvoll sein, denn nur so dient es den höheren Zielen auf dem Achtfachen Pfad. Aus demselben Grund sollen beiläufige und nutzlose Gespräche über Machthaber, Krieger und Helden gemieden werden.

Rechtes Handeln besteht darin, nicht den Tod über andere Lebewesen zu bringen, sich keine Dinge anzueignen, die nicht freiwillig gegeben werden, und unzulässigen Geschlechtsverkehr zu unterlassen. Aus letzterem Gebot wurde im Westen häufig auf eine Sinnenfeindlichkeit des Buddhismus geschlossen. In der Tat gilt für Mönche das Gebot völliger Keuschheit; von Laiengläubigen wird dagegen nur verlangt, auf sexuellen Kontakt mit jungen oder abhängigen Partnern zu verzichten. ›Abhängige‹ sind im Sinne der Lehre Verheiratete oder Heiratswillige, ferner Gefangene sowie unter Obhut von Verwandten stehende Menschen.

Rechtes Leben bezieht sich auf die Frage nach einem karmisch heilsamen Lebensunterhalt, der anderen nicht zum Schaden gereicht. Verpönt ist der Handel mit Lebewesen, Waffen, Fleisch, berauschenden Getränken und Giftstoffen. Es ist Abstand zu nehmen von allen Berufen, bei denen Gewalt an Menschen oder Tieren ausgeübt wird. Als verwerflich gelten auch Betrug, unbeherrschte Gewinnsucht und der Versuch, unwillige Handelspartner zu überreden. Die Einstellung zum Genuß von Rauschmitteln beweist abermals, mit welcher Besonnenheit und Einsicht in menschliche Schwächen Buddha sein Regelwerk abfaßte, denn

> »Da begibt sich der Mönch in den Wald, an den Fuß eines Baumes oder in eine leere Hütte, setzt sich mit gekreuzten Beinen nieder, den Körper gerade aufgerichtet, und richtet seine Achtsamkeit vor sich. Achtsam atmet er ein, achtsam atmet er aus. Atmet er lang ein, so weiß er ›Ich atme lang ein‹; atmet er lang aus, so weiß er ›Ich atme lang aus‹. Atmet er kurz ein, so weiß er ›Ich atme kurz ein‹; atmet er kurz aus, so weiß er ›Ich atme kurz aus‹. ›Den ganzen Körper klar wahrnehmend, will ich ein- und ausatmen‹, so übt er sich. ›Diese Körperfunktion besänftigend will ich ein- und ausatmen‹, so übt er sich.«
>
> *Mahasatipatthanasutta, D 22*

Die frühe Lehre — Rechtes Streben und rechte Achtsamkeit

Tibetische Laiengläubige mit Gebetsmühle. In den Spätformen des Buddhismus ersetzen häufig Rituale das ursprüngliche Bemühen um spirituelle Vervollkommnung

er hebt nicht den Zeigefinger moralischer Bedenken, sondern hat die sozialen Folgen im Blick (Trunkenheitsstreitigkeiten, Gesundheitsverlust, pekuniäre Schwierigkeiten).

Rechtes Streben besteht darin, schlechte Eigenschaften zu beseitigen und gute zu mehren, üble Gedanken zu unterdrücken und edle Gedanken zu wecken.

Rechte Achtsamkeit bietet auch dem Nicht-Buddhisten vielfältige Möglichkeiten zur Erlangung von Ruhe, Besonnenheit und Belastbarkeit. Das eigentliche, das buddhistische Ziel besteht allerdings darin, Gier, Schmerz und Trübsal zu überwinden, den Augenblick bewußt wahrzunehmen und das Werden und Vergehen des Körpers in voller Klarheit zu erleben, um über die buddhistische Erkenntnis und Läuterung auf den Mittleren Pfad zu finden.

Die Übungen beginnen grundsätzlich mit bewußtem Ein- und Ausatmen in voller Achtsamkeit (vgl. Randtext S. 39). Vorüberziehende Gedanken sollen dabei nicht verjagt oder unterdrückt werden. Mit fortschreitender Praxis wird die Ablenkung gar nicht erst eintreten, kann sich der Übende völlig auf das Atmen konzentrieren. Später wird auch das Gehen, Stehen, Sitzen, Liegen, Reden,

Zum Trocknen aufgehängte Mönchsroben in Chiang Mai, Thailand. Die Roben werden von den Mönchen selbst traditionell mit Naturfarben eingefärbt

Rechtes Sichversenken — Die frühe Lehre

Meditierender Mönch in Bodh Gaya, Nordindien

Essen, Trinken usw. mit gleicher Achtsamkeit wahrgenommen. Es folgt das Betrachten der Körperteile. Die so vorbereitete Körperschau ist es, die äußerste Besonnenheit und Wissensklarheit schafft. In aufsteigender Folge werden dann die Gefühle, der eigene Bewußtseinszustand und die sogenannten Geistobjekte (z. B. Sinnengier, Übelwollen, Aufgeregtheit, Zweifelsucht, Körperlichkeit) sozusagen von außen betrachtet. Am Ende dieses im Detail sehr komplizierten Weges steht der Sieg über Furcht, Lust und Unlust. Ihm entspricht das Ertragen von Hitze, Kälte, Durst, Hunger, körperlichen und seelischen Verletzungen sowie das Erlangen höherer Geisteskräfte, die sich etwa im Durchschauen anderer Wesen oder in der Erinnerung an frühere Daseinsstufen manifestieren.

Rechtes Sichversenken schafft eine zeitweilige Weltentrücktheit, indem alle Mächte des Geistes auf ein einziges Objekt gerichtet werden, beispielsweise eine Lotosblüte. Der vorausgegangene Schritt wird hier noch vertieft zum Schwinden des Bewußtseins, wie Buddha selbst es unter dem Bo-Baum erlebte. Die meditativen Vertiefungen sind vergänglich, also zeitlich begrenzt, so daß sie noch eine Vorstufe der höchsten Erkenntnis bilden. Erst die Gesamtschau der Vier Edlen Wahrheiten und des Achtfachen Weges bedeutet die unumstößliche Buddhaschaft und damit das Ende der Wiedergeburten.

»Und es stieg in mir die Erkenntnis und innere Schau auf: Unwandelbar ist für mich die Befreiung des Geistes. Dies ist die letzte Geburt, nicht gibt es nun ein Wiedersein.«

Bild mit der Darstellung des ›Großen Daruma‹, gemalt vom Zen-Meister Hakuin Ekaku (1685–1768): Die Eigen-Natur schauen und Buddha werden. Der dargestellte ›Daruma‹ hatte sich die Augenlider abgeschnitten, um bei der Meditation nicht in Schlaf zu verfallen

Achtsamkeit und Meditation

Die Vorstellungen von Askese, Yoga und buddhistischer Meditation sind im Westen wenig differenziert und mit Klischees behaftet. Aus dem Umstand, daß viele Menschen in Indien und Ostasien ein hohes Maß an Körperbeherrschung erreicht haben, werden übersteigerte Erwartungen an die Meditationstechniken abgeleitet, doch sind mit dem Wohlbefinden des *yogin* oder des buddhistischen Mönchs ein ganz anderer Lebensweg und eine völlig andere Weltanschauung verknüpft.

Es war ein langer und – wie er selbst befand – leidvoller Weg, den Buddha in den Jahren der Askese beschritt, als er sich mit dem Ziel einer ›gewaltfreien Selbstauslöschung‹ in der Beherrschung lebenswichtiger Körperfunktionen übte, bis er schließlich die von seinen Zeitgenossen bestaunten ›Wunderkräfte‹ erlangte.

Die Intention des Yogin ist eine andere, obwohl auch er den asketischen Weg wählt. Ihm geht es um ein Training, bei dem durch ›Anjochung‹ (*yoga*) psychischer und physischer Kräfte eben jene Energien zur Entfaltung gelangen, die ihnen im normalen Leben nicht beschieden ist. Die Anfänge solcher Praktiken reichen Jahrtausende zurück, wahrscheinlich bis zur Induskultur. Auch im nicht-buddhistischen Yoga ist die Atemschulung ein zentrales Element. *Prana*, der Atem, wird in mühevollen Übungen retardiert und jeder Zufälligkeit entrückt. Höchster Wert wird dem Einhalten des Atems beigemessen. Denn Prana ist nach indischem Konzept ein Synonym für die Daseinsessenz, Indiz und Grund für das Nicht-Totsein. Ziel der Atemschulung ist es, den Geistkörper aus dem sichtbaren Körper zu destillieren.

Aus den Erfahrungen mit Yoga und Askese entwickelte Siddharta Gautama ein neues, überraschend wirksames Konzept, das nach Zufriedenheit mit dem Augenblick trachtet: Es richtet alle Konzentration auf die Wahrnehmung dessen, was ist, etwa auf das vollbewußte, wertfreie Betrachten der Atmung. Der Gedanke der Achtsamkeit fußt darauf, daß ein Mensch, der seine Grunderfahrungen falsch oder nur teilbewußt wahrnimmt, aus den unzulänglichen Wahrnehmungen unweigerlich Fehlinterpretationen ableitet. Er wird die Qualität seines Daseins nicht begreifen und sein Ich nicht als Mikrokosmos sehen, der durch Luftschöpfen am Makrokosmos teilhat.

Der Weg des Yogin wie des Buddha verharrt nicht bei der Atmung, sondern eröffnet mit der Schulung (Yoga) oder Wahrnehmung (Buddhismus) nur den Vorstoß in neue geistige Sphären. Buddha beschreibt vier Stufen der Vertiefung, deren letzte höchste Gleichmut jenseits von Leid und Freude bedeutet.

Grundregel: Der Adept gibt für die Dauer der Übung alle weltlichen Beschäftigungen auf und bekennt sich zu den fünf Weisungen für Laiengläubige, vielleicht gar zu den Sittenregeln der Mönche. Er nimmt Zuflucht zu den ›drei Juwelen‹, hegt liebevolle Gedanken gegenüber allen fühlenden Wesen, legt das Gefallen an seinem Körper ab und erkennt das Nahen des

Achtsamkeit und Meditation

Todes. Die Übungen erfolgen unter Anleitung eines Meditationsmeisters und sind in bequemer Sitzweise in einem ruhigen Raum zu vollziehen.

1. Der Geist richtet sich auf das Heben und Senken der Bauchdecke. Einatmend bemerkt er Heben, ausatmend Senken, ohne auf die Form der Bauchdecke oder die Worte Heben und Senken zu achten; die Konzentration gilt allein dem eigentlichen Vorgang.

2. Geistige Regungen, die während 1. aufscheinen, werden im Augenblick ihres Entstehens wahrgenommen. Eine Erinnerung wird registriert als Erinnerung, eine Überlegung als Überlegung, eine Abschweifung von der Übung als Abschweifung. Die Regung wird bis zu ihrem Schwinden verfolgt, ehe man zur Übung zurückkehrt.

3. Nach einer Weile tritt Ermüdung auf. Auch dies ist zu vermerken: Der Arm wird steif, das Sitzfleisch ermüdet. Dem ist weder nachzugeben noch Auflehnung entgegenzubringen. Erfahrungsgemäß schwinden die unangenehmen Gefühle ohne weitere Einwirkung, andernfalls ist die Position zu ändern. Wechselt man etwa die Stellung eines Beines, so ist das als Wechsel zu vermerken und besonnen auszuführen, um sich dann wieder dem Heben und Senken der Bauchdecke zuzuwenden. Selbst Schmerz wird durch das geduldige Betrachten seiner Qualität und der betroffenen Körperstelle schwinden, ansonsten wirkt man ihm durch Positionsänderung oder durch Unterbrechen der Übung entgegen – wobei dies wieder als Verändern oder Unterbrechen zu registrieren ist. Mit fortschreitender Erfahrung sind solche Schmerzen kontrollierbar und treten schließlich nicht mehr auf. Darüber, daß viele Tätigkeiten und Gedanken der Wahrnehmung entgehen, sollte man nicht die Geduld verlieren, sondern beharrlich nach Vervollkommnung der Perzeption streben. Allmählich kann man sich nun auch den Pausen zwischen Ein- und Ausatmen widmen.

4. Diese Meditationsübungen mögen, da sie viel Zeit erfordern und den gewünschten Erfolg nicht rasch erbringen, Enttäuschung hervorrufen. Auch sie muß unvoreingenommen konstatiert werden, desgleichen der Zweifel, ob denn der gesamte Weg seine Richtigkeit habe, oder auch ein Glücksgefühl über gelungene Übungen. Ebben diese Gefühle ab, gilt es wieder, den Geist auf das Heben und Senken der Bauchdecke zu richten.

Der gesamte Übungsverlauf einer solchen ›Klarblick-Meditation‹, wie sie genannt wird, sollte sich über mindestens einen Tag hinziehen. Er wird beim Fortgeschrittenen nicht zur Ermüdung führen, sondern ihn im Gegenteil schließlich befähigen, auch die Nacht hindurch, einen weiteren Tag und länger zu meditieren. Der Körper wird dabei, durch das Instrument der Achtsamkeit, als etwas erkannt, das sich steuern läßt und damit dem Leid entrückt werden kann. Genau dies aber, die Aufhebung des Leidens, ist das Ziel des Buddhismus.

Die frühe Lehre Das Nirvana

Vernichtung des Farbpulvers, aus dem ein Kalachakra-Mandala ausgestreut war, durch den 14. Dalai Lama als Abschluß einer Initiationszeremonie

Rätselhaftes Nirvana

Kein anderer Begriff aus der Lehre des Buddha hat mehr Anlaß zu Spekulationen gegeben als dieses eine Wort, das dem höchsten Ziel des Buddhisten einen Namen verleiht: Nirvana oder – in den Pali-Texten – Nibbana. *Nir va* bedeutet ›aufhören zu wehen‹, ›erlöschen‹. Es meint das Ende der Wiedergeburten, Befreiung aus der Macht des Todes, der alles Leben beherrscht.

Doch was genau ist unter Nirvana zu verstehen? Buddha wurde dazu oft von seinen Mönchen befragt und antwortete gern mit einem Paradoxon, so in *Undana VIII*: »Ich verkündige euch ein Nichtkommen und Gehen, ein Nichtfeststehen und Vergehen, die Freiheit von der Wiedergeburt; ein Nichtstillstehen und ein Nichtweitergehen. Keinen Grund gibt es mehr für das Sehnen nach dem Leben. Dies ist das Ende des Leids.« An anderer Stelle wählte Buddha einen Vergleich für das Dasein und dessen Erlöschen: Wind, der über eine Wasserfläche weht, erzeugt Wellen und schafft so die Illusion dahineilender Wassermassen; das Bild vergeht, sobald Windstille eintritt.

Da die Sprache selbst zu den Daseinsgruppen zählt, ist sie nicht geeignet, das auszudrücken, was jenseits von ihr liegt. Sie kann aber formulieren, was Nirvana nicht ist, und sich durch die konsequente negative Charakterisierung dem nähern, was der Inhalt dieses rätselhaften Begriffes sein mag: ein »Nicht-Sein«, wie Buddhas knappste Beschreibung lautet.

Bevor mit dem Tod die Daseinsgruppen erlöschen, findet im Leben eines Erwachten das Erlöschen der Leidenschaft statt. Der Achtfache Weg dorthin, die vierte der Edlen Wahrheiten, verschafft vom Wesen des Ziels, vom

Auf der Wasseroberfläche verweht das letzte Mandala im Nirvana

Das fortwährende Sich-Lösen — **Die frühe Lehre**

Nirvana, eine viel klarere Vorstellung, als dies durch irgendeine Formulierung vermittelt werden könnte. Indem man sich nämlich vom Körperlichen löst, eröffnet sich bereits die nächste Aufgabe, die Lösung vom Geist und seiner Tätigkeit, mit der sogleich eine weitere Übung beginnt. Sie besteht darin, sich vom Glücksgefühl zu lösen, das aus der Befreiung von Körper und Geist resultiert. Dieses fortwährende Sich-Lösen bis hinein ins Unendliche ist das Nirvana. Soweit der Buddha selbst.

Nun bleibt aber die von Buddha nicht beantwortete Frage, ob und, wenn ja, was eigentlich überdauert. Wenn nämlich aus dem Kreis des bedingten Entstehens nur ein Dasein ohne ein Ich erwächst, wie kann dann aus dieser Substanzlosigkeit heraus etwas, das gar nicht ist, Erlösung erleben und in ein Nirvana eingehen? Dieses zentrale Problem beschäftigte jahrhundertelang die Interpreten der Lehre. Für einige frühe Buddhisten endete mit der Erlösung alles Dasein, das Nirvana war für sie also ein Nichts. Andere, die Pudgalavadins (›Personalisten‹), bestritten einen wesentlichen Punkt der Lehre und sahen hinter dem bedingten Entstehen ein über dem Individuum angesiedeltes Verbindungsbewußtsein, das das Nirvana erleben kann. Der südindische Reformer Nagarjuna (vgl. S. 77f.) schließlich gelangte um 200 u. Z. zu der Einsicht, daß sich die Frage nur für den stellt, der noch nicht zu den Erlösten zählt.

> »Das Wirkliche, in dem wir stehen, ist eine Konvention der Nicht-anders-Wissenden, darin steckt eine andere Wirklichkeit, in der jene verschwindet, an der jene zergeht: unsagbar, ohne Umriß, ohne Gestalt, Gegensatz und Grenze. Ungreifbar, aber im Vollzug zu erfahren. Ein Übergang, der sich selbst entschwindet, ein Vorgang, der sich auflöst. Ein Schwinden des Schwindens. Das Wirkliche daran ist, daß alles Wirkliche planvoll, schrittweise zum Schwinden kommen kann. Dahin reicht kein Dingwort. Nirvana – ›Erlöschen‹ – ist ja bloß ein Bild für einen Vorgang, der sich auflöst. Ist wie eine Brücke, deren Pfeiler diesseits noch zu sehen ist, aber ihr anderes Ende entzieht sich.«
>
> Heinrich Zimmer,
> »Yoga und Buddhismus«

Verehrung eines Stupa als Symbol des Nirvana. Schieferrelief aus Gandhara, 2./3. Jahrhundert u. Z.

Hinayana – Die Kleine Überfahrt
Sprachprobleme

Die Entwicklung und der rasche Erfolg der Drucktechnik sind eng mit der Ausbreitung des Buddhismus verbunden. Um Pilgern ein Andenken zu geben und sie zu ermutigen, die Lehre in die Welt hinauszutragen, wurden – früher als bei anderen Religionsgemeinschaften – Segensschriften sowie einfache Bilder oder ›Fußabdrücke‹ des Buddha vervielfältigt. Gedruckt wurde mit Holzstöcken. Es ist sogar ein Diamant-Sutra mit genauer Datierung auf den 11. Mai 868 erhalten.

Das Problem der kanonischen Überlieferung

Ob die in den vorangegangenen Kapiteln aufgezeigten Grundzüge den Kern der frühen Lehre exakt wiedergeben, sei dahingestellt. Schließlich sind Buddhas Worte nicht im Original erhalten. Eine erste schriftliche Fassung seiner Lehre wurde möglicherweise im 3. Jahrhundert v. u. Z. unter dem Maurya-Kaiser Ashoka niedergelegt, blieb aber nicht erhalten. Um diese Zeit gelangte der Buddhismus auf die Insel Lanka (Ceylon). Etwa 200 Jahre später wurde dort auf Geheiß eines Königs damit begonnen, einen vollständigen Kanon zu formulieren. Er gilt bis heute als wichtigste Quelle für die Forschung und als verbindliches Werk für die Anhänger der frühen Lehre. Pali, die für die Niederschrift gewählte indische Gelehrtensprache, beherrscht seither die buddhistische Literatur, obwohl Buddha selbst Magadhi sprach und außerdem Texte überliefert sind, die in Sanskrit und anderen Sprachen abgefaßt wurden. Wichtige Begriffe der Lehre sind deshalb sowohl in Sanskrit (z. B. *dharma, sutra, nirvana*) als auch in Pali (z. B. *dhamma, sutta, nibbana*) geläufig.

Durch das Sprachproblem gerieten manche Unstimmigkeiten in den Kanon, der im übrigen bereits Tendenzen aufweist, die mit Sicherheit nicht mehr der ursprünglichen Lehre entstammen. So wird beispielsweise der Durst als Leidensursache angeführt, dann wieder das Nichtwissen, was im einen Fall durch Meditation, im anderen durch Erkenntnis aufzuheben sei. Damit steht nicht nur das Kernproblem des Daseins, sondern letztlich auch der Erlösungsweg, die vierte der Edlen Wahrheiten, zur Diskussion. Hinzu kommen formale Besonderheiten, etwa die auffällige Repetition, die eine fast meditative Aura erzeugt und das Erlernen der Texte erleichtert, zugleich aber ihre Lesbarkeit beeinträchtigt. Daß dieser Duktus nicht auf

Buddhistische Handschrift von 1686 aus Nepal mit Darstellungen des Buddha und der Weißen Tara (vgl. S. 82)

Das Tipitaka Hinayana – Die Kleine Überfahrt

Buddha selbst zurückgeht, läßt sich daraus schließen, daß nach Ansicht der Zeitgenossen der Erfolg seiner Mission gerade auf seinem Sprachwitz und seiner Redegewandtheit beruhte.

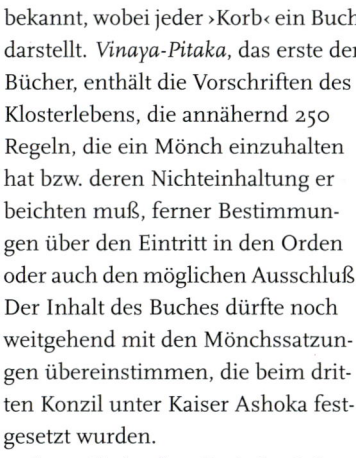

Zwei Sutra-Rollen (Papier auf Holz) des 12. Jahrhunderts, Japan

Der überlieferte Kanon ist als ›Dreikorb‹ (*tipitaka*) bekannt, wobei jeder ›Korb‹ ein Buch darstellt. *Vinaya-Pitaka*, das erste der Bücher, enthält die Vorschriften des Klosterlebens, die annähernd 250 Regeln, die ein Mönch einzuhalten hat bzw. deren Nichteinhaltung er beichten muß, ferner Bestimmungen über den Eintritt in den Orden oder auch den möglichen Ausschluß. Der Inhalt des Buches dürfte noch weitgehend mit den Mönchssatzungen übereinstimmen, die beim dritten Konzil unter Kaiser Ashoka festgesetzt wurden.

Sutta-Pitaka, der ›Korb der Lehrreden‹, erschließt die eigentliche Lehre, hauptsächlich also die Reden Buddhas. Das Buch gliedert sich in vier Sammlungen (*nikaya*), denen die Reden nach rein formalen Kriterien, vor allem gemäß ihrer Länge, zugeordnet wurden. Der umfangreiche Anhang enthält Gedichte und *jatakas*, das sind Legenden zu den angeblich 550 früheren Existenzen Buddhas (vgl. Abb. S. 163).

Das dritte und jüngste Buch, *Abhidhamma-Pitaka*, behandelt Fragen der Metaphysik, Moral und Philosophie. Es wurde wohl schon unter Ashoka begonnen, schwoll in späteren Jahrhunderten aber schier unüberschaubar an. Das *Abidhamma* enthält Interpretationen der Reden Buddhas, die große Gelehrte der

Hinayana – Die Kleine Überfahrt
Von der Philosophie zur Weltreligion

Nachwelt hinterließen. Einer von ihnen, Buddhaghosha, der im 5. Jahrhundert u. Z. als Einsiedler auf Sri Lanka lebte, soll in seiner Höhle so viele Palmblätter mit seinen Einsichten beschrieben haben, daß er schließlich keinen Wohnraum mehr besaß und sein Felsquartier verlassen mußte. Buddhaghoshas umfangreiches Werk, der »Reinheitspfad«, wurde übrigens von dem deutschen Mönch Nyanatiloka (vgl. S. 180) übersetzt und kommentiert.

Die Entstehung des Buddhismus

Über Buddhas missionarische Erfolge liegen euphorische Berichte vor. Ihre Glaubwürdigkeit ist allerdings anzuzweifeln. Denn die ursprüngliche Lehre war ja weder leicht zu verstehen noch bequem zu befolgen. Den Laien fehlte der direkte Zugang zum Heilsweg, über die vertrauten und angebeteten Götter wurden keine Aussagen getroffen, die Masse blieb daher vom Brahmanismus und von Volksreligionen geprägt. Buddhas Lehre darf in ihrem Frühstadium noch nicht als Religion betrachtet werden, sondern erscheint als eine auf Erlösung ausgerichtete Philosophie für einen kleinen Kreis von Denkern. Und das blieb sie noch Jahrhunderte über den Tod des Meisters hinaus.

Die verblüffende Wandlung hin zu einer Weltreligion ging mit politischen Veränderungen einher. Schon im 4. Jahrhundert v. u. Z. war der Staat Magadha, Buddhas Heimatregion, unter wechselnden Dynastien zur größten Macht Nordindiens aufgestiegen. Als Alexander der Große 327 den Indus erreichte, trat ihm in dem indischen König Poros ein starker Gegner entgegen, der den Griechen Einhalt gebot. Wenige Jahre nach dem west-östlichen Zusammenprall bestieg in Magadhas Hauptstadt Pataliputra der erste Maurya-Kaiser den Thron. Sein Enkel war der bereits erwähnte Ashoka (regierte ca. 268–232 v. u. Z.), der sein Reich fast über den gesamten Subkontinent ausdehnen konnte und noch heute als erster

Alexander der Große im Anritt gegen Dareios III. Mosaikbild aus dem ›Haus des Fauns‹ in Pompeji, ca. 1. Jahrhundert v. u. Z.

Kaiser Ashoka — Hinayana – Die Kleine Überfahrt

gesamtindischer Kaiser gefeiert wird. Vor allem aber beruht Ashokas Ruhm auf der ungewöhnlichen Tatsache, daß er Gewaltfreiheit zur Staatsräson erhob.

Nachdem seine Vorgänger ihre Macht durch einen berüchtigten Geheimdienst gestärkt hatten und er selbst bei seinen Eroberungsfeldzügen mit großer Brutalität vorgegangen war, fand er nach eigener Aussage im Anschluß an die letzte große Schlacht zur Läuterung und zur Lehre Buddhas. Verständlich wird dieser Schritt vor allem aus politischen Erwägungen heraus: Der erfolgreiche, aber unbeliebte Kaiser konzentrierte sich nach dem Ausbau der Macht auf die innere Sicherheit. Er einte das Land mit einer moralisch anspruchsvollen, humanen Lehre, die vielen vorbildlich erscheinen mußte und deshalb auch Völkern im fernen Südindien eine Identifikationsmöglichkeit mit Magadha bot, der Heimat des Kaisers. Freilich war politischer Erfolg nur dann zu erwarten, wenn die schwierige Philosophie auf leicht verständliche Grundzüge reduziert wurde. Letztlich verkündete Ashoka also eher eine eigene, von den Worten Buddhas abgeleitete Lehre, die auf Frieden im Land und Wohlstand für die Herrschenden abzielte. Die Leitsätze hießen: Respekt vor Autoritäten, Absage an alle Gewalt, Einschränkung des Wohlstandsstrebens sowie genaue Kenntnis und Einhaltung sittlicher Pflichten. Wer diese Regeln befolgte, dem wurde für die nächste Existenz das höchste Glück versprochen.

Um diese schlichte, aber offensichtlich überzeugende Staatsreligion zu verbreiten, ließ Ashoka an wichtigen Straßen sowie in Pilgerorten und Handelszentren Edikte auf Säulen und in Felsen einmeißeln, die sich bald zu Sehenswürdigkeiten entwickelten. Die fromm-politischen Zeilen wurden eifrig gelesen und auch mündlich tradiert.

Sieben der acht Reliquienhügel, unter denen Buddhas Asche beigesetzt worden war (vgl. S. 21), ließ Ashoka aufbrechen, um die Überbleibsel erneut teilen und über ihnen weitere solcher Hügel – angeblich waren es insgesamt 84 000 – in allen Teilen des Reichs errichten zu

Das berühmte Löwenkapitell der Ashoka-Säule (vgl. S. 8) von Sarnath, Nordindien. Die reliefierten Tiere, die über dem Lotosschaft im Wechsel mit dem Sonnenrad (auch als Rad der Lehre interpretiert) erscheinen, verkörpern nach buddhistischer Auslegung Geburt, Verfall, Krankheit und Tod. Das gesamte Werk läßt ikonographisch und künstlerisch den Einfluß des achämenidischen Persien erkennen

Hinayana – Die Kleine Überfahrt
Buddhismus als Staatsreligion

Stupa III in Sanchi, Nordindien. Der Grabhügel mit Torbau aus dem 1. Jahrhundert v. u. Z. barg laut Aufschrift der Reliquienbehälter die Asche von Buddhas Lieblingsschülern Shariputra und Maudgalyayana

Nachdem die sterblichen Überreste Buddhas verbrannt worden waren, entnahm man der Asche Knochen und Zähne, um sie unter Reliquienhügeln beizusetzen. Ein Augenzahn, der ursprünglich dem König von Kalinga überlassen wurde, gelangte im 4. Jahrhundert nach Anuradhapura auf der Insel Lanka. Die dortigen Regenten verlegten mehrfach ihren Sitz und nahmen bei jedem Um-

können. Diese *stupas* (vgl. S. 152ff.) wurden zunehmend zu Zentren einer kultischen Verehrung Buddhas und eines ersten buddhistischen Rituals. Den Laiengläubigen empfahl Ashoka Pilgerfahrten zu den Wirkstätten Gautamas, den Mönchen des zuvor heimatlosen Ordens richtete er Klöster ein. Mit diesen Stiftungen beginnt nicht nur die Entwicklung einer buddhistischen Kunst, sie veränderten auch das Selbstverständnis der Mönche. Da eine der monastischen Hauptaufgaben, die Missionstätigkeit, nun in die Hand des Staates übergegangen war, konnten sich die Angehörigen des Ordens, zumal sie jetzt ökonomisch abgesichert waren, ganz der Selbstschulung widmen. Als dieses System mit dem Untergang des Maurya-Reiches (um 187 v. u. Z.) zusammenbrach, bemühten sich die Klöster verstärkt um private Stifter (vgl. S. 57); eine engere Allianz zwischen Mönchen und Laien war die Folge.

Die Lehre Buddhas, die erst seit der Ashoka-Zeit als Religion, als Buddhismus, zu bezeichnen ist, reichte nun weit über die Grenzen der Ganges-Ebene hinaus. Der Kaiser hatte Botschafter in die Nachbarländer entsandt, wo der Buddhismus ebenfalls Anhänger fand. Über die antiken Handelswege gelangten manche seiner Einsichten sogar bis in den Vorderen Orient und nach Griechenland.

Hinayana – Die Kleine Überfahrt

Das Gleichnis der Blindgeborenen

Lehrmeinungen und Schulen

In einer berühmten Episode aus dem Pali-Kanon (vgl. S. 46) wird Buddha von Mönchen auf eine Gruppe von Brahmanen angesprochen, die immerzu über philosophische Erörterungen im Streit lagen und sogar handgreiflich gegeneinander wurden. Statt nun für einen der Brahmanen Partei zu ergreifen, wie die Mönche es erwartet hatten, reagierte Buddha mit einem Gleichnis: Ein König befiehlt seinem Diener, allen Blindgeborenen der Stadt einen Elefanten zu zeigen. Daraufhin läßt der Diener die einen den Rüssel fühlen, die anderen die Ohren, wieder andere den Fuß oder die Stoßzähne. Als der König die Blinden später befragt, wie das Tier denn nun aussehe, antworten sie mit Vergleichen, die sich nur auf das ihnen jeweils bekannte Körperteil beziehen. Eine Schlichtung des Dissens ist nicht möglich, weil allen die Gesamtschau fehlt.

Gewiß hat Buddha die ›Blinden‹ nicht nur unter den Brahmanen, sondern auch in den Reihen seiner Mönche gesehen und deshalb immer wieder darauf verwiesen, daß Streit um Detailfragen, da er Ranküne und Konflikte schüre, nur vom eigentlichen Ziel ablenke – eine wesentliche Einsicht der Lehre, die nach dem Tod des Meisters ja die geistliche Führung übernehmen sollte (vgl. S. 29). Doch traten naturgemäß Individuen mit unverwechselbaren Charakterzügen und Denkweisen hervor und formulierten ihr spezifisches Verständnis der ursprünglichen Lehre.

Schon bei der Betrachtung der wichtigsten Schüler Buddhas fallen unterschiedliche Tendenzen auf. Maudgalyayana etwa war auf die Förderung okkulter Fähigkeiten bedacht, die er durch die Übung von Achtsamkeit und Versenkung zu gewinnen trachtete. Dagegen strebte Shariputra (vgl. Abb. S. 24) nach höchster Weisheit, suchte aber zugleich nach einem Weg, die Lehre für Laien zu formulieren. Hierüber entstand fast schon eine eigene Schule, in der die Weisheit dem Weg des einfachen Glaubens und der Tugend gleichgestellt wurde. Diese Auslegung sollte später noch große Bedeutung

---

zug die Zahnreliquie mit, die schließlich in Kotte den Portugiesen in die Hände fiel. Sie brachten den Zahn nach Goa, wo der Erzbischof ihn zu Pulver zermahlen und verbrennen ließ. Nach Auslegung der Buddhisten wurde damals aber nur eine Kopie des Zahnes außer Landes gebracht und zerstört. 1603 errichteten sie über dem »wahren Zahn Buddhas« einen Tempel in Kandy, den Dalada Maligawa. Die Reliquie bzw. inzwischen eine Kopie davon wird alljährlich im Juli/August in einer großen Prozession durch die Straßen der Stadt getragen.

Hinayana – Die Kleine Überfahrt
Maudgalyayana, Shariputra und Maha Kashyapa

Shariputra (links) und der Magier-Mönch Maudgalyayana (rechts) in schematisierten Darstellungen nepalesischer Blockdrucke des frühen 20. Jahrhunderts

erlangen, als im frühen Hinduismus der Begriff der *bhakti*, der liebenden Hingabe an eine Gottheit, einen Heilsweg für die Massen eröffnete und damit den Buddhismus beeinflußte (vgl. S. 70).

Während sich Maudgalyayana und Shariputra darum bemühten, ihre Fähigkeiten zu steigern, um sie in den Dienst der Lehre zu stellen, liefert Maha Kashyapa (vgl. Abb. S. 25) das frühe Beispiel eines Buddhisten, der Machtpositionen in den Dienst seiner Ziele stellt. Als Anhänger strenger Askese widersprach er Buddhas Weisungen schon zu Lebzeiten des Meisters. Später mußte er unweigerlich in Opposition zu Ananda treten, dessen gütiger, toleranter Charakter vielleicht noch am ehesten dem Buddha glich. Maha Kashyapa war Leiter des ersten Konzils – ein Indiz dafür, daß die Asketen in der buddhistischen Gemeinschaft die Führung übernommen hatten. Allerdings wurde Buddhas ›Lieblingsschüler‹ Ananda (vgl. S. 24f.) als maßgeblicher Berater akzeptiert.

Die Wahl von Rajagriha als Tagungsort deutet zudem darauf hin, daß sich Maha Kashyapa mit König Ajatashatru von Magadha verbündet hatte. Diese Deutung setzt voraus, daß das erste Konzil tatsächlich stattgefunden hat und nicht nur eine Konstruktion des Pali-Kanons ist (wie manche Forscher vermuten). Als Symbol hat die Begebenheit aber in jedem Fall Bedeutung. Solche weltlichen Allianzen nämlich begleiten den Buddhismus bis zum heutigen Tag und können erschreckende Ausmaße annehmen, so auf Sri Lanka, wo sich führende Mönche mit Politikern gegen die aus Indien eingewanderten Tamilen verbünden.

Der Streit um Einzelfragen, den Buddha hatte vermeiden wollen und dem er durch Gleichnisse auswich, entwickelte sich teilweise einfach daraus, daß seine Lehre schwer verständliche, nach Interpretation verlangende Begriffe enthielt. Allein deswegen bildeten sich schon in der Frühzeit unterschiedliche Schulen

Das Kleine und das Große Fahrzeug — Hinayana – Die Kleine Überfahrt

heraus, die aber allesamt zwei Hauptströmungen zuzuordnen sind: dem Kleinen und dem Großen Fahrzeug.

Die Schule der Alten und die Große Gemeinde

»Dem Floße gleich will ich euch die Lehre beschreiben, zum Überschreiten geschaffen und nicht dazu bestimmt, sie festzuhalten.« Dieser Ankündigung Buddhas folgt der Bericht über einen Mann, der durch ein Land voller Leid und Gefahren zieht, dort an einen Fluß gelangt und am jenseitigen Ufer die Rettung, das Ende der Qualen erkennt. Ein selbstgebautes Floß, Sinnbild für die Lehre, trägt ihn hinüber, doch sobald er auf der anderen Seite angelangt ist, hat das Vehikel keine Bestimmung mehr und kann zurückgelassen werden für andere, die sich in der gleichen Not befinden.

Die Lehre als Floß oder Fahrzeug, als Mittel zur Befreiung und ohne Anspruch auf einen Selbstzweck, wurde ein geläufiges Bild des buddhistischen Lehrstreits, freilich auch eines, mit dem Spott getrieben wurde. So waren die Vertreter der Großen Gemeinde, die Mahasanghikas, auf dem dritten Konzil der Ansicht, daß die Alte Schule der Weisheit ein gar zu ›kleines Fahrzeug‹ (*hina yana*) besitze. Deren Lehre (die dem Ur-Buddhismus allerdings noch nahe kam), sei in Theorie und Praxis nun einmal nicht geeignet, die

Bootsfahrt als Symbol für die buddhistische Überschreitung

Hinayana – Die Kleine Überfahrt
Theravada

Ein Hinayana- und ein Mahayana-Mönch nebeneinander in Bodh Gaya

gesamte Menschheit zu erretten, sondern könne nur wenige Auserwählte ans andere Ufer bringen. Der Begriff Hinayana bedeutet also eine Herabsetzung gegenüber dem später entwickelten Großen Fahrzeug, dem Mahayana (vgl. S. 68ff.), so daß die Anhänger der frühen Lehre lieber von der Schule der Alten (*theravada*) sprechen. Dieser Terminus hat auch insofern Berechtigung, als ehemals neben den Theravadins mindestens 17 weitere Hinayana-Schulen bestanden.

Schon der Konflikt auf dem dritten Konzil machte deutlich, daß die Theravadins die eigene Erlösung in den Vordergrund stellten, wenngleich sie nur in Ausnahmefällen einem Gläubigen die Aufnahme in den Orden verweigerten und somit jedem Gelegenheit gaben, den Heilsweg zu beschreiten. Die Schule der Alten verstand Buddha weiterhin als eine historische Figur; allerdings wurden dem Meister bald Wunderkräfte zugeschrieben. Bis heute fühlen die Anhänger des Hinayana sich an die überlieferten Texte gebunden und befolgen die unter Ashoka niedergelegten Mönchsregeln. Theologische Spekulationen werden abgelehnt, doch ist eine Tendenz zur Mystik festzustellen, wie sie schon bei Buddhas Schüler Maudgalyayana anklang (vgl.

Hinayana – Die Kleine Überfahrt

Widersacher des Hinayana

S. 51f.). Das rätselhafte Nirvana (vgl. S. 44f.) nimmt den Charakter eines Paradieses an, so wie Ashoka es populär gemacht hatte. Damit wandelt sich indes auch das Verständnis vom Individuum: Es wird ihm eine Seele zuerkannt, die das Paradies erleben kann, sofern sie gutes Karman angehäuft hat.

Über die Philosophie der Mahasanghikas, die in den Konzilien als Widersacher der Alten Schule auftraten, lassen sich kaum zuverlässige Aussagen treffen, da ihre eigenen Texte verschollen sind und die erhaltenen Berichte den parteiischen Aufzeichnungen ihrer Gegner entstammen. Offensichtlich bereiteten sie schon den Gedanken vor, daß Gautama nur die an sich unbedeutende Inkarnation eines Urwesens sei, welches das Absolute darstelle. Im Zusammenhang mit dem Mahayana soll noch erläutert werden, inwiefern diese Idee einen Erlösungsweg für breite Schichten ebnete.

Bereits unter Ashoka hatten die neuen Strömungen große Bedeutung erlangt. Feindselig disputierten sie über das Selbstverständnis der Arhats. Die Mahasanghikas wiesen darauf hin, daß selbst Weise einen nächtlichen Samenerguß erleiden können, der im Traum durch die Versuchung der Töchter Maras hervorgerufen werde. Darum habe ein Arhat keineswegs jenen Heilszustand erreicht, in dem er sich wähne.

Abschließend bleibt zu ergänzen, daß die Festschreibung der Lehre in einem Kanon eine gewisse Stagnation begünstigt hat. Sehr deutlich läßt sich dies am buddhistischen Frauenbild demonstrieren. »Man soll sich vor Frauen hüten«, heißt es im Kanon. »Auf eine

Der Vorzeit-Buddha Kashyapa in der Darstellung eines modernen nepalesischen Blockdrucks. Kashyapa, der letzte unter den Vorzeit-Buddhas, soll im Gazellenhain von Sarnath geboren worden sein, dort wo Buddha später seine berühmte erste Lehrrede hielt

Prozession buddhistischer Frauen. Malerei des 13. Jahrhunderts am Südfenster des Nandamanya-Tempels in Pagan, Burma

55

kluge kommen tausend dumme oder schlechte. Der Charakter der Frau ist verborgener als der Weg, den der Fisch im Wasser nimmt. Sie ist wild wie ein Räuber und ebenso hinterhältig. Nur selten spricht sie die Wahrheit: Für sie sind Wahrheit und Lüge dasselbe.«
Es ist kaum denkbar, daß Buddha, der die Gleichheit des Menschen lehrte und einen Nonnenorden einrichtete, sich zu solchen Äußerungen herabgelassen hätte. Offenbar kritisierten spätere Generationen Buddhas Auffassung und brachten kurzerhand solche Wertungen in seine Reden ein. Mit der Niederschrift wurden sie verbindlich und werden bis heute kolportiert.

Hinayana heute
Zu den Missionaren, die unter Ashoka in Indiens Nachbarländer aufbrachen, zählte auch Mahinda, der Sohn (oder Bruder) des Kaisers. Um 250 v. u. Z. erreichte er jene Insel, die wir jetzt als Sri Lanka kennen. Bis heute blieb dort die buddhistische Lehre in der Form des Theravada/Hinayana erhalten, nur wenig beeinflußt vom Gedankengut späterer Invasoren aus Indien und Europa.

Für Buddha war der Auszug in die Heimatlosigkeit ein wichtiger Akt. Die Seßhaftigkeit eines Mönchs sah er als Gefahr an. Sie bedeute den ständigen Kontakt mit immer gleichen Personen. Aus einer solchen Konstellation erwüchsen dann zwangsläufig soziale Verpflichtungen, die den Zielen eines Mönchs nicht zuträglich sein könnten. Zudem beginne der Seßhafte auf sein Ansehen zu achten und nach Besitz zu streben; auch das bringe ihn in Konflikt mit der buddhistischen Lehre.

Anfangs hatten die Mönche tatsächlich kein Heim. Lediglich während des Monsuns suchten sie einfache Schutzhütten (*vihara*) auf – nicht zu weit von Ortschaften entfernt, so daß sie noch Almosen erbetteln und missionarisch tätig sein konnten, aber doch weit genug, um ungestört ihren Meditationsübungen nachzugehen. Diese Hütten wurden schließlich zu Keimzellen von Klöstern, ebenfalls Vihara genannt. Buddhas

Sri Lanka — Hinayana – Die Kleine Überfahrt

Mihintale, Geburtsstätte des Buddhismus auf Sri Lanka und ein Zentrum der Pilgerfahrt

Warnungen gewannen in diesem Zusammenhang konkrete Bedeutung.

Denn in den Klöstern trat die Missionsarbeit immer mehr hinter die Suche nach dem persönlichen Heilsweg zurück. Das führte zu wachsender Isolierung der Mönche, zumal sie zugleich, vor allem dank königlicher Schenkungen, zu beachtlichem Wohlstand gelangten und so in einen neuen gesellschaftlichen Status aufstiegen. Unvermeidlich brachte die klösterliche Seßhaftigkeit Verstrickungen ins politische Geschehen mit sich. Hinderlich im Sinne einer Selbstzensur war allein schon, daß den Klöstern die Finanzmittel entzogen wurden, wenn sie das Mißfallen des Herrschers erregten. So lernte man, das Unanstößige zu lehren. Die unselige Allianz zwischen geistlicher und weltlicher Macht bestimmte über viele Jahrhunderte die Geschicke Sri Lankas. Sie endete auch nicht unter den Briten, denn nun gerieten die Klöster in Abhängigkeit von reichen, meist konservativen Familien, die mit den Kolonialherren paktierten und ihren Einfluß auf den Orden geltend machten. In dieser Zeit hielt auch das Kastenwesen Einzug in die soziale Struktur der Klöster. Die geldgebenden Familien sorgten nämlich dafür, daß nur noch Angehörige ihrer Schicht in die Viharas aufgenommen wurden.

Solche Wandlungen, dazu die ökonomischen Auswirkungen der Kolonialherrschaft, führten in einem längeren Prozeß zum Verfall des Klosterlebens auf der Insel. Zwar brachten Mönche aus Burma und Thailand im 18. Jahrhundert noch einmal frische Impulse; zu einer wirklichen buddhistischen ›Renaissance‹ kam es jedoch erst, als in Europa das Interesse am Buddhismus

Buddhistische Feste auf Sri Lanka: Der Festtagskalender wird von den Vollmondtagen (*poya*) bestimmt. Kleinere Feiern finden zu jedem Voll- und Neumond statt. In Vollmondnächten werden Prozessionen zu den Tempeln durchgeführt, Blumenopfer dargeboten, Räucherstäbchen entzündet und heilige Texte rezitiert. Der Vollmondtag im Mai (*vesak*) und der im Juni (*poson*) haben besondere Bedeutung: Vesak ist das Fest der Erwachung, der Geburt und des Todes von Buddha, während Poson an Mahindas Mission nach Sri Lanka erinnert. Daneben existieren lokale Feste, die dem angeblichen Besuch Buddhas im jeweiligen Ort gewidmet sind.

Hinayana – Die Kleine Überfahrt
Enge Verknüpfung mit der Tagespolitik

Modernes Buddha-Bild vor dem Rathaus von Colombo, Sri Lanka

Mönch auf Sri Lanka

erwachte. So wurde 1891 auf Sri Lanka die Mahabodhi Society gegründet, vermittelten Interessierte und Ordinierte des Westens das Schrifttum und die Ideenwelt des Pali-Kanons nach Europa.

Neuen Aufschwung brachte dem Buddhismus auf Sri Lanka die Unabhängigkeitsbewegung seit Ende des 19. Jahrhunderts; die Lehre stärkte damals das insulare Nationalbewußtsein. Für den alten spirituellen Anspruch war das neue politische Gewicht freilich nicht eben förderlich. Die politischen Parteien der Gegenwart stimmen ihre Taktik stets auf die Meinung führender buddhistischer Kreise ab, denn die Mönche schenken ihre Sympathie ganz unverhohlen der Fraktion, von der sie sich die größten materiellen Gewinne erhoffen. 1972 etwa standen sie auf der Seite der Sozialisten, die den Buddhismus auf Sri Lanka zur Staatsreligion erhoben, 1977 wechselten sie zu den Konservativen, weil die Linke erhöhte Steuerforderungen an den Orden stellen wollte.

Eine Diskrepanz zwischen dem Streben nach dem Heilsweg und solchen weltlichen Erwägungen wird in der Regel weder von Ordinierten noch von Laiengläubigen empfunden. Das Volk hat ohnehin einen recht unkomplizierten Zugang zur buddhistischen Lehre gefunden. Von ›Lord Buddha‹ ist da die Rede, einem höheren Wesen, das im Himmel throne und das auf recht naive Weise angebetet wird (vgl. S. 66f.).

Aus **Burma** (heute: **Myanmar**) liegen Zeugnisse für eine Verbreitung des Hinayana seit dem 5. Jahrhundert u. Z. vor. Zu dieser Zeit, als große Teile Ostbengalens (heute: Bangladesh) noch undurchdringliche Wildnis waren, dürfte die Lehre wohl weniger auf dem Landweg als vielmehr durch den regen Seehandel von den Häfen

Burma/Myanmar — Hinayana – Die Kleine Überfahrt

Westbengalens und Orissas dorthin gelangt sein. Das Mahayana scheint erst im 9. Jahrhundert eine gewisse Beachtung gefunden zu haben, vermochte sich aber nie ganz durchzusetzen, zumal es von staatlicher Seite immer wieder unterdrückt wurde, um dem Land durch kulturelle Einheit politische Stabilität zu verleihen. Daß im 11. Jahrhundert ein König von Pagan den Theravada-Buddhismus Sri Lankas zur Staatsreligion erhob, ist wohl eher eine spätere Phantasie. Allerdings bestand immer wieder Austausch mit Sri Lanka, das sich über die Jahrhunderte hinweg zum Vorbild entwickelte und den burmesischen Buddhismus prägte. Zugleich trägt die burmesische Variante des Theravada auch Züge einer bodenständigen Geisterverehrung und des tantrischen Buddhismus (vgl. S. 88ff.), der über Bengalen ins Land kam und bis ins 16. Jahrhundert populär blieb.

1287 wurde Pagan von Mongolen erobert, 1299 von Thai-Völkern zerstört, die in Pegu den neuen Regierungssitz einrichteten und 1479 das Hinayana verbindlich machten. Nachdem den unterdrückten Burmesen die Befreiung gelang, führten sie im 16. Jahrhundert Kämpfe ›im Namen Buddhas‹ gegen ihre thailändischen Nachbarn. Die Konfrontation mit den letztlich stärkeren Briten, die Teile Burmas an sich reißen konnten, führte im 19. Jahrhundert zu einer schweren Krise in der Einheit des Ordens. Es wurde deshalb 1868 ein fünftes buddhistisches Konzil in Mandalay einberufen, das die erneute Festschreibung des Kanons zum Ziel hatte. In der Tat wurde so wieder ein Gemeinschaftsgefühl ge-

›Buddhistische‹ Kavallerie auf dem Feldzug. Darstellung des 19. Jahrhunderts, Burma. Die Feindseligkeiten zwischen Burma und Thailand erreichten im 18. Jahrhundert einen Höhepunkt, als sich Burma zu ›buddhistischem Imperialismus‹ verstieg und zunächst Thailand und Laos, im 19. Jahrhundert auch Britisch-Indien zu erobern suchte

Entwicklung des Buddhismus in Südostasien

1. Jahrhundert u. Z
Von Kalinga (Orissa) in Indien aus erste Handelsschiffe nach Südostasien

ab 2. Jahrhundert
Erste buddhistische Gemeinden im chinesischen Norden Vietnams (Annam)

ab 224
Aufstieg der Sassaniden im Iran behindert den Handel zwischen Indien und dem Westen, Verlagerung nach Ost- und Südostasien

4. Jahrhundert
Im Zentrum des heutigen Vietnam Bildung eines indisch geprägten, hinduistischen Reiches Champa

5. Jahrhundert
Zentren des Hinayana in Burma, erste Zeugnisse auf Java und Sumatra

ca. 550
Das von China geprägte Funan zerfällt in die Reiche Kambodscha und Dvaravati, in letzterem erste Zentren des Hinayana

580
Ableger der chinesischen Chan-Schule im Norden Vietnams

671–695
I-ching aus China bereist Indien und Indonesien

7. Jahrhundert
Auf Sumatra Mahayana und Tantra

770–1095
Pala-Dynastie in Indien, Kulturaustausch mit Südostasien

8. Jahrhundert
Mahayana-Buddhismus nach Kambodscha und Java

Hinayana – Die Kleine Überfahrt
›Buddhistischer Sozialismus‹

ab 9. Jahrhundert
Mahayana im burmesischen Pagan; Khmer-Staat beherrscht große Teile Südostasiens, neben Hinduismus auch Mahayana verbreitet
938
Vietnam unabhängig von China
ca. 970
Mahayana Staatsreligion in Vietnam
ab 11. Jahrhundert
In Burma setzt sich Theravada-Buddhismus durch
um 1150
Erster buddhistischer Herrscher in Angkor, danach dort Niedergang des Hinduismus
1287
Mongolen erobern burmesisches Reich Pagan
13./14. Jahrhundert
Thai-Völker aus Südchina nach Thailand, Burma und Laos, dort Gründung von Kleinstaaten, die Hinayana annehmen
ab 14. Jahrhundert
Buddhismus auf Sumatra durch Islam, auf Java durch Hinduismus verdrängt
1407
Truppen der chinesischen Ming-Dynastie erobern Vietnam und zerstören buddhistische Denkmäler
1428
Nach Vertreibung der Chinesen aus Vietnam dort Konfuzianismus eingeführt und Buddhisten verfolgt
1431
Khmer-Hauptstadt Angkor von Thai zerstört, das Reich, fortan Kampuchea genannt, bekennt sich zum Theravada

Mönch am berühmten Goldenen Stein bei der Kyaiktiyo-Pagode, Burma

stärkt, das schließlich auch dem Unabhängigkeitskampf zum Erfolg verhalf.

Der seit 1948 souveräne Staat Burma strebte zunächst eine Synthese zwischen Buddhismus und Sozialismus an, wobei er die von der Lehre benannten Grundübel – Gier, Haß und Verblendung – auf das kapitalistische Denken zurückführte und mit der Beseitigung wirtschaftlicher Ungerechtigkeiten ein ›Nirvana im Diesseits‹ schaffen wollte. Dieses kühne Ziel war zunichte, als 1962 das Militär die Macht übernahm und – wenngleich immer noch im Namen des Buddhismus – eine strenge, gegen das Ausland abgeschottete Diktatur errichtete. Am Widerstand gegen

Buddhismus in Thailand — Hinayana – Die Kleine Überfahrt

Willkür und Greueltaten der Militärs waren Mönche immer wieder maßgeblich beteiligt. Allerdings geschah dies nicht nur aus humanitären Erwägungen. So wollte man etwa die Verstaatlichung von Betrieben rückgängig machen, da diese Maßnahme den Klöstern die wichtigsten Geldgeber entzogen hatte.

Im **thailändischen Reich** Dvaravati war das Hinayana etwa seit Mitte des 6. Jahrhunderts u. Z. bekannt. Nennenswerte Verbreitung fand die Religion jedoch erst, als im 13. Jahrhundert Thai-Völker aus dem Süden Chinas nach Thailand, Laos und Burma vordrangen und in diesen Ländern buddhistische Kleinstaaten gründeten (Sukhothai, Lannathai, Ayuthya = Siam, Pegu in Burma, Lan Chang = Laos). Die politische und geistliche Führung hatte Ayuthya inne; entsprechend wurde es im 16. Jahrhundert Hauptziel burmesischer Übergriffe (s. o.). Nachdem die Gefahr 1592 vorübergehend gebannt war, begann in Siam eine Hochblüte des Theravada, die erst 1767 mit der erneuten Eroberung Ayuthyas durch Burmesen endete. Die Hauptstadt wurde damals vollständig zerstört, das Reich zerfiel, die Bevölkerung nahm Zuflucht zu Geisterkulten. Eine tiefgreifende Reformation des Hinayana vollzog sich Anfang des 19. Jahrhunderts durch die Bestrebungen des Prinzen Mongkut, der auch einige christliche Elemente in den thailändischen Buddhismus einbrachte. Ein weiterer auffälliger Zug des Hinayana in Thailand ist die auf chinesische, aber auch indische Traditionen zurückzuführende Königsverehrung, die sich die

Tempelbauten der alten, 1767 zerstörten Residenzstadt Ayuthya, Thailand

1471
Untergang Champas
1479
In Burma unter einem Thai-König die Ordensregeln Sri Lankas verbindlich gemacht
1592
Ayuthya schüttelt die burmesische Fremdherrschaft (seit 1569) ab und wird ein Zentrum des Theravada
16. Jahrhundert
Teilung Vietnams in Nord und Süd, die beiden verfeindeten Königshäuser fördern wieder den Buddhismus
1707
Laos zerfällt in Kleinstaaten, in denen Geisterkulte Buddhismus verdrängen
1767
Zerstörung Ayuthyas durch Burmesen, Auflösung des Reichs Siam bringt Krise für den Buddhismus in Thailand
1802
Vietnam unter einem Kaiser vereint, neue Blüte des Buddhismus im Norden des Landes
1804–1868
Prinz Mongkut reformiert Buddhismus in Thailand
1824–1826, 1852
Burma führt zwei Kriege gegen Britisch-Indien
1841
Kampuchea von Vietnamesen annektiert, Unterdrückung der Khmer-Kultur; zahlreiche buddhistische Heiligtümer zerstört
1857–1867
Süd-Vietnam von Franzosen besetzt, dort Verfall des Buddhismus

Hinayana – Die Kleine Überfahrt Laos

1863
Kampuchea wird französisches Protektorat
1868–1871
5. buddhistisches Konzil in Mandalay, Prüfung und erneute Festschreibung des alten Kanons
1883–1884
Franzosen besetzen auch den Rest Vietnams
1887
Zusammenschluß der französischen Kolonien und Protektorate zu Indochina
1893
Laos wird Indochina eingegliedert
ab 1920
Erneuerungsbewegung des Buddhismus in Vietnam, wird zur treibenden Kraft des Widerstands gegen Franzosen
1940
Japaner erobern Vietnam
1945
Franzosen bemühen sich um Wiederherstellung des Kolonialregimes, Verhaftungen politisch verdächtiger Mönche
1946
Ausbruch des ersten Indochina-Krieges
1948
Buddhistischer Sozialismus im unabhängigen Burma
1953
Ende des französischen Protektorats über Kampuchea, Politik nach dem Vorbild Burmas angestrebt, die Kommunisten (›Rote Khmer‹) in den Untergrund gedrängt
1954
Abzug französischer Truppen aus Indochina, Schaf-

Im Tempelbezirk des Wat Phra Keo, Bangkok. Typisch für die thailändische Sakralarchitektur sind die schlank aufgipfelnden Chedis. Sie bieten eine regionale Variante der Stupa-Grundform

Regierenden bis in die Gegenwart hinein zunutze machen. Immer wieder bemüht sich der Staat um Kontrolle über die Angelegenheiten des Ordens. Mehr als einmal ist es ihm gelungen, den Buddhismus für seine Ziele zu mißbrauchen. In engem Zusammenhang damit steht die in Thailand weitverbreitete Vorstellung von einem nahen Anbruch des Reiches Maitreyas (vgl. S. 12): Regierungsreformen oder Staatsstreichen wird gern eine religiöse Rechtfertigung dadurch verliehen, daß mit ihnen angeblich die Geburt des Erlösers eingeleitet werde.

Während sich in Thailand viele Mönche für die antikommunistische Propaganda zur Zeit des Vietnamkrieges einspannen ließen, stand der Orden in **Laos** eher auf der Seite der kommunistischen Pathet Lao. Das Beispiel zeigt ein weiteres Mal, daß der Klerus heute in allen Hinayana-Ländern regen Anteil am politischen Geschehen nimmt und meist die Partei favorisiert, von der er sich Wohlstand und Handlungsfreiheit verspricht. In Laos ging die Rechnung allerdings nicht ganz auf.

Das Land hatte als letzter der oben genannten Thai-Staaten um 1356 das Hinayana angenommen, war im 18. Jahrhundert weitgehend umgeschwenkt auf einen

Kambodscha — Hinayana – Die Kleine Überfahrt

volkstümlichen Geisterkult, fand aber zurück zum Buddhismus, als 1893 die Franzosen ihr Protektorat über Laos einrichteten. Das Hinayana wurde damals zum Motor des Widerstands gegen die Fremdherrschaft. Nach Auflösung des Protektorats (1945) gewannen die pro-amerikanischen Militärs an Macht und begannen, die Selbstverwaltungsrechte des Ordens einzuschränken. So erklärt sich die Sympathie für die Kommunisten, die jedoch, als sie 1975 die Regierung übernahmen, ebenfalls Schritte gegen den ihrer Ansicht nach allzu einflußreichen Sangha einleiteten. Mehr Freiheiten und größeres Ansehen genießt der Buddhismus in Laos erst wieder, seit nach der Zeit der nationalkommunistischen Isolation die Grenzen zum buddhistischen Nachbarn Thailand erneut geöffnet sind.

Kambodscha, ehemals Teil des riesigen Khmer-Reiches (9.–13. Jahrhundert), ist zunächst nicht zu den Hinayana-Staaten zu rechnen. Im Gegenteil, über Jahrhunderte waren hier der Hinduismus und in zweiter Linie das Mahayana verbreitet. Erst als im 13. Jahrhundert Thai-Völker das Reich zu schwächen begannen, setzte sich unter ihrem Einfluß die Alte Weisheitsschule durch. Sie war deutlich von den

fung der unabhängigen Staaten Laos, Kambodscha, Nord- und Süd-Vietnam
1954–1956
6. Konzil in Rangun, Beschluß einer buddhistischen Weltmission
1955
USA leitet Militärhilfe für Süd-Vietnam ein
1964
Ausbruch des zweiten Indochina-Krieges
1970
Sturz der Regierung Sihanuk in Kambodscha durch pro-amerikanische Militärs, Bürgerkrieg
1973
Abzug der letzten US-Truppen aus Süd-Vietnam
1975
Kommunisten siegen in Vietnam, Laos und Kambodscha; unter den Roten Khmer Ausrottung des Buddhismus angestrebt; Repressalien gegen Buddhisten auch in Vietnam
1979
Vietnam besiegt die Roten Khmer
1987
Vietnamesische Regierung nimmt wieder eine tolerante Haltung gegenüber Buddhisten ein
1989
Vietnam zieht Truppen aus Kambodscha zurück, auch hier entspannt sich die Lage für die Buddhisten
1991
Mit dem Ende der Sowjetunion setzt in vielen zuvor kommunistisch regierten Ländern Südostasiens eine Wiederbelebung des Buddhismus ein

Tor von Angkor Thom inmitten des kambodschanischen Dschungels. Stich von 1868

Hinayana – Die Kleine Überfahrt
Buddhistischer Sozialismus in Kambodscha

Eine Apsaras, eine himmlische Nymphe, wie sie für den Hinduismus, aber auch für die Bilderwelt des Buddhismus charakteristisch ist. Flachrelief aus Angkor, Kambodscha

thailändischen Nachbarn geprägt und zeigte vor allem jene bereits erwähnte Tendenz, alle Hoffnung auf Beseitigung von Mißständen in den künftigen Buddha Maitreya zu setzen. Politisch vermochte sich Kampuchea, wie sich das Reich seit der Verlegung der Hauptstadt von Angkor nach Phnom Penh im 15. Jahrhundert nannte, nicht mehr recht aus dem Spannungsfeld zwischen Thailand und Vietnam zu lösen. Diese Hilflosigkeit führte dazu, daß die Herrscher gelegentlich Kontakt zu neuen Verbündeten aufnahmen und dann auch Zuflucht zu deren Religion (Christentum, Islam) suchten.

Schwere Repressalien erlebte der Buddhismus in Kambodscha erstmals, als das Land 1841 von Vietnamesen besetzt wurde, welche die gesamte Khmer-Kultur ausrotten wollten. Mit dem Protektorat Frankreichs (seit 1863) begann für Kampuchea ein relativ ruhiges, vom allgemeinen Weltgeschehen kaum berührtes Jahrhundert, in dem eine orthodoxe Form des Theravada blühte. Dennoch beteiligten sich die Mönche später am Widerstand gegen die Franzosen, die 1953 das Land räumen mußten. Im Anschluß daran strebte Prinz Sihanuk nach einer Verwirklichung jenes ›buddhistischen Sozialismus‹, wie ihn zuerst Burma propagiert hatte, und ließ die radikale Linke, bekannt als Rote Khmer, unterdrücken. Unterdessen hatten sich pro-amerikanische Militärs auf die Seite Süd-Vietnams geschlagen und stürzten 1970 die Regierung Sihanuk. Zwischen ihnen und den Roten

Spielball der Mächte **Hinayana – Die Kleine Überfahrt**

Khmer entbrannte ein Bürgerkrieg, der 1975 den Sieg der Kommunisten zur Folge hatte. Dem anschließenden Regime der Roten Khmer fielen vor allem Buddhisten zum Opfer, deren Lebenshaltung nun als unvereinbar mit den linksradikalen Zielen galt. 1979 wurden die Roten Khmer von Vietnam gestürzt – bei aller Bedeutung des Vorgangs auch ein Indiz für die anhaltenden Expansionsbestrebungen des in einem kommunistischen Einheitsstaat wiedervereinigten Nachbarn. Das politische Chaos und damit auch die Krise des Theravada in Kambodscha endete mit der Intervention der UN, auf die 1993 die Wiedereinsetzung Sihanuks als Staatsoberhaupt folgte.

Neben diesen großen und teils auch einflußreichen Gemeinden in Burma, Thailand, Laos und Kambodscha existieren noch armselige, traurig anmutende Hinayana-Enklaven im Südosten von **Bangladesh** sowie im Umfeld einiger buddhistischer Heiligtümer in **Indien**. Hier wie dort ist ihr Fortbestehen allerdings politisch und sozial stark gefährdet.

Überwuchert und verlassen: Buddhistische Sakralbauten in Cox's Bazaar, Bangladesh

Mönchsleben auf Sri Lanka

Schon Ende des 19. Jahrhunderts wurde auf Sri Lanka deutlich, daß Laienorganisationen der buddhistischen Bewegung weit mehr Dynamik bringen als die Mönchsgemeinde selbst. Bestimmend dafür ist wohl, daß der Eintritt in den Orden nicht aus Überzeugung und eigenem Antrieb erfolgt, sondern von den Eltern verfügt wird. Meist ist es der jüngste Sohn, der im Alter von acht bis zehn Jahren ins Kloster geschickt wird. Oft handelt es sich um das Mitglied einer einfachen Familie, dem im weltlichen Leben keine Karriere winkt oder dem von Wahrsagern eine ungute Zukunft prophezeit wurde.

Fragwürdig natürlich, wie unter solchen Voraussetzungen die Motivation für ein Klosterleben entstehen soll, zumal daran Entsagungen wie Zölibat und Besitzlosigkeit geknüpft sind, zu denen sich eigentlich nur ein erwachsener, reifer Mensch nach genauer Selbstprüfung entschließen kann. Der Austritt aus dem Kloster birgt rein formal zwar keinerlei Probleme – ohnehin werden die Mönche einmal im Jahr befragt, ob und warum sie noch dem Orden angehören möchten –, ist aber doch mit einigen Risiken verbunden. Schließlich wird den jungen Menschen im Kloster keine Berufsausbildung zuteil, und selbst der ›allgemeinbildende‹ Unterricht bleibt weit unter dem Standard der staatlichen Schulen, so daß Mönche, die dem Klosterleben entsagen möchten, kaum eine Chance in der Gesellschaft haben. Und falls sie eines Tages in den Orden zurückkehren möchten, müssen sie wieder auf der untersten Stufe der Hierarchie ansetzen.

So ist die Mönchsgemeinde denn keinesfalls als eine Vereinigung hochgeistiger Männer anzusehen. Gelegentlich findet sich zwar bewundernswerte Gelehrsamkeit, gleich daneben aber auch Stumpfsinn, der sich im einfachen Hersagen der Mönchsregeln erschöpft. Charakterfestigkeit steht neben kleinlichem Opportunismus, überzeugte Weltentsagung neben Habgier.

Für alle Mönche existiert indessen so etwas wie ein kleinster gemeinsamer Nenner, der den Tagesablauf bestimmt: Auf das Frühstück um sechs Uhr folgt der Bettelgang, um zwölf Uhr das letzte Mahl des Tages, danach die Geistesschulung, die vom bloßen Rezitieren bis hin zu höchsten Stufen der Meditation reichen kann.

So wenig sich die Mönchsgemeinde als homogene Einheit darstellt, so unterschiedlich sind auch die Einrichtungen, in denen sie lebt. Die etwa 5000 Klöster Sri Lankas verfügen zwar über große Ländereien und Geldmittel, doch ist dieser Besitz ungleich verteilt. In manchen Klöstern fristen vier oder fünf Greise ein erbärmliches Dasein, während andernorts mit überraschendem Prunk aufgewartet wird.

In diesem Zusammenhang ist zu beachten, daß sich auf Sri Lanka inzwischen drei Sekten etabliert haben, die weniger in ihrer Einstellung zur Lehre als vielmehr in ihrem sozialen

Mönchsleben auf Sri Lanka

Ebenso bunte wie naive Wandmalereien in einem zeitgenössischen buddhistischen Tempel in Matara, Sri Lanka. Solche Ensembles dienen den Gläubigen als pädagogische Bildeinführungen in die buddhistische Vorstellungswelt

Denken unterschieden sind (vgl. S. 50f.). Die Provinzstadt Kandy, wo ein Zahn Buddhas aufbewahrt und jedes Jahr einmal in einer aufsehenerregenden Prozession durch die Straßen getragen wird, ist Sitz der Siam Nikaya. Die Anhänger dieser Richtung, einer im 18. Jahrhundert von thailändischen Mönchen inspirierten Erneuerungsbewegung, die ursprünglich als Antwort auf die Verweltlichung des Ordens entstanden war, gehören ausnahmslos der Oberschicht an. Sie waren es, die sich offen zum Kastenwesen bekannten. Im frühen 19. Jahrhundert bildete sich als Reaktion darauf die von Burma beeinflußte Amarapura Nikaya, deren heutiges Zentrum die Kleinstadt Galle ganz im Süden ist. Wenig später, 1835, formierte sich bei Colombo die Ramanya Nikaya, die den beiden anderen Sekten ihre Neigung zum Materialismus vorwarf. Äußeres Erkennungszeichen der Ramanya Nikaya-Mönche ist denn auch ein Palmblatt, das sie als Regenschutz statt des von der Kolonialmacht eingeführten Schirms tragen.

Als im 17. Jahrhundert der Buddhismus auf Sri Lanka seinen bisher stärksten Einbruch erlebte, verschwanden die Nonnenklöster, die beim Wiederaufleben der Religion nicht reformiert wurden. Die etwa 3000 Acht-Gebote-Frauen, die nach den Regeln des Sangha leben, besitzen seither keinen offiziellen Status, so daß ihnen etwa der Zugang zur buddhistischen Universität verwehrt bleibt. Ein Umdenken darf man von den Patriarchen, die heute das Mönchsleben auf Sri Lanka beherrschen, kaum erwarten.

Mahayana – Die Große Überfahrt
Selbsterlösung und Gotteshilfe

Rückkehr zu Gott

Buddha lehrte, daß alles Grübeln über das Wesen und Wirken der Götter den Heilsweg nur verdunkle. Dennoch bleibt es dem buddhistischen Gläubigen belassen, sich individuell ein Pantheon auszuschmücken und so ein einfacheres Verständnis der Lehre zu gewinnen. Daraus ist nicht zwingend auf ein simplifiziertes Modell des Kosmos zu schließen, wie oft behauptet wird. Im Gegenteil haben die letztlich doch unvermeidlichen theologischen Spekulationen im späteren Buddhismus zu einem sehr komplexen, anspruchsvollen Weltbild geführt. Entsprechende Überlegungen nahmen ihren Ausgang schon vor der Zeitenwende im Nordwesten Indiens mit dem Orden der Mahasanghikas (vgl. S. 53ff.).

Aber nicht nur der Wunsch der Laien, transzendentale Ideen zu konkretisieren, führte zu einem grundlegenden Wandel der buddhistischen Lehre. Der Niedergang des Maurya-Reichs zwang die inzwischen an staatliche Unterstützung gewöhnten Klöster, sich um neue Förderer zu bemühen. So ergaben sich Bindungen an finanzkräftige Laienkreise, die ihrerseits Heilswege erwarteten, aus denen keine Konflikte mit ihren weltlichen Interessen erwuchsen. Ohnehin mehrte sich längst die Kritik an den Arhats, die Erlösung nur für den Einzelnen erstrebten, ohne dabei den Widerspruch zu empfinden, daß sie so den von der Lehre verworfenen Individualismus, vielleicht sogar Egoismus nährten. Damit führte, rein philosophisch betrachtet, der Weg zur Erlösung geradewegs zu seinem Kontrapunkt.

War der Mensch überhaupt fähig, aus eigener Kraft auf Buddhas Pfad zu wandeln? Oder konnten nur höhere Wesen die Spannungen und Widersprüche durchschreiten, ohne sich gewollt oder ungewollt einer der konkurrierenden Kräfte zuzuneigen? War es vielleicht so, daß nur die Zuwendung zu diesem höheren Wesen aus dem menschlich-weltlichen Dilemma zu befreien vermochte? Gewiß steckte Resignation in solchen Fragen, und düstere Perspektiven

Ein fürstlicher Laiengläubiger, vielleicht Prinz Vessantara, bei der Verehrung des Buddha. Wandmalerei des 3. Jahrhunderts u. Z. aus Miran, Turkestan, einem Stützpunkt der zentralasiatischen Karawanen. Die Kleidung des Adoranten zeigt die Eigentümlichkeiten des Gandhara-Stils; der Fürst nimmt in europäischer Sitzhaltung einen Thron ein

Erlösungshoffnungen **Mahayana – Die Große Überfahrt**

waren dem Buddhismus inzwischen tatsächlich nicht mehr fremd.

Auch für das Hinayana, für die Anhänger der Alten Weisheitsschule, galt mittlerweile als unumstößlich, daß sich die Lebensbedingungen seit Buddhas Zeiten erheblich verschlechtert hätten und niemand mehr in der Lage sei, den von der authentischen Lehre gewiesenen Weg zum Nirvana zu beschreiten. Das Erdendasein habe nach dem Wunder der Erwachung zwangsläufig in ein tiefes Tal absinken, in Kriege und Seuchen münden müssen. Die Lebensspanne des Menschen werde immer kürzer, und erst wenn sie nur noch wenige Jahre betrage, werde man sich langsam wieder zu einem neuen Höhepunkt emporschwingen. Diesen Höhepunkt werde nach Millionen von Jahren die Menschwerdung des Erlösers Maitreya bezeichnen.

Solche Denkweisen, die schon wenige Jahrhunderte nach dem Tod Buddhas im Hinayana kursierten, liegen dem Mahayana noch wesentlich näher. Es überrascht deshalb nicht, daß die Feindschaft, die in den Konzilien das Verhältnis beider Richtungen überschattet hatte, allmählich schwand. Berichte chinesischer Pilger (vgl. S. 131) belegen sogar, daß in einigen buddhistischen Klöstern Indiens die zahlenmäßig überlegenen Anhänger des Hinayana mit denen des Mahayana unter einem Dach lebten und lehrten.

Die Darlegung des Göttlichen im Mahayana befaßt sich nicht mit jenen Volksgottheiten, die von Laiengläubigen beider Schulen verehrt wurden, sondern mit der Gestalt des Buddha, in die nun Konzepte des brahmanischen Pantheons projiziert wurden. Dem Brahmanismus ist auch die Dreikörperlehre entlehnt, die

Einer der berühmtesten Pilger des Buddhismus, der Chinese Xuan-zang (7. Jahrhundert), kehrt mit zahlreichen Textrollen auf seinen Schultern aus Indien zurück. Der Fliegenwedel in seiner Linken symbolisiert die Bereitschaft, böse Geister abzuwehren, der Tiger an der Seite den Willen des Pilgers zum Kampf für die neue Lehre. Oben links thront Buddha auf einem Lotos. Darstellung auf einer seidenen Bildrolle aus Dunhuang, China

Mahayana – Die Große Überfahrt
Die Dreikörperlehre

Grundlage für ein komplexes System von Buddha-Erscheinungen wurde. Nach dieser Lehre existiert im Nirvana ein Leib des Absoluten (*dharmakaya*), eine höchste Instanz, in der alle Buddhas miteinander identisch sind. Auf mittlerer Ebene ist ein transzendenter Leib (*sambhogakaya*) angesiedelt, der nicht mit den Sinnen, sondern nur spirituell wahrnehmbar ist. Dieser von Weisheit und Mitleid erfüllte überweltliche Buddha stellt die eigentliche Heilsgottheit dar. Um den Menschen die Lehre verkünden und sie auf den rechten Weg führen zu können, nimmt der transzendente Leib im Diesseits einen sichtbaren Körper (*nirmanakaya*) an, wie es bei Siddharta Gautama der Fall war und in ferner Zukunft bei Maitreya der Fall sein wird. Die geistige Überlegenheit dieser sichtbaren Wesen darf nicht darüber hinwegtäuschen, daß sie vergänglich und deshalb nicht eigentlich anbetungswürdig sind: Sie vermögen zu lehren, aber nicht zu erlösen.

Die Hoffnung der Menschen richtet sich also auf den Sambhogakaya. Der Gläubige darf aber nicht erwarten, daß er sich durch Erkenntnis und Selbstzucht diesem Leib nähern könne, vielmehr wird die Erlösungsabsicht des transzendenten Buddha vorausgesetzt. Der Mensch muß lediglich seine Ergebenheit bekunden – sei es durch Gebete, Verehrung eines Buddha-Bildes oder Anrufung des Vollendeten –, um die Gnade des Transzendenz-Buddhas zu erfahren. Diese liebende Hingabe, im Hinduismus als *bhakti* bezeichnet, beeinflußte in den ersten Jahrhunderten nach der Zeitenwende alle Erlösungswege, die von indischen Philosophen entwickelt wurden. Der Mensch, der Bhakti übt und in Worten, Gedanken und Taten ein reines Leben führt, wird im Jenseits durch Erleuchtung belohnt. Mit der Überzeugung von der menschlichen Erbärmlichkeit korrespondiert der Glaube an die Übermacht Buddhas. Dies bedeutet eine viel stärkere Abkehr vom Egoismus, als sie im Hinayana je realisiert wurde. Auslöschung

Tibetischer Laiengläubiger bei einer seiner Niederwerfungen als Ausdruck der Ergebenheit. »Fromme Pilger messen den Umrundungsweg für Pilgerstätten oder den Pilgerweg zu heilige Orte wie den Berg Kailash bisweilen gar mit ihrem Körper ab, indem sie jedesmal, bevor sie sich von der langgestreckten Verneigung erheben, ihre Gebetsschnur an die Stelle legen, die ihr Kopf berührte, und dann bis zu dieser Stelle vorgehen, um erneut ihre Zufluchtnahme zu vollziehen. Tage und Wochen können so vergehen, den Geist auf das Numinose gerichtet.« (K.-H. Everding)

Die Buddha-Länder **Mahayana – Die Große Überfahrt**

des Selbst, das höchste Ziel der Alten Weisheitsschule, wird nun gerade erlangt durch Vertrauen auf das Göttliche, nicht aber auf die eigene Kraft.

Naturgemäß erfuhr die Erlösungswirksamkeit des Sambhogakaya eine besonders vielschichtige Auslegung. Der transzendente Leib wurde als Herrscher über die Buddha-Länder, als *jina* (früher übliche Bezeichnung: *dhyanibuddha*) visualisiert, der den Gläubigen Zugang zu seinem Reich gewährt. Dieses Reich wird als Zwischenparadies verstanden, aus dem heraus der Gang hinüber ins Nirvana überhaupt erst möglich wird. Der stufenweise Aufstieg, wie die alte Lehre ihn vertrat, nahm damit konzeptuell eine neue Qualität an: Der Mensch mußte nur den Schritt bis zur Pforte des Buddha-Landes vollziehen, indem er sich einer höheren Barmherzigkeit anempfahl; nach dem Einlaß würde man ihn auf die Erlösung vorbereiten.

Die Buddha-Länder wurden in ihren Qualitäten präzise beschrieben, um den Gläubigen eine Vorstellung von den Segnungen des Zwischenparadieses zu geben. Dabei reichen die Beschreibungen von der Beschaffenheit des Klimas und den Tugenden der Menschen im Transzendentalreich bis hin zu dem Versprechen, daß Frauen hier eine Wiedergeburt als Männer erfahren würden. Diese naive, von den moralischen Werten der Zeit geprägte Bildwelt verdeutlicht die Ergebenheit der meisten Mahayana-Buddhisten in das Prinzip des Göttlichen. Um unterschiedliche Qualitäten zur Geltung bringen zu können, wurden gleich mehrere Buddha-Länder ersonnen, sowohl reine, ungetrübte als auch unreine, mit Sorgen behaftete, etwa das Land des Buddha Shakyamuni – die Welt, in der wir leben.

Von Bedeutung waren anfangs nur Amitabha im Reich Sukhavati, der vor allem in Japan und China viele Verehrer fand (vgl. S. 141), sowie Akshobhya, der Herr über das Reich Abhirati, denen die Gläubigen Indiens den höheren Wert beimaßen. Sukhavati wurde

Das buddhistische Weltenschema:
1 Weltenberg Meru
2 Sieben Ringgebirge und Ringozeane
3 Salzozean
4 Randgebirge
5 Kontinent Paravideha
6 Kontinent Jambudvipa, die Menschenwelt
7 Kontinent Aparagodanya
8 Kontinent Uttarakatu
9 Palast des Brahma
10 Devaloka, die Daseinsbereiche der niederen Gottheiten und Fabelwesen
11 Rupadhatu, die Himmelssphären der reinen Form
12 Arupadhatu, die Sphären der transzendentalen Formlosigkeit

Mahayana – Die Große Überfahrt — Bodhisattva

Amitabha, ›der unermeßlich Glanzvolle‹, einer der transzendenten Buddhas, thront mit der Almosenschale in den Händen im westlichen Buddha-Land Sukhavati. Detail aus einer tibetischen Bildrolle (*thangka*)

im Westen des Buddha-Kosmos plaziert, Abhirati im Osten (der Himmelsrichtung, die indische Geographen oben auf der Landkarte anordnen). Später, im Tantrismus (vgl. S. 100ff.), kamen weitere Buddhas hinzu. Jedenfalls waren die vier Kardinalrichtungen und das Zentrum besetzt.

Etwa vom 6. Jahrhundert an wurde der im Zentrum angesiedelte Buddha als Personifizierung des Absoluten, als Adibuddha, betrachtet, so daß auch der bislang nicht wahrnehmbare Dharmakaya (vgl. S. 70) Gestalt annahm. Anfangs hatte Vairocana diesen Platz inne – und behielt ihn auch für die Buddhisten Ostasiens –, dann trat für die Gläubigen Indiens Vajrasattva an seine Stelle, für die Tibets auch Vajradhara und Samanthabhadra.

Eine neue Ausdeutung erfuhren in diesem System auch die Bodhisattvas. Dank ihrer Weitsicht und Weisheit galten sie zwar noch, wie einst der historische Buddha, als rechtmäßige ›Anwärter auf die Erwachung‹, doch verzichteten sie auf ihr eigenes Heil, um dem Wohle aller dienen zu können. Der Wunsch, in einer späteren Existenz in ein besseres Buddha-Land einzugehen und von dort aus das Nirvana zu erreichen, wurde im Mahayana-Buddhismus noch von dem Ziel übertroffen, ein solcher Bodhisattva zu werden. Auch diese Wesen wurden Buddha-Ländern zugeordnet. Als bedeutendste Bodhisattvas sind Avalokiteshvara und Manjushri zu nennen, von höchster Güte bzw. von besonderer Weisheit erfüllt.

Die Herren der Buddha-Länder — Mahayana – Die Große Überfahrt

Akshobhya: trägt die Symbole der Festigkeit; als transzendenter Buddha berührt er mit der rechten Hand die Erde, während die linke den *vajra* (Donnerkeil, Symbol des Ewigen) hält; als Herr des Buddha-Landes Abhirati hat er dagegen in der Linken eine Almosenschale, der Vajra ist dann am Thronsockel untergebracht, wo sich auch sein Symboltier (Elefant) befindet; bei polychromer Darstellung ist Akshobhya blau-schwarz

Amitabha: steht für Langlebigkeit; als transzendenter Buddha in Meditationsgeste dargestellt, darin ähnlich dem Bildnis des historischen Buddha, auf farbigen Bildern ist Amitabha rot, Gautama golden; als Herr über das Buddha-Land Sukhavati hält Amitabha die Almosenschale, an seinem Thronsockel befinden sich der Lotos (Reinheit) und das Symboltier (Pfau)

Amoghasiddhi: steht für Ermutigung, deshalb Geste der Schutzverheißung (*abhayamudra*), eine Hand hält als Attribut den Doppel-Vajra (fehlt auf manchen Abbildungen), Amoghasiddhi steht in Verbindung mit dem Element Wasser und wird oft von einer Schlange (Symbol der Bodenfeuchtigkeit) behütet, sein Reittier ist Garuda, Symbolfarbe Grün

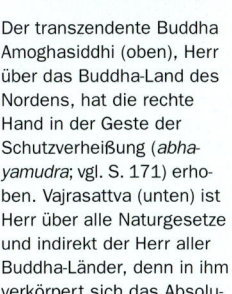

Ratnasambhava: rechte Hand mit der Geste der Barmherzigkeit (*varadamudra*), die linke hält das Juwel *cintamani*, das alle Wünsche erfüllt, Reittier Pferd, Symbolfarbe Gold

Vairocana: Geste des Lehrens (*dharmachakramudra*), in der Hand die Sonnenscheibe, manchmal mit vier Gesichtern dargestellt (im Zentrum hat er den Blick in alle Himmelsrichtungen und ist damit allwissend), Reittier Löwe, Symbolfarbe Weiß

Vajrasattva und **Vajradhara**: mit fünfzackigem Kopfschmuck dargestellt, die rechte Hand vor der Brust hält den Vajra als Symbol des Ewigen, des Nirvana und des männlichen Prinzips, die linke Hand in Hüfthöhe hält eine Glocke (*ghanta*) als Symbol des Vergänglichen, des Samsara und des weiblichen Prinzips, Symbolfarbe Weiß; Vajradhara trägt die gleichen Attribute, doch hält er die Hände über Kreuz, Symbolfarbe Blauschwarz

Der transzendente Buddha Amoghasiddhi (oben), Herr über das Buddha-Land des Nordens, hat die rechte Hand in der Geste der Schutzverheißung (*abhayamudra*; vgl. S. 171) erhoben. Vajrasattva (unten) ist Herr über alle Naturgesetze und indirekt der Herr aller Buddha-Länder, denn in ihm verkörpert sich das Absolute. Zeitgenössische nepalesische Blockdrucke

Mahayana – Die Große Überfahrt
Buddha-Natur in jedem Menschen

Der Bodhisattva Padmapani. Fragment einer Goldbronze, Gyantse, Zentraltibet, 16. Jahrhundert. Der ›Lotoshalter‹, wie der Name Padmapani zu übersetzen ist, steht den Gläubigen mitleidsvoll auf dem Erlösungsweg bei

Neue Erlösungswege

Der Glaube an eine Erlösung durch Vertrauen in höhere Mächte schuf einen einfachen Zugang zur buddhistischen Lehre. Aufgehoben war die beschränkende Auffassung, der Heilsweg sei nur ein schmaler Pfad für wenige Auserwählte; dieser ›neue Buddhismus‹ war nun offenkundig ein Großes Fahrzeug für viele Menschen.

Der Grundgedanke des Mahayana, daß die von der Alten Weisheitsschule angestrebte Eigenerlösung kein realistisches Ziel sein könne, der Gläubige vielmehr auf Fremdhilfe vertrauen müsse, wurde durch drei wichtige Überlegungen gerechtfertigt. Erstens hatte sich das Postulat durchgesetzt, dem irdischen sei ein transzendenter Buddha übergeordnet, von dessen Wesen ein Teil in jedem Sterblichen stecke. Damit war jedes Individuum erlösungsträchtig, das Nirvana eine berechtigte Hoffnung. Aus der Verbundenheit der Menschen untereinander ergab sich, zweitens, daß sich das Karman nicht auf gute oder böse Taten einer Einzelperson zurückführen lasse, sondern in vielfältiger Weise mit dem Handeln anderer verbunden und deshalb auch von allen mitzuverantworten sei. Für das Diesseits folgte daraus eine größere Solidarität, für das Jenseits die Möglichkeit, spirituelle Verdienste oder Schulden übertragen zu können. Da die Menschen aber, wie nur zu gut bekannt, eher Lasten zu verteilen haben, wurde, drittens, mit den Bodhisattvas eine erlösende Instanz geschaffen, die den Strebenden mit heilsamem Karman versorgt.

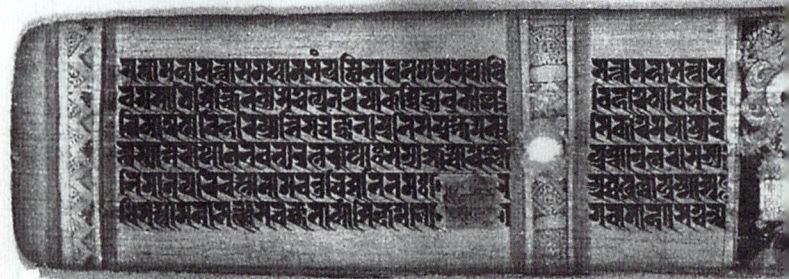

Mahayana – Die Große Überfahrt

Prajnaparamita

Das Abstreifen von Gier, Haß und Verblendung aus eigener Kraft verlor damit an Bedeutung gegenüber dem Wunsch, mit Hilfe überweltlicher Kräfte die Natur des Buddha – und damit auch dessen Erkenntnisse – in sich aufzuspüren. Diese Perspektive verhalf den Anhängern des Mahayana zu neuem Optimismus, der sich bereits im 1. Jahrhundert v. u. Z. in einer Fülle an Literatur niederschlug. Die Texte werden teils *sutra*, teils *shastra* genannt – ein bedeutender Unterschied, der Aufschluß über das Selbstverständnis der Verfasser gibt.

Ein Sutra enthält angeblich die Originalworte des Buddha – Lehren, die der historische Meister geheimhalten mußte, da seine Zeitgenossen sie nicht verstanden hätten. Andere Sutras werden als Äußerungen des transzendenten Buddha hingestellt und erhalten so ihre Unanfechtbarkeit. Ein Shastra dagegen ist anerkanntermaßen das Werk eines irdischen, mitunter sogar eines namentlich bekannten Gelehrten, der ein Sutra zu interpretieren und damit die wahren Absichten Buddhas zu ergründen sucht.

Ein Begriff, der immer wieder Gegenstand dieser Betrachtungen und Interpretationen war, lautet *prajnaparamita* (wörtlich: ›Weisheit ins Jenseits gelangt‹). Schon die Mahasanghikas hatten das ›Wissen‹ (*jnana*) der Alten Schule durch ›Weisheit‹ (*prajna*) ersetzt. Wissen bedeutet, sich zwischen richtig und falsch, Ja und Nein zu entscheiden und mit Begriffen des Weltlichen zu arbeiten. Für die Anhänger des Mahayana steckt darin aber nur ein Teil der Wirklichkeit. Weisheit dagegen erachten sie als etwas Überrationales,

Palmblatthandschrift aus Bihar, Nordindien, entstanden zwischen 1150 und 1175, mit einem Sutra-Text. Im Zentrum zeigt eine Abbildung Buddha, wie er ins Parinirvana eingeht (vgl. auch Abb. S. 169 und S. 173)

Mahayana – Die Große Überfahrt
Shunyata, die Leerheit

Prajnaparamita. Rückendeckel eines Palmblattmanuskripts aus dem letzten Viertel des 11. Jahrhunderts. Im Zentrum der vierarmige weibliche Bodhisattva Prajnaparamita (›Transzendente Weisheit‹) mit Adoranten

mit Mitteln des Geistes nicht Greifbares oder Erfüllbares, einen vollendeten Zustand, der die Berührung mit dem Nirvana erlaubt. Diese Weisheit, die unbewußt in jedem von uns schlummert, läßt sich nur schwer mit irgendeiner Methodik ans Licht fördern, jedoch durch rituelle Handlungen ins Zentrum der Betrachtung rücken. So entstand ein Kult um die später zum weiblichen Bodhisattva personifizierte Prajnaparamita, die den Leidenden zur Erlösung verhilft. Es gilt, die Prajna in uns zu erkennen, sie vom Ballast des Weltlichen zu befreien und ihr so den Zugang zum Jenseits zu öffnen. Dies ist die philosophische Vorstufe für den später ausgebildeten Buddhismus des Glaubens (s. S. 68ff.).

Ein weiterer Kernbegriff des Mahayana, *shunyata* (›Leerheit‹), bezieht sich zunächst auf die Erkenntnis der frühen Lehre, daß es kein Ich (nach traditionellem Verständnis) gebe. Die Welt ist leer, ohne Substanz. Buddha, der dies feststellte, wollte damit bekunden, daß wir unser Leben an Illusionen heften und uns von ihnen zu falschem, unheilsamem Handeln verleiten lassen. Leer bedeutet zugleich leidhaft und vergänglich – eine negative Ausdeutung, die vom Mahayana nicht ganz geteilt wird. Leerheit, die Substantivierung des alten Begriffes, eröffnet dem Großen Fahrzeug vielmehr eine neue Perspektive, indem sie auf die Wesensgleichheit von Subjekt und Objekt, Lebewesen und Gegenstand, ja sogar Samsara und Nirvana verweist. Das Verständnis eben dieser Klammer, das Erkennen des Selbst als Leerheit, bringt die Erlösung, denn die Leere ist identisch mit dem sprachlich nicht faßbaren Absoluten.

»Da gibt es nichts zu verstehen, gar nichts zu verstehen. Denn da ist nichts verkündet, nichts dargelegt.«
Astasahasrika Prajnaparamita, zweites Paradoxon über den Inhalt der Lehre Buddhas; »nichts« steht als Synonym für die Leerheit

Mittelweg zwischen Sein und Nichtsein — Mahayana – Die Große Überfahrt

Die Frage, ob die von Leerheit erfüllte Welt Realität oder Täuschung sei, findet nach all diesen Überlegungen eine faszinierende Antwort, die auch für Denkmodelle der Gegenwart einen Prüfstein setzt. Wir wissen, daß die Fata Morgana nur ein Trugbild ist, dem der Durstige nachjagt, bis er vor Ermattung stirbt. Eine falsche Optik täuscht ihn und treibt ihn in den Tod. Doch woraus schließen wir, daß andere Dinge real(er) sind? Letztlich beruht alles Urteil nur auf weiteren Sinneseindrücken – Fühlen, Schmecken, Hören und Riechen –, die wir ebenso anzweifeln könnten. Auch das vielbeschworene ›Kriterium der Praxis‹ wäre nach dem Verständnis des Mahayana bloße Illusion. Umgekehrt ist das Mahayana deshalb bemüht, sich aller Ausschließungen zu enthalten und die Mitte zwischen real und irreal zu finden: Ein Traum ist Wirklichkeit, solange man schläft, eine Wirklichkeit Traum, solange man lebt.

Die Mahayana-Schule, die sich besonders intensiv mit der Prajnaparamita beschäftigt hat, wird Madhyamika genannt. *Madhyama* (›mittel‹) bezieht sich auf eben jenen Mittelweg zwischen Sein und Nichtsein. Wer festzustellen meint, daß etwas existiere, schreibe diesem Ding oder Wesen Ewigkeit und Unzerstörbarkeit zu, so argumentieren die Madhyamikas, doch sei dies ebenso falsch wie die gegenteilige Behauptung. Die Wahrheit, letztlich das von Buddha formulierte Bedingte Entstehen (vgl. S. 34f.) und damit die Leerheit, liege in der Mitte, deshalb müsse Feststellung ebenso vermieden werden wie Verwerfung. In der Leerheit gebe es keinen Unterschied zwischen Ja und Nein, darum könne nur derjenige zur Erlösung gelangen, der den Mittelweg finde.

Der Höhepunkt dieser Philosophie wurde um 200 u. Z. mit dem südindischen Denker Nagarjuna erreicht. Dieser Brahmanensohn hatte im berühmten Kloster Nalanda studiert und war später als Lehrer in Nagarjunikonda und Amaravati tätig. Wie so viele andere berief auch er sich darauf, im Besitz der Originalworte Buddhas zu sein. Als der Meister mit seiner

---

Daß die Leerheit nicht etwa ein Nichts ist, wird durch eine praktische Anwendung verständlich: Die Einführung der Null in der Mathematik, die fälschlicherweise den Arabern zugeschrieben wird, geht auf das Alte Indien zurück und entstand in engem Zusammenhang mit der mahayanischen Formel der Leerheit. Sie wird hier zu einem hohen Wert, der sich Addition, Subtraktion, Multiplikation und Division widersetzt und doch über Gewinn und Verlust entscheidet.

Mahayana – Die Große Überfahrt
Die Lehre des Nagarjuna

Nagarjuna, der von Schlangen beschirmte große südindische Lehrer des Mahayana und Begründer der Neuen Schule der Weisheit. Ausschnitt aus einer modernen nepalesischen Thangka

Rede in Sarnath das Rad der Lehre andrehte, habe er gleichzeitig eine höhere Lehre in der himmlischen Sphäre hinterlassen. Diese sei von Schlangen (*nagas*) in einer Höhle behütet worden, bis Nagarjuna sie dort, in Form eines schriftlichen Nachlasses, entdeckte.

Nagarjunas Neue Schule der Weisheit beharrt darauf, daß alle Wissenssätze der Menschen unwahr sind, ja es sein müssen und nur beweisen können, daß wir unwissend sind. Auch der Gedanke an eine Buddha-Natur in uns wird von ihm nicht (explizit) anerkannt. Erlösung bestehe darin, die höhere Wahrheit zu erkennen, daß alle Dinge und Begriffe leer sind, d. h. weder seiend noch nicht-seiend. Neben dieser höheren Wahrheit gebe es eine konventionelle, begrenzt gültige Wahrheit, mit der die Phänomene unseres Daseins zu erklären seien, also auch die Existenz des letztlich ebenfalls leeren Buddha. Doch sei die eine Wahrheit ohne die andere nicht denkbar, schon deshalb, weil die begrenzte Wahrheit der irdischen Phänomene es erst ermögliche, die höhere Wahrheit zu erkennen.

Die Frage nach richtig oder falsch ist daher für Nagarjuna kein Gegensatzpaar, sondern nur ein Ausdruck für die unterschiedlichen Perspektiven der Betrachter. Dies erklärt die vielen paradox erscheinenden Äußerungen in seinem Werk. Aus der Warte des Erlösten konnte Nagarjuna letztlich nur Unsagbarkeit konstatieren.

Im 5. Jahrhundert kam es zur Spaltung der Madhyamika-Schule. Für die Prasangikas war Nagarjunas Lehre einzig darauf ausgerichtet, die Standpunkte anderer zu widerlegen; die Svatantrikas dagegen

Das Verschwinden der Madhyamika-Lehre

Mahayana – Die Große Überfahrt

> »Auf dieser südlichen Seite [des Klosters Nalanda] befindet sich eine stehende Figur des Bodhisattva Avalokiteshvara. Manchmal sieht man ihn, mit einer Schale Duftessenzen in der Hand, zum Vihara gehen und es rechtsherum umwandeln. Im Süden der Statue erhebt sich ein Stupa, errichtet über Haaren und Nägeln des Buddha, die er sich über einen Zeitraum von drei Monaten abschnitt. Menschen, die von schwerer Krankheit befallen sind und herkommen, um den Stupa andächtig zu umschreiten, werden zumeist geheilt. ... Innerhalb der Mauern befindet sich ein ungewöhnlicher Baum, etwa acht oder neun Fuß hoch, mit einem geteilten Stamm. Als der Tathagata einst auf dieser Erde weilte, warf er hier seinen Zahnstocher zu Boden, wo dieser Wurzeln schlug. Auch wenn seither viele Monate und Jahre vergangen sind, ist der Baum weder gewachsen noch geschrumpft.«
>
> *Aus dem Bericht des chinesischen Pilgers Xuan-zang (7. Jahrhundert)*

erkannten verwertbare Lehrsätze, die sich aus der negativen Beweisführung ergaben und nur daraus ergeben konnten. Um 1000 verschwand die Madhyamika-Lehre aus Indien, sie nahm aber Einfluß auf Tibet und hinterließ außerdem einen Ableger in China, der seinerseits Wirkung auf große Teile Ostasiens ausübte.

Neben der Lehre von der Leerheit und dem daraus entwickelten Heilsweg einerseits und dem ›Buddhismus des Glaubens‹ andererseits bleibt noch eine weitere Mahayana-Schule zu nennen. Sie trifft als einzige eine positive Aussage darüber, was die Welt, das Nirvana und das Absolute seien, nämlich »nur

Deutlich zeichnen sich in den Ruinen der buddhistischen Klosteruniversität von Nalanda im nordindischen Bihar, wo Nagarjuna studierte, Zentralhöfe und Mönchszellen ab. Angeblich wurde Nalanda um 440 u. Z. unter den Guptas gegründet und beherbergte zeitweise bis zu 10 000 Mönche und Schüler. Der berühmte chinesische Pilger Xuan-zang (vgl. Abb. S. 69) ließ sich hier während des 7. Jahrhunderts fünf Jahre lang unterrichten

Mahayana – Die Große Überfahrt
Nur Geist: Chittamatra

Geist« (*chitta*). Dagegen erklären die anderen Lehren ja lediglich, was man sich unter diesen Begriffen nicht vorzustellen habe. »Nur Geist« bedeutet, daß nichts objektiv existiert, sondern alles nur Imagination ist. Von dieser Auslegung des Kosmos stammt einer der Namen der Schule, Chittamatra. Ein anderer Name, Vijnanavada (›Bewußtseinslehre‹), bezieht sich darauf, daß für die Anhänger der Schule die Welt erst durch das Bewußtsein existent wird und das Leid darin nur durch Aufheben des Bewußtseins zu beenden ist. In solchen Gedanken offenbart sich die äußerste Konsequenz der frühbuddhistischen Idee, wonach der Mensch Trugschlüssen erliegt.

Die literarischen Quellen des Vijnanavada reichen bis ins 1. Jahrhundert u. Z. zurück, doch war die Lehre erst 300 Jahre später voll entwickelt. Die erhaltenen Texte erscheinen zum Teil recht konfus, möglicherweise handelt es sich um unzulängliche Abschriften. Schon deshalb läßt sich das ohnehin sehr komplizierte System des Vijnanavada nicht bis ins Detail erklären.

Die Grundzüge der Lehre besagen, das Absolute sei Geist in reiner Form, der durch Karman in seiner Bewegungslosigkeit gestört und dazu angeregt werde, die Fiktion einer Person zu schaffen. Diese gedachte Person stelle sich die real nicht existierende Objektwelt nur vor, schaffe zugleich aber neues Karman, das zu weiteren Imaginationen führe. Die Welt, derjenige, der sie erträumt, und schließlich auch der Träumer des Träumers sind demnach nichts als Traum. Zur Erlösung aus dem ewigen Traum führt die Erkenntnis, daß alles nur Geist sei. Weil es kein Individuum gebe, das dies erkennen könne, müsse ein solcher Akt im Absoluten stattfinden, das dann aufhören werde, Personen und Objekte zu imaginieren.

Vasubandhu und sein älterer Bruder Asanga (Abb. S. 81) waren Brahmanensöhne, geboren im nordpakistanischen Peshawar. Sie traten im 4. Jahrhundert u. Z. als Hauptexponenten des Yogacara hervor. Insbesondere Asanga propagierte yogistische Praktiken als Mittel zur Annäherung an den absoluten Geist. Schematisierte Darstellungen nepalesischer Blockdrucke

Mahayana – Die Große Überfahrt
Yogacara

Von der Maxime des frühen Buddhismus, über die Beschaffenheit des Kosmos nicht weiter nachzusinnen, sind diese Überlegungen bereits sehr weit entfernt. Es bleibt zu ergänzen, daß mit dem Vijnanavada auch Askese, Magie und Trance wieder zu einer zentralen Bedeutung für den Heilsweg gelangten. Da nach diesem Ansatz nämlich die Methoden unseres Denkens nicht geeignet sind, sich dem absoluten Geist zu nähern, soll Trance die Welt der Erscheinungen zum Verschwinden bringen und an ihre Stelle Halluzinationen setzen. Hierin wurde ein Schritt auf dem Weg zum reinen Geist gesehen. Von dieser Praxis rührt die dritte Bezeichnung für die Schule, die auf das Prinzip »nur Geist« setzte, nämlich Yogacara (›Wandel im Yoga‹). Auch das Yogacara war um die Wende zum 11. Jahrhundert aus Indien verschwunden, hinterließ aber Spuren im Hinduismus und vor allem im tibetischen Buddhismus (vgl. S. 106ff.).

Mahayana heute

Das Mahayana bietet also nicht nur der gesamten Menschheit Erlösung an, es präsentiert auch mehrere Heilswege, die von der einfachen Anbetung bis hin zur anspruchsvollen Philosophie und zur aktiven Tugendübung reichen. So konnten sich die unterschiedlichsten Personen von der Lehre angesprochen fühlen. Grundlegend ist dem Großen Fahrzeug das Gemeinschaftsempfinden, das zwar auch im Hinayana bekannt ist, dort aber weitgehend auf das Klosterleben beschränkt bleibt. Die Geborgenheit, die sie gibt, und die Herzenswärme, die sie spendet, verhalf der Religion, die ihre gültige Gestalt etwa im 5. Jahrhundert annahm, zur Ausbreitung über große Teile Asiens.

Die Barmherzigkeit der Bodhisattvas

Buddhistische Gläubige, die sich nach der barmherzigen Hand eines Bodhisattva sehnen. Detail aus einer tibetischen Thangka des 19. Jahrhunderts

Als Buddha nach der Erwachung unter dem Bo-Baum weilte, mußte er sich der Versuchung des Dämonen Mara stellen: Sollte er sogleich ins Nirvana eingehen oder zuvor noch den Menschen seine Lehre verkünden und ihnen damit die Möglichkeit geben, seinem Weg zu folgen? Aus Barmherzigkeit entschloß er sich, das Rad der Lehre anzudrehen. Sobald aber der Mittlere Pfad einmal bekanntgemacht war, bedurfte es keines Meisters mehr. Insofern war die Erwachung Gautamas ein einzigartiges Ereignis. Wer fortan das Ziel Buddhas anstrebte, wurde nicht mehr vor die Entscheidung gestellt, ob er zum Wohle anderer Verzicht üben sollte. Dennoch begegneten die Mönche des Hinayana immer wieder dem Vorwurf der Selbstsucht. Denn ihr Streben nach Erwachung erschien egoistisch und überheblich.

Wer einmal ein Hinayana-Kloster besucht hat, wird bestätigen können, daß viele Mönche den in der Lehre angelegten Konflikt offensichtlich nicht bewältigen. Sie wirken zwar vordergründig milde und heiter, scheinen aber ihrem einzigen Lebensziel so stark verhaftet, daß sie kaum noch etwas mit anderen Menschen verbindet. In dieser Abgrenzung verbirgt sich eine Fixierung auf das Selbst, also ein Verstoß gegen die Grundfesten der Lehre.

Das Mahayana, die Erlösung vieler Menschen anstrebend, entwickelte deshalb ein anderes Ideal, das des Bodhisattva. Dieses ›Erwachungswesen‹ lehrt nicht, sondern leistet den Menschen praktische Hilfestellung. Um seine Aufgabe erfüllen zu können, muß der Bodhisattva auf das Nirvana verzichten – ein größeres Geschenk an andere ist aus buddhistischer Sicht nicht möglich. Es ist die höchste Stufe der Ablösung vom Eigeninteresse, insofern also ein

> Aus buddhistischen Quellen sind etwa 200 transzendente Bodhisattvas bekannt, deren wichtigste je einem Buddha-Land zugeordnet wurden. Zum Buddha Vairocana gehört der Bodhisattva Samanthabhadra, zu Akshobya der Vajrapani, zu Ratnasambhava der Ratnapani, zu Amitabha der Avalokiteshvara, zu Amoghasiddhi der Vishvapani. Später kamen als bedeutende Bodhisattvas Manjushri und Maitreya hinzu, ab dem 6. Jahrhundert dann auch weibliche Verkörperungen, darunter die Grüne Tara als Beschützerin vor Gefahren, die Weiße Tara als Erlösungshelferin und Prajnaparamita als Hüterin der Weisheit.

Die Barmherzigkeit der Bodhisattvas

markanterer Sieg über weltliche Bindungen, als ihn der einzelgängerische Arhat je leisten könnte. So erklärt sich auch, daß im Mahayana das Verlangen nach dem Nirvana hinter das Bemühen zurücktrat, selbst ein Bodhisattva zu werden. Die Gläubigen sollten methodisch, in einer Art Schulung, zum Bodhisattva befördert werden. Mühsam ist der Aufstieg zum Gipfel. Er erfolgt in Stufen, die sich z. B. im Aufriß des berühmten Borobudur auf Java architektonisch versinnbildlichen. In der spirituellen Aufwärtsbewegung gilt es, sechs (nach späterer Theorie zehn) Tugenden zu entwickeln: Freigebigkeit, Selbstzucht, Geduld, Willensstärke, Meditation und Weisheit.

Es mutet merkwürdig an, daß ein Mensch überhaupt einen solchen Weg wählen sollte. Zum einen führt er in jenseitige Sphären, zum anderen bedeutet er Mühe und Leid mit dem einzigen Ziel, anderen zu helfen. Der erste Punkt wird vor dem Hintergrund der schon erwähnten Dreikörperlehre (vgl. S. 69f.) verständlich. Ein Bodhisattva ist zunächst nur ein Mensch, der Erwachung anstrebt, diesen Weg aber aus grenzenloser Nächstenliebe heraus nicht bis zum Ende verfolgt. Erst auf höherer Stufe, in einem Zwischenparadies, das der tugendhafte Mensch nach dem Tod erreichen kann, existieren transzendente Bodhisattvas. Diese bereits vollendeten Wesen besitzen übernatürliche Fähigkeiten, die sie einsetzen, um zwischen den transzendenten Buddhas und der irdischen Welt zu vermitteln und Lasten eines schlechten Karman zu beseitigen. Auch die Transzendental-Buddhas verzichten noch auf das Erlöschen.

Wie aber ist nun eine so starke Menschenliebe zu erklären, die ja, da sie Verzicht auf das Nirvana bedeutet, dem Bodhisattva Leid bringt? Die Erklärung liegt darin, daß im Mahayana alle Wesen als eins verstanden werden, der Nächste also mit dem Bodhisattva identisch ist. Einen anderen zu lieben kann für den Bodhisattva deshalb nie Selbstaufgabe bedeuten. Des weiteren ist das buddhistische Leidverständnis zu berücksichtigen. Aus Gier, Haß und Verblendung lassen die Menschen sich dazu verleiten, ihre Genußsucht zu befriedigen, und schaffen damit das Leid der Wiedergeburt. Die Bodhisattvas dagegen ertragen Leid, weil sie nur so andere (und damit auch sich) von den Grundübeln befreien können.

Vajra Tara, eine weibliche Verkörperung heilbringender Kraft. Steinskulptur des 11. Jahrhunderts aus Sarnath, Nordindien

Mahayana – Die Große Überfahrt
Verbreitung des Mahayana

Im 9. Jahrhundert übertraf die Zahl der Mahayana-Anhänger in Indien erstmals diejenige der Hinayana-Gläubigen. Bald darauf jedoch verlor der Buddhismus in seinem Ursprungsland an Bedeutung. Philosophie und Kultus hatten sich dem Hinduismus so weit angenähert, daß oft nur noch geringfügige Unterschiede auszumachen waren. Der Hinduismus setzte sich als Religion mit den älteren Wurzeln durch. Zwischen dem 11. und 13. Jahrhundert wurden die letzten buddhistischen Klöster, jene in Bihar und Bengalen, aufgegeben und nicht etwa – wie es zumeist dargestellt wird – von den islamischen Eroberern zerstört.

Doch längst war der Mahayana-Buddhismus nach Tibet, China und von dort über Korea nach Japan gelangt. Wir sprechen über diese bedeutende Entwicklung gesondert in zwei anderen Kapiteln (vgl. S. 106ff.; S. 128ff.). Neben den genannten Ländern sind es Nepal, Bhutan und Taiwan, in denen unterschiedliche Formen des Mahayana erhalten blieben. In **Nepal** haben wir es heute allerdings mit einer Mischform von Buddhismus und Hinduismus zu tun, der sich der Großteil der Bevölkerung verpflichtet fühlt, in **Bhutan** mit einer lamaistischen Variante des tantrischen

Gelände des Somapura Vihara in Paharpur, Bangladesh, 8. Jahrhundert. Im Zentrum des Klosterhofs mit Wasserreservoir erhebt sich das Haupttheiligtum

Vietnam — **Mahayana – Die Große Überfahrt**

Naive Malereien im Tempel des Stadtgottes in Tainan, Taiwan

Buddhismus, wie sie Tibet beispielhafter verkörpert, und im konfuzianisch geprägten **Taiwan** mit einer von Riten und Aberglauben beherrschten Volksreligion, in der auch der Buddhismus nachhallt.

Vietnam bietet eines der wenigen Beispiele für eine Einbindung des Mahayana in das moderne politische Geschehen. Jene Einheit Vietnams, wie sie gegenwärtig besteht, ist geschichtlich nicht prädestiniert. Nam Viet (›Land des Südens‹), das Kerngebiet des vietnamesischen Volkes im Norden des heutigen Staates, war vom 2. Jahrhundert v. u. Z. bis zum 10. Jahrhundert u. Z. eine chinesische Provinz und zeitweilig als Annam bekannt. Der kulturelle Einfluß Chinas schlug sich hier deutlich nieder, wobei die Inspiration zu buddhistischen Klöstern und Tempeln (seit dem 2. Jahrhundert u. Z.) auch auf Indien zurückgeht. Um 580 entstand in dieser Provinz ein erster Ableger des chinesischen Chan-Buddhismus (hier Thien genannt; vgl. S. 145ff.), ein weiterer folgte 820. Daneben gab es noch andere Mahayana-Schulen nach chinesischem Vorbild.

Als nach vielen Fehlschlägen 938 die Befreiung von China gelang, zeigten die Vietnamesen ihrerseits Ex-

Aus Nepal stammen die meisten uns erhaltenen Mahayana-Texte in Sanskrit. Dort, wo einst der historische Buddha geboren wurde, pflegte man besonders intensiv die Tradition des Kopierens von Palmblättern. Die begrenzte Haltbarkeit des Materials machte es erforderlich, die heiligen Texte wieder und wieder abzuschreiben.

Mahayana – Die Große Überfahrt
Mahayana zwischen Chinesen, ...

Das Rad der Lehre auf einer vietnamesischen Versammlungshalle

pansionsbestrebungen. Das indisierte, hinduistische Volk der Cham geriet in die Zange zwischen den Khmer und den Vietnamesen, mußte die Hauptstadt seines Reiches Champa nach Süden verlagern und wurde 1471 dort endgültig geschlagen.

Zwischenzeitlich, von 1407 bis 1428, war der Norden ein weiteres Mal von Chinesen besetzt worden, nun von Truppen der Ming-Kaiser, die auch hier, wie in ihrer Heimat, gegen den Buddhismus vorgingen. Nachdem bereits im 12. Jahrhundert der Daoismus Einfluß auf den Norden Vietnams genommen hatte, wechselten dort die Herrscher nach Vertreibung der Chinesen zum Konfuzianismus und leiteten Buddhisten-Verfolgungen ein. Im 16. Jahrhundert – Vietnam war nun erneut in zwei verfeindete Lager im Norden und im Süden gespalten – kam es wieder zur Förderung des Buddhismus, der nach Vereinigung der beiden Landesteile (1802) weiteren Auftrieb erhielt.

In einem vietnamesischen Tempel brennen Räucherstäbchen, um das Erbarmen der Bodhisattvas herabzurufen

Der Süden, über Jahrhunderte Zankapfel zwischen Khmer und Vietnamesen, blieb allerdings eine anfällige Region und wurde ab 1857 leichte Beute der Franzosen. Ihre Kolonie Cochinchina (das spätere Süd-Vietnam) konnten sie später um die Protektorate Annam und Tongking (Nord-Vietnam) erweitern. Die Europäisierung schwächte den Buddhismus, vor allem im Süden, wo zumindest die Oberschicht unter den Einfluß christlicher Missionare geriet. Eine

... Katholiken und Kommunisten
Mahayana – Die Große Überfahrt

buddhistische Reformbewegung bildete sich ab 1920, sie wurde auch in Vietnam treibende Kraft gegen die Fremdherrschaft und für soziale Neuerungen.

Im Zweiten Weltkrieg schloß sich ein Teil dieser aufstrebenden Buddhisten den japanischen Besatzern an, während andere das größere Vertrauen in die kommunistischen Viet Minh setzten. Diese Spaltung der Buddhisten wurde durch den ersten Indochina-Krieg (1946–1954) und die anschließende Teilung des Landes in Nord und Süd noch verschärft. Ein Konsens entstand erst wieder, als im Süden unter der Diktatur der Brüder Ngo der Katholizismus propagiert wurde und den buddhistischen Klöstern so wichtige Geldgeber verlorengingen. Die Buddhisten bildeten nun – neben der Regierung einerseits und der Vereinigung aus Viet Minh und süd-vietnamesischen Rebellen (Viet Cong) anderseits – eine dritte Kraft. Ihre Haltung trug dazu bei, daß die Diktatoren um ihren Stand bangen mußten und Hilfe bei den USA suchten. Im Juni 1963 setzte ein fast 80jähriger Mönch mit seiner Selbstverbrennung ein weltweit beachtetes Zeichen für die Mißstände in Süd-Vietnam. Als der zweite Indochina-Krieg (ab 1964) 1975 mit dem Sieg der Kommunisten über die letzte Bastion Saigon endete, begann für die Buddhisten erneut eine Zeit der Repressalien. Denn sie hatten zuvor keine entschiedene Position für die Linke bezogen und blieben als Machtfaktor gefürchtet. Erst 1987 wurde den Buddhisten die Wiedereröffnung ihrer Klöster und Tempel gestattet.

Selbstverbrennung eines achtzigjährigen buddhistischen Mönchs im Juni 1963 aus Protest gegen die Mißstände im Süden Vietnams

Neben den großen Gemeinden in den aufgeführten Ländern existieren Mahayana-buddhistische Minderheiten in **Singapur**, **Brunei** und **Malaysia**. Überwiegend handelt es sich um chinesische Gläubige, die zugleich großen Anteil an der wirtschaftlichen Macht haben. Eine staatliche Förderung, wie sie z. B. der Theravada-Buddhismus auf Sri Lanka verzeichnet, genießt das Mahayana allerdings nirgends, und so sind schon seit dem 15. Jahrhunder keine herausragenden Kultstätten des Großen Fahrzeugs mehr entstanden.

Tantrayana – Die Mystische Überfahrt
Magie im Buddhismus

Volksmagische Grundlagen

Buddha hatte prophezeit, seine Lehre werde innerhalb von fünf Jahrhunderten nach seinem Tod erloschen sein. Diese Zeitspanne war längst überschritten, als der Buddhismus in seinen tantrischen Formen mit ungebrochener Kraft neue Anschauungen entwarf. Die ersten erhaltenen tantrischen Schriften des Buddhismus stammen aus dem 3. Jahrhundert u. Z., doch muß es schon einige Jahrhunderte zuvor Grundlagentexte gegeben haben. Wir erhalten Einblick in ein offenes, nuancenreiches System, in dem mannigfaltige Einflüsse aus dem Volksglauben erkennbar werden.

Der Buddhismus war nunmehr zu einem riesigen Gebäude an Philosophien und rituellen Praktiken herangewachsen. An seiner Spitze stand die frühe Lehre, deren gedankliche Einheiten immer noch Gültigkeit besaßen, auch wenn viele Begriffe jetzt anders interpretiert wurden. Die Basis hatte dank der Toleranz des Buddhismus eine unüberschaubare Breite angenommen. Tantra war eine Bewegung, die sich von der Basis, dem Volksdenken aus nach oben entfaltete und damit den Buddhismus stärkte. Schon aus diesem Grund ist das im Westen verbreitete Urteil abzulehnen, wonach sich im Tantra nur Dekadenz widerspiegele. »Wein und Weiber im Namen der Religion«, spotteten puritanische Kreise in Europa, doch dieser Schluß beachtet weder die geschichtliche Entwicklung des Buddhismus noch die Vielfalt tantrischer Praktiken und Schulen.

Die volksmagischen Grundlagen der buddhistischen Lehre reichen bis in die Zeit Siddharta Gautamas zurück. Wir erinnern uns an Buddhas Schüler Maudgalyayana (vgl. S. 24), der durch geistige Versenkung ungewöhnliche physische und parapsychische Fähigkeiten (*siddhi*) erlangte. Solche Siddhis wurden später detailliert aufgelistet und als hohe Ziele definiert: Der Meister der Meditation beherrscht die Naturkräfte, er kann wilde Tiere zähmen, Seuchen eindämmen, Tote zum Leben erwecken, auf dem Wasser wandeln, Größe und Gestalt seines Körpers nach Belieben verändern,

Tibetischer Lama, angetan mit einer Knochenschürze, gefertigt aus menschlichem Gebein. In der rechten Hand der Donnerkeil Vajra, in der Linken eine Sanduhrtrommel, Symbol für den Ruf der Lehre. Historische, kolorierte Fotografie aus dem frühen 20. Jahrhundert

Zaubermittel und Beschwörungsformeln — Tantrayana – Die Mystische Überfahrt

über weite Entfernungen hören und sehen, Gedanken lesen oder die Zukunft deuten. Diese Wundertaten sollten nicht Selbstzweck sein, sondern dem höchsten Ziel, der Erlösung, dienen. Dennoch offenbaren sie, welche Ansprüche das Volk an die Religion und ihre Leitfiguren stellte.

Dem Zeitgeist und der Landestradition entsprechend versuchte man, die okkulten Fähigkeiten nicht nur auf dem mühsamen Weg der Meditation und Körperschulung zu erlangen, sondern auch durch magische Handlungen. Die begriffliche Unterscheidung ist allerdings problematisch, denn auch die Praxis der Versenkung enthält magische Elemente: Konsequent betriebene Atemübungen erlauben Kontrolle über vermeintlich unwillkürliche Körperfunktionen (vgl. S. 42f.). Aus solchen Erfahrungen heraus entwickelten indische Denker sogar Zaubermittel, um in Kontakt mit dem Göttlichen zu treten.

Auch hier ist wieder auf Parallelen zwischen den antiken Kulturen des Westens und des Ostens zu verweisen, und es sollte dabei nicht immer auf Einflußnahme geschlossen werden. Vielfach dürften die Übereinstimmungen auf identische spirituelle Erfahrungen zurückgehen, die im Volksglauben verankert blieben. Der Guru, der indische Lehrmeister, pflegte den Schüler bei der Initiation mit Wasser zu besprengen – eine Parallele zur christlichen Taufe. Hier wie dort wurden magische Formeln entwickelt, um böse Kräfte abzuwehren. Allerdings haben die Religionen Indiens,

Darstellungen zweier Magier und Mystiker (*mahasiddha*) des späten indischen Buddhismus, die vermittels tantrischer Kultpraktiken nach Erlösung streben. Details von Wandmalereien aus dem Manjushri-Heiligtum im Kloster Alchi, Ladakh (Nordindien), 11./12. Jahrhundert

Amulett (Rad der Lehre) mit eingelegten Türkisen. Dem im Himalaya sehr beliebten Türkis werden dämonenabwehrende Kräfte zugeschrieben. Tibetisches Schmuckstück aus der Mitte des 20. Jahrhunderts

Tantrayana – Die Mystische Überfahrt
Mantra, Mudra, Maithuna

namentlich der Buddhismus, ausgefeiltere Methoden der Rezitation solcher Formeln entwickelt als das Abendland. Ein kompliziertes System von Zaubersprüchen (*mantra*) dient dem direkten Kontakt zur Ebene des Göttlichen. Rituelle Tänze und Handbewegungen (*mudra*) erfüllen ähnliche Aufgaben.

All dies kann als bloßer Aberglaube erscheinen, wenn man es aus seinem Kontext reißt, doch soll, um so die Identität allen Daseins aufzuspüren, hinter der Bildhaftigkeit die Leere des Göttlichen und der Erscheinungswelt entdeckt werden. Gottheiten *sind* nicht, sie werden erst durch den Menschen *erschaffen*, auch in Bildnissen, die ein Künstler nach den tradierten Texten fertigt. Keine andere Religion der Welt hat eine solch weite Brücke zwischen dem einfachen Volksglauben und den Theorien seiner Philosophen schlagen können.

Ähnliches gilt für den sinnlich-erotischen Bereich des Tantrismus. Grundbedürfnisse des Menschen sind hier verknüpft mit Natur- und Fruchtbarkeitskulten der Frühzeit, diese wiederum eingebunden in literarische Traditionen eines erotischen Mystizismus. Das vorgeschichtliche Ritual um eine Muttergottheit verbindet sich im Tantrismus mit einer Lehre, die Weltentsagung ursprünglich auch darin suchte, daß sie sich vom Geschlechtlichen lossagte. Die widersprüchliche Synthese erweist sich als ein Gefüge, das noch in der Neuzeit Massen zu faszinieren vermag.

Tantra im Hinduismus

Ein schlichtes Dorf im Herzen Indiens, hunderte Kilometer von der nächsten Großstadt entfernt, besitzt seit Jahrzehnten einen Flughafen – ein Kuriosum, das dem modernen Tourismus zu verdanken ist. Das Dorf heißt Khajuraho und ist bekannt für eine Tempelgruppe, die vor allem ihrer überragenden Plastik wegen besucht wird. An den Tempelwänden entdecken die Angereisten *maithunas*, Liebende in körperlicher Vereinigung, darunter ganze Gruppen von Frauen und Männern, vertieft in konventionelle wie auch ausgefallene sexuelle

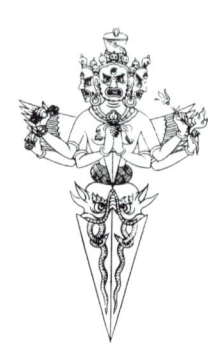

Der magische Dolch Phurbu, bekannt auch als ›Dämonennagel‹ oder ›Geistermesser‹, besitzt in seiner klassischen Form eine aus verschiedenen Metallen legierte Dreikantklinge. Der Handgriff ist mit den Häuptern grimmig dreinblickender apotropäischer Schutzgestalten besetzt. Nach tibetischer Tradition ist der Phurbu in der Lage, die dämonischen Widersacher des Buddhismus ›festzunageln‹

Rechte Seite:
Eine der weltberühmten Sandsteinskulpturen von Khajuraho, Nordindien. Die intimen Darstellungen (10./11. Jahrhundert) von Liebespaaren und sexuellen Praktiken sind durchdrungen von jenem tantrischen Gedankengut, das auch den zeitgenössischen Buddhismus prägte

Das männliche und das weibliche Prinzip — Tantrayana – Die Mystische Überfahrt

Praktiken. Nach der ersten genüßlichen Rezeption macht sich Ratlosigkeit breit: In welchem Zusammenhang stehen diese Darstellungen mit dem Zweck der Bauwerke?

Die Verwirrung wird von den meisten Indern heute geteilt, denn jene tantrische Form des Hinduismus, die in Khajuraho verbreitet war, wurde von den indo-islamischen Herrschern und später auch von den Briten bekämpft. So überlebten nur gemäßigte Lehren, vor allem die Gedanken und Praktiken der ›Rechten Hand‹. Den Anhängern dieser Variante des Tantra, vorwiegend Angehörige der Oberschicht, galt das männliche Prinzip des Göttlichen als entscheidendes Merkmal. Menschliche Begierden suchten sie zu sublimieren.

Stärkere Beachtung fanden bei Kritikern wie Verfechtern des Tantrismus die Glaubenssysteme der ›Linken Hand‹. Bei diesen Schulen stand das weibliche Prinzip (*shakti*) im Zentrum der Verehrung. Es gilt als schöpferische Kraft des Gottes und verleiht ihm Energie. In

Tantrayana – Die Mystische Überfahrt
Tantra, der ›Leitfaden‹

Shiva und Parvati, zwischen dem göttlichen Ehepaar das Kind Skanda. Blei-Zinn-Bronze-Skulptur des 12. Jahrhunderts aus Südindien. Shiva trägt als Haartracht die typische Flechtenkrone, die beiden unteren Hände werden in schutz- bzw. wunschgewährender Geste dargeboten. Zum Schmuck des Gottes gehört auch die sich von der linken Schulter zum kurzen Hüfttuch herabziehende Brahmanenschnur. Parvati (auch: Uma) hat das Haar zu einer sogenannten Korbkrone aufgetürmt, trägt ein längeres Hüfttuch und sitzt wie ihr Göttergatte bequem in *lalitasana* (vgl. S. 173)

Plastik und Malerei wird diese Shakti als Gattin oder Gefährtin an der Seite des Gottes oder in geschlechtlicher Vereinigung mit ihm dargestellt. Das beliebteste Götterpaar im tantrischen Hinduismus ist Shiva und Parvati. Bei den Anhängern der Linken Hand nehmen beide Gottheiten oft furchterregende Züge an, um den potentiellen Schrecken jener Energien aufzuzeigen, die erst im Sexualakt zu Fassung und Ordnung gelangen.

Was aber ist Tantra eigentlich? Der Begriff hat mehrere Bedeutungen, eine davon lautet ›Schriften‹, eine andere ›Leitfaden‹. In der Regel handelt es sich um komplizierte, mitunter sogar bewußt irreführende Texte von stark ausgeprägter Symbolik. Sie enthalten ein Geheimwissen, das mehrere Jahrhunderte lang nur mündlich tradiert wurde. Die Buddhisten, die an dieses Wissen anknüpfen, behaupten, die Texte seien von Buddhas Jüngern vergraben worden. Wie auch immer: Vom 5. Jahrhundert an gibt es Textfassungen der Tantras. Ihr Inhalt ist nicht als eine geschlossene Lehre zu verstehen, vielmehr werden hier Methoden erörtert, mit denen sich der Mensch dem Göttlichen zu nähern vermag. Da die Tantras sich in ihrer Hermetik dem gewöhnlichen Leser nicht erschließen, mußte die Einweisung des Adepten durch einen Lehrer erfolgen. Die Schüler trafen sich in Zirkeln, um nach ihrer Initiation jenen tantrischen Übungen

»›Das Leben‹ wird gewollt oder ungewollt durch den Liebesdrang endlos weitergezeugt, und so haben einige Kulturgemeinschaften des Ostens und des Westens zeitweise sinnliches Begehren und seine Aufstachelung durch weibliche Reize unverhüllt ausgelebt und in der Freude an der Entblößung einen Naturtrieb zur Kunst gesteigert: am Hindu-Tempel und in den Rock- und Pop-Generationen. Antithesen fanden zwi-

Die ›linkshändigen‹ Sekten
Tantrayana – Die Mystische Überfahrt

nachzugehen, die von späteren Generationen so sehr verabscheut wurden.

Der Gedanke an ein Geheimwissen erinnert an Vedismus und Brahmanismus, wo Priester als strenge Hüter über Opfer- und Zauberformeln fungierten und diese nur auserlesenen Schülern anvertrauten (vgl. S. 26). Mit den Tantras wurde die gleiche Methode offenbar gegen die herrschenden Schichten gekehrt: Die Unterprivilegierten, jahrhundertelang von den Veden ausgeschlossen, schufen sich eigene, dem Volksglauben verhaftete Lehren, die sie argwöhnisch hüteten. Es erstaunt daher nicht, daß der tantrische Hinduismus Kastenwesen und Patriarchat scharf ablehnt und Auswüchse der orthodoxen Lehre, etwa die Witwenverbrennung, ächtet. Diese moralische Stärke des Tantrismus wurde von seinen Kritikern oft übersehen.

Andererseits waren bei einigen ›linkshändigen‹ Shiva-Sekten tatsächlich Riten verbreitet, die sich dem Verständnis nur schwer erschließen: in Kreisen, die Parvati als furchterregende Göttin Durga oder Kali verehrten, etwa schwarzmagische Praktiken und Menschenopfer. Die Aghoris (›Verehrer des Nicht-Schrecklichen‹) wandten sich rigoros gegen irdische Konventionen, indem sie das Tragen von Kleidern ablehnten und Kot wie auch Menschenfleisch aßen. Die Kapalikas pflegten ein Ritual, bei dem Alkohol aus Menschenschädeln getrunken wurde. Daneben fanden kultische Handlungen an und in Grabstätten statt. Kennzeichnend für den Hindu-Tantrismus ist nicht zuletzt das Bestreben, den Weg zur Erlösung in orgiastischer Hingabe zu finden. All diese Praktiken, denen Schrecken und Tod zu Faszinosa werden, wirken auf den ersten Blick wie ein Gegenbild zu Askese und Weltentsagung, lassen bei genauerem Hinsehen jedoch eine tiefinnere Verbundenheit erkennen, die in der gemeinsamen Abkehr von der Normalität des Daseins gründet. Wie die verträglicheren Methoden Rechter Hand sind sie kein Selbstzweck, sondern sollen der Erlösung von dieser Normalität des ›Falschen‹ dienen.

schenzeitlich oder gleichzeitig in Heuchelei und Prüderie oder in der Erkenntnis einer *coincidentia oppositorum* Ausdruck: von Liebe und Tod, von Leben und Vergehen und neuem Entstehen, von der Entfesselung der Geschlechtlichkeit als Ursache für eine neue Gebundenheit.«

Klaus Fischer, »Erotik und Askese in Kult und Kunst der Inder«

Die Hirnschale eines Menschen, mit Bronze eingefaßt und mit dämonenabwehrenden Türkisen geschmückt. Tibet, spätes 19. Jahrhundert. Als rituelle Trinkgefäße wurden solche *kapala* genannten Schädeldecken im tibetisch-tantrischen Buddhismus mit Blut, ersatzweise mit Wein gefüllt

Sexualmagische Praktiken

»Die Veranstaltungen gipfeln in der fleischlichen Kopulation derer, die an den Initiationsriten teilnehmen«, schreibt ein europäischer Kritiker des Tantra im 19. Jahrhundert. »Jedes Paar repräsentiert Bhairava und Bhairavi (Shiva und Devi) und wird so für einen Augenblick mit ihnen identifiziert. Das ist *srichakra* der ›heilige Kreis‹, oder *purnabhiseka*, die ›vollkommene Weihe‹, der wesentliche Akt oder genauer: das Vorstadium der Erlösung, der höchste Ritus des mystischen Deliriums ... In Wahrheit ist ein Shakta der linken Hand fast immer ein Heuchler und abergläubischer Wüstling.«

Dieser Tenor ist auch indischen Quellen nicht fremd. Die heiligen Schriften des Brahmanismus bekunden Abscheu vor sexuellen Riten und Blutopfern, die im Osten Indiens verbreitet waren. Bis in die Zeit der Maurya-Kaiser setzte das Ganges-Delta den arischen Einwanderern eine unüberwindbare Barriere. Was jenseits lag, galt als barbarisch, regte aber doch die Phantasie an. Allem Anschein nach war Bengalen in jener frühen Zeit ein Rückzugsgebiet für Völker, die vor den Ariern geflohen waren. Ihr Kult stand im Zusammenhang mit einer Muttergöttin und wurde erst spät dem Brahmanismus eingegliedert. Bengalen blieb Zentrum sexualmagischer Praktiken und hat dem Tantra entscheidende Impulse geliefert. Besonders bekannt wurden im Westen die Blutkulte um die Göttin Kali, denen die britischen Kolonialherren in Kalkutta begegneten.

Aus den vor-arischen Riten ging das oft zitierte Ritual des *panchatattva* hervor: Die im Kreis sitzenden Teilnehmer ergaben sich hemmungslos dem Genuß der fünf (*pancha*) M, die von der Orthodoxie strikt abgelehnt wurden: *madya* (ein berauschendes Getränk), *mamsa* (Fleisch), *matsya* (Fisch), *mudra* (geröstetes Getreide) und *maithuna* (Geschlechtsverkehr). Der Aufstieg zu höherem Geistesvermögen wurde also gerade darin gesucht, daß man sich dem Verbotenen

Der Schutzgott (*yidam*) Kalachakra im sakralen Liebesgenuß (*yabyum*) mit seiner Gefährtin (*prajna*). Vergoldete Bronze aus Südtibet, 16. Jahrhundert

Sexualmagische Praktiken

Chinnamasta. Die kopflose Form der Göttin Durga (Kali) tanzt über einem Paar in *purushayita* (Position, bei der die Frau dominant agiert). Links und rechts Initiationsgöttinnen mit Schädelgehängen und blutgefüllten Schalen. Moderne indische Miniatur

hingab, um Ekel zu überwinden und Lust abzutöten. Das Pendant bei den Buddhisten bestand übrigens darin, die fünf höchsten Mönchsregeln zu übertreten.

Wie sehr diese Rituale stets auch mit magischen Vorstellungen behaftet waren, zeigt sich daran, daß die Zahl Fünf das Maß der Handlungen bestimmte. Bis zur (erstaunlich frühen) Einführung des Dezimalsystems zählte man in Indien an den Fingern einer Hand die fünf Sinne, die fünf Elemente, die fünf Weltgegenden usw. ab. Diese Zahl steht zugleich für die Vereinigung von Himmel und Erde. Schon darum darf Maithuna nicht als zentrales oder gar einziges Streben des Tantrismus betrachtet werden.

Es trifft allerdings zu, daß in der Vereinigung – nicht nur der physischen – eine schöpferische Kraft erkannt wurde. Aus ihr entsteht Leben, aus ihr erwachsen Früchte, auch solche der Erkenntnis. Ekstase bedeutet darum Seligkeit, Seligkeit umgekehrt Ekstase. In der hinduistischen Kunst wurde diese Auflösung der Polaritäten am deutlichsten durch die körperliche Vereinigung von Shiva und seiner Shakti symbolisiert: Shiva, der als Zeichen für die Aufhebung der Welt gilt, wird zur Einheit mit Parvati, der schöpferischen, fruchtbaren Kraft. Diese weibliche Energie ruht im Körper eines jeden Menschen und läßt sich, durch den Sexualakt erweckt, in den Dienst höherer Ziele stellen.

Tantrayana – Die Mystische Überfahrt
Hinduistisches und buddhistisches Tantra

Das mystische Weltbild

Der Osten Indiens gab nicht nur für die hinduistischen, sondern auch für die buddhistischen Schulen des Tantra die entscheidenden Impulse. Zwischen dem 8. und 12. Jahrhundert fand die buddhistische Lehre hier mit der Pala-Dynastie ein letztes Mal aristokratische Förderer in Indien. Neue Klöster entstanden, ältere Anlagen, darunter die berühmte Universität von Nalanda (vgl. Abb. S. 79), wurden zu monumentaler Größe ausgebaut. In diesen Instituten lebten Hunderte von Mönchen, die sich zu unterschiedlichen Richtungen des Buddhismus bekannten und durch regen geistigen Austausch immer neue Lehrmeinungen entwickelten. Eine solche Atmosphäre förderte den Synkretismus, der den eigentlichen Reiz des Tantra ausmacht.

Im Rückblick ist schwer zu beurteilen, auf welche Weise Shivaismus (Hinduismus) und Buddhismus einander beeinflußten. Deutlich wird nur, daß die Buddhisten dem sexuellen Aspekt des Göttlichen geringere Bedeutung beimaßen als die Hindus. Galt es einst als sinnlos und den Hochzielen des Buddhismus sogar für abträglich, sich Gedanken über den Kosmos zu machen, so avancierte die Frage nach dem Weltbild jetzt zum zentralen Thema. Aus kosmisch-mythischem Bewußtsein heraus setzten die tantrisch gestimmten Buddhisten seit etwa dem 8. Jahrhundert ihr ganzes Bemühen daran, durch die Freisetzung intuitiver Energien die Weltordnung in sich selbst aufzuspüren. Die eigene Sexualität konnte Symbol für jede Form von Vereinigung sein, mithin auch für das Aufgehen des Bewußtseins in der Leere. Diese Shunyata (vgl. S. 76ff.) war ihrerseits nicht mehr Angelpunkt philosophischer Betrachtungen, sondern hatte sich zu einem Mythos entwickelt, dem sich die Anhänger des Tantra durch Zauberkräfte zu nähern suchten.

Die Dinge waren offenbar nicht das, wofür sie gemeinhin angesehen wurden, vielmehr besaßen sie

> In manchen indischen Darstellungen erscheint Buddha als Inkarnation Vishnus. Nach hinduistischem Glauben verkörperlicht sich der hohe Gott immer wieder in sogenannten Herabkünften. Bei seiner neunten Herabkunft nahm er die Gestalt Buddhas an. Darin verbirgt sich natürlich der Versuch, den Buddhismus zu einer bloßen Erscheinungsform des Hinduismus (Vishnuismus) herabzustufen.

Der Vajrasattva — Tantrayana – Die Mystische Überfahrt

ihre kosmischen Entsprechungen, waren eingebettet in universale Strukturen, die sich nur mit Methoden des Tantra durchschauen ließen. An diesem Punkt verband sich Metaphysik mit Magie. Oberstes Ziel des Schülers – nur Eingeweihte vermochten das magisch-mystische Intimwissen weiterzugeben – war es, ein *vajrasattva* zu werden, ein ›Diamantwesen‹, das die Eigenschaften des personifizierten Vajrasattva, des höchsten Buddha, besaß und, die Komplexitäten des Kosmos beherrschend, in sich einschloß. Vajra, der Donnerkeil, der an die vedische Religion zurückerinnert und den Ariern als mächtigste Waffe galt, versinnbildlichte die Härte und Reinheit eines Diamanten, der seinerseits die Lehre und die Erwachung anschaulich machen sollte. Diese wiederum sind nicht zu erlernen und zu erleben, sondern nur spirituell zu erfassen. In einem solchen tantrischen Beziehungsgefüge wird jeder Gedanke, jedes Bild zu einem Anklang an mystische Visionen, die zwischen Mensch und Kosmos vermitteln.

Makro- und Mikrokosmos

Das tantrische Lebensgefühl ergibt sich aus einer vorausgesetzten Verwobenheit mit dem Universum. Die Renaissance-Prämisse vom Menschen als Maß aller Dinge ist Indien zutiefst fremd. Als Ursache für die Weltordnung benennt der tantrische Buddhismus den Adibuddha, der in jedem einzelnen wirkt und ihm Kraft und Ruhe verleiht. Er ist die einzige Wirklichkeit hinter allen Scheinwesen und Scheinstoffen. Die sichtbare Welt muß demnach eine Offenbarung seiner Existenz sein. Was im Diesseits besteht, hat unweigerlich seine Entsprechung im Jenseits – wobei diese Begriffe keinesfalls nach dem Dualismus der vorderasiatischen Erlösungsreligionen, etwa des Christentums, verstanden werden dürfen.

Der tantrisch-buddhistische Glaube an die Analogie zwischen Mikro- und Makrokosmos erklärt auch das große Vertrauen seiner Anhänger in okkulte Kräfte.

Als Symbol des Absoluten ist der Donnerkeil oder Vajra, bekannt auch als Blitz- oder Diamantzepter, zum Wahrzeichen des esoterischen Buddhismus schlechthin geworden, wo er für das männliche Prinzip (im Gegensatz zur weiblichen Glocke) steht. Das abgebildete Werkstück aus feuervergoldeter Bronze wurde im Japan der Fujiwara-Zeit (10.–12. Jahrhundert) nach einer chinesischen Urform gegossen

Tantrayana – Die Mystische Überfahrt
Chakras und Yoga

Kalachakra und Vishvamata plus 2 Shaktis	4blättriges Scheitelchakra
4 männliche und 4 weibliche Buddhas und ihre Partnerinnen bzw. Partner	16blättriges Stirnchakra
12 männliche und 12 weibliche Bodhisattvas und 4 männliche und 4 weibliche zornvolle Gottheiten	32blättriges Kehlchakra
8 Shaktis	8blättriges Herzchakra
64 Göttinnen des Sprachbereichs	64blättriges Nabelchakra
32 Beschützer des Körperbereichs	32blättriges Sexualchakra

Chakras des menschlichen Körpers und ihre spirituellen Beziehungen

Tibetisches Visualisierungsdiagramm. Die Betrachtung von Sonnen-, flacher Mondscheibe und Lotosblüte soll den Meditierenden in Verbindung mit der Rezitation der entsprechenden Keimsilben zur tantrischen Identifikation mit dem Göttlichen führen, das aber nur als letzte Illusion verstanden und überwunden wird zugunsten der Erkenntnis von der Leerheit alles Seienden und Imaginierten

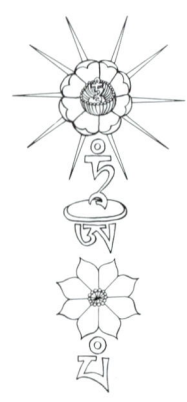

Meditation, die im Abendland betrieben wird, um Körper und Intellekt zu schulen, soll in Indien der Stärkung des Geistes dienen, der sich im Höheren wiederzufinden und zu beheimaten sucht. Durch Yoga steigt der Mensch in himmlische Sphären auf, so wie er umgekehrt durch kultische Verehrung das Göttliche in seine Seele herabruft. Was als Gegensatz erscheint, Diesseits und Jenseits, ist also, anders als in den westlichen Erlösungsreligionen, in völliger Harmonie verbunden.

In den tantrischen Texten werden gleich mehrere Methoden beschrieben, die uns die Verbundenheit zwischen Mikro- und Makrokosmos erspüren lassen. Yoga hat zum Ziel, jene Bewußtseinsakte abzustreifen, die den Geist an die greifbare und letztlich doch leere Welt ketten. In fortschreitenden Übungen wird der Kontakt mit kosmischen Zentren im Körper (*chakra*) immer enger, bis daraus schließlich eine Schau des Makrokosmos gewonnen wird. Auch Bilder von Gottheiten – dem Westen sind sie bloße Kunstwerke – können Hilfsmittel sein, um die Verwobenheit mit dem All-Eins zu erkennen. Ebenso stellen bewußtes Atmen (vgl. S. 42f.) und die rhythmische Rezitation von Kurztexten oder die Wiederholung von Lauten Kontakt mit dem Makrokosmos

Makro-mikrokosmische Einheit — Tantrayana – Die Mystische Überfahrt

her. Ziel des tantrischen Buddhismus: Der Mensch soll über solche Übungen in sich das Göttliche entdecken und seinen Körper nach kosmischem Modus beherrschen lernen.

Auch östliche Heilmethoden (Reflexzonenmassage, Akupunktur etc.) sind von diesen Konzepten einer makro-mikrokosmischen Einheit geprägt. Die Wirksamkeit jenseits des typisch abendländischen, auf praktischen Effekt und Erfolg abzielenden Einsatzes beruht zum Teil auf Visualisierungen, die sich ihrerseits an kosmischen Bezügen orientieren. Körperteile entsprechen Farben, Farben entsprechen Elementen, diese wiederum Welten oder Göttern. So wird dem Wasser die Farbe Weiß und der Erde das Gelb zugeordnet – beides freundliche Farben –, während die als bösartig geltenden Farben Rot, Grün und Blau für das Feuer, den Äther bzw. die Luft stehen. Auch Silben werden in dieses kosmische System eingebunden: Ma ist das Rückgrat, ist der Weltenberg Meru, der im Osten blau, im Süden rot, im Westen gelb, im Norden weiß und im Zentrum grün ist usw. Die Rezitation der Silbe vermag also eine ganze Welt in Bewegung zu versetzen und auf den Rezitator zurückzuwirken.

Die makro-mikrokosmische Durchdringung findet auf allen Ebenen statt und ist so komplex, daß nur wenige ihren Gesetzen zu folgen vermögen. Nur diese Menschen eignen sich als Lehrer des tantrischen Geheimwissens.

Das magische Diagramm der zehn Richtungen, hier in der neuzeitlichen Wandmalerei eines bhutanesischen Klosters, gehört zu den zahlreichen tantrisch-buddhistischen Hilfs- und Orientierungsmitteln zur transzendentalen Meditation

›Om. Mani padme. Hum.‹ Mantra des Avalokiteshvara. Om und Hum stehen für Anfang und Ende und symbolisieren die Totalität. Mani padme (›O du Juwel im Lotos‹) benennt das Absolute, das in allem steckt, und das alle Wünsche erfüllende Juwel *cintamani*, das Avalokiteshvara als Herr der sechs Silben in den Händen hält. Mit Recht hat man die seit dem 1. Jahrhundert u. Z. nachweisbare Formel als das am meisten gesprochene Gebet der Welt bezeichnet

Tantrayana – Die Mystische Überfahrt
Der Götterhimmel

Mit solchen Vorstellungen aber ist der Buddhismus an seinen Ausgangspunkt zurückgekehrt, in jene einst von Brahmanen bewachte Welt der Magie, die Buddha zu überwinden gesucht hatte.

Der Götterhimmel des tantrischen Buddhismus

Das reiche Bezugssystem spiegelt sich auch im Götterhimmel des tantrischen Buddhismus wider. Von den fünf Jinas, den Herrschern über die Buddha-Länder, war schon im Zusammenhang mit dem Mahayana die Rede (vgl. S. 71ff.). Nach Ansicht der Gläubigen sind sie von Anbeginn Buddhas gewesen, also niemals Menschen oder sonstige irdische oder überirdische Kreaturen. Ihnen sind die fünf Kardinalrichtungen zugeordnet, und zwar nach magischen Gesichtspunkten und deshalb in leichter Abweichung zur Auffassung des Mahayana: Akshobhya (›der Unerschütterliche‹) steht für Dauerhaftigkeit und ist Herr über das Zentrum; Vairocana (›der Sonnengleiche‹) waltet im Osten; Ratnaketu (im Mahayana: Ratnasambhava; ›der im Edelstein Geborene‹) beherrscht den Süden; Amitabha (›der von unermeßlichem Glanz‹) regiert im Westen; Amoghavajra (im Mahayana: Amoghasiddhi; ›der Unbestechliche‹) wirkt im Norden. Diese Jinas stehen zugleich für die fünf Elemente, die fünf Sinne des Menschen oder fünf Farben, die wiederum den Anfangsbuchstaben ihrer Namen entsprechen. Über die Symbolik der Zahl Fünf haben wir schon gesprochen (vgl. S. 94f.).

Der Adibuddha, die Personifizierung des Absoluten, ist in drei Erscheinungsformen bekannt, zunächst als der bereits erwähnte Vajrasattva mit dem Donnerkeil (*vajra*) als dem männlichen und der Glocke (*ghanta*) als dem weiblichen Attribut. Als Vajradhara hält der

Akshobya, einer der fünf transzendenten Jinas, Herr des östlichen Buddha-Lands, auf einem Lotosthron. Die rechte Hand sinkt ab in der Erdberührungsgeste (*bhumisparshamudra*; vgl. Abb. S. 170). Vergoldete Bronze aus Osttibet oder Westchina, Mitte 19. Jahrhundert

Der Adibuddha — Tantrayana – Die Mystische Überfahrt

Der ›sonnengleiche‹ Vairocana, hier vierköpfig dargestellt, sitzt auf einem Löwenthron und faltet die Hände zum ›Siegel der Erleuchtungsspitze‹ (*bodhiagrimudra*). Wandmalerei aus Alchi, 11./12. Jahrhundert

Adibuddha die Hände gekreuzt, so daß das männliche Symbol auf der linken, ›weiblichen‹ Körperseite liegt und das weibliche auf der rechten, ›männlichen‹. Diese Gestik versinnbildlicht die Aufhebung der Polaritäten im Absoluten, mithin die Erkenntnis einer globalen Harmonie, auf die das Tantra ja immer wieder verweist. Noch anschaulicher wird dieser Aspekt mit der Erscheinungsform des Adibuddha als Samanthabhadra (im Mahayana ein Bodhisattva), der in körperlicher Vereinigung mit seiner Partnerin Samanthabhadri dargestellt wird.

Den transzendenten Buddhas sind also weibliche Kräfte zugeordnet, darüber hinaus aber auch himmlische Bodhisattvas samt ihren Shaktis sowie irdische Buddhas. Die Anzahl der Buddhas und Bodhisattvas

Der Adibuddha als Vajrasattva (›Diamantgleiches Wesen‹). Als Verkörperung des Absoluten hält Vajrasattva einen Vajra oder Diamantszepter in den Händen. Vergoldete Bronze aus Nalanda, Nordindien, 13./14. Jahrhundert

Tantrayana – Die Mystische Überfahrt
Gottheiten und Fabelwesen

Ratnasambhava, der transzendente Buddha des Südens, umgeben von Mahabodhisattvas. Nepalesische Malerei nach einer indischen, ins 10. Jahrhundert zurückreichenden Tradition

wuchs mit der Zeit ins Unermeßliche, da es den Gläubigen ein Bedürfnis war, sich die komplizierten Begriffe der Lehre in göttlichen Formen anschaulich zu machen.

Schließlich fanden auch Götter des Brahmanismus und ein Heer von Fabelwesen Eingang in das Pantheon des tantrischen Buddhismus. Oft handelt es sich um schreckerregende Gestalten, etwa die schweinsköpfige Göttin Marici oder die *dharmapalas*. Von letzteren heißt es, daß ihre furchtbare Macht zwar unermeßlich sei, sie sich aber doch den Buddhas fügen müßten und gezwungen seien, als ›Beschützer der Lehre‹ (*dharmapala*) zu dienen. Eine Stufe tiefer in der Hierarchie stehen *yidams* (Schutzgottheiten) und *dakinis* (›Himmelswandlerinnen‹; vgl. Abb. S. 127), denen wiederum die 33 vedischen Gottheiten (vgl. S. 8),

Verschmelzung von Hinduismus und Buddhismus

Tantrayana – Die Mystische Überfahrt

acht Muttergöttinnen, Titanen und schließlich gute und böse Geister (z. B. *yakshas*, *rakshasas*) folgen.

Im Laufe der Jahrhunderte wurden auch Götter des Hinduismus in die niederen Regionen des tantrisch-buddhistischen Pantheons aufgenommen und als Personifikationen magischer Kräfte verehrt. Aus der Sicht der geistigen Führer blieb dieses gesamte Gefüge nur bildhafter Ausdruck jener Täuschung (*maya*), als die schon der frühe Buddhismus die Welt beschrieben hatte. Die Mehrheit der Gläubigen empfand den tantrischen Götterhimmel jedoch als eine Realität und paßte den Kult immer mehr den allgemeinen indischen Vorstellungen an, bis schließlich auf Laienebene Buddhismus und Hinduismus miteinander verschmolzen.

Vierarmiger Mahakala, einer der Dharmapalas oder Schutzgottheiten der buddhistischen Lehre. Solche Schutzgottheiten, von schreckerregendem Aussehen und geschmückt mit tantrischen Attributen, kämpfen die Feinde der Religion nieder. Detail einer Malerei aus Südtibet, spätes 18. Jahrhundert

Das Mandala als mystische Gesamtschau

Mandala bedeutet zunächst einmal ›Kreis‹. Dieser umschließt ein Diagramm aus Quadraten, Dreiecken und anderen meist geometrischen Formen, die durch Farben hervorgehoben oder von Figuren besetzt sind. So repräsentieren die eingeschlossenen Flächen, ob abstrakt oder illustrativ dargeboten, diesseitige oder jenseitige Wohnsitze von Göttern. Das gesamte Bild ist demnach als symbolische Darstellung von Makro- und Mikrokosmos zu verstehen. Als symbolisches Instrument (*yantra*) zur Veranschaulichung kosmischer Zusammenhänge hat das Mandala Bedeutung für den Meditierenden.

Ein Mandala kann eine Gesamtschau ergeben oder sich darauf beschränken, Teilaspekte des Tantra zu versinnbildlichen, etwa das Wesen einer bestimmten Gottheit oder einen Begriff der Lehre. Es folgt aber immer einem mehr oder weniger einheitlichen Gliederungsprinzip.

Als Beispiel sei das Vajradhatu-Mandala erläutert, das den Weg zur Erlösung aufzeigt. Der Betrachter, der in Gedanken von außen nach innen, vom Bildrand ins Zentrum voranschreitet, begegnet zunächst drei konzentrischen Ringen: dem Flammenring der Läuterung, dem Vajra-Ring der Einweisung in die Lehre und dem Lotosring der Reinheit. Mit der Überwindung des letzteren ist die geistige Neugeburt vollzogen. Der Gläubige befindet sich nun in einem Hof, der einen quadratischen Palast mit vier in die Kardinalrichtungen weisenden Toren umschließt. Zu beachten ist, daß sich bei indischen Mandalas der Osten, bei tibetischen der Westen oben befindet.

Der Palast ist von Diagonalen durchschnitten, so daß sich vier Dreiecke ergeben. Sie symbolisieren die Buddha-Länder und sind in deren Farben ausgemalt. Sukhavati, das Reich des Amitabha, ist beispielsweise an der Farbe Rot zu erkennen. Der Gläubige entscheidet sich nun für eines der Buddha-Länder und wählt das entsprechende Tor. Hier begegnet er einem Wächter, vor dem er Rechenschaft über seine Taten abzulegen hat. Der Zutritt wird ihm allerdings kaum verwehrt, da der Bodhisattva des gewählten Buddha-Landes bereit ist, dem Gläubigen die Last eines üblen Karman abzuneh-

Der Grundriß des zwischen etwa 700 und 915 auf Java, Indonesien, errichteten Borobudur, eines Wallfahrtsheiligtums von ca. 110 m Grundseitenlänge, das in seinen vier gestaffelten Galerien und seinen drei kreisrunden Hochebenen als dreidimensionales Mandala zu deuten ist

Das Mandala als mystische Gesamtschau

men. Der Weg zur Erlösung führt dann an heilbringenden Bodhisattvas und Buddhas vorbei ins Zentrum des Mandala, zum Adibuddha, dem Kern eines jeden Wesens (vgl. S. 72 und S. 100f.). Damit ist die kosmische Schau vollendet, der Gläubige hat in sich das Absolute entdeckt.

In unserer Beschreibung des Vajradhatu-Mandala haben wir uns auf ein Gemälde oder eine Zeichnung bezogen. Diese plane Gestalt ist vorrangig, aufgetragen z. B. auf Thangkas, den in Tibet und im Himalaya angefertigten Bildrollen (vgl. S. 126f.). Ein Mandala kann aber auch als Kompositionsschema einer Plastik zugrundeliegen oder Bauplan für einen Tempel sein. Das wohl berühmteste Beispiel dafür und zugleich das größte Mandala der Erde ist der Borobudur auf Java, bei dem Grund- und Aufriß versinnbildlichen, wie der Gläubige auf dem Heilsweg voranschreitet.

Architektur, Plastik und Malerei, die auf einem Mandala beruhen, gelten im Abendland primär als Kunstwerke, dem Buddhismus sind sie jedoch zunächst einmal Meditationshilfen. Daß sie natürlich auch einer Ästhetik folgen, erscheint als zweitrangig bzw. als Ausdruck der kosmischen Korrespondenzen. Aus der Symmetrie und Zentralisierung des Mandala geht eine Ruhe hervor, deren Spannungslosigkeit sich aus der Totalität des kosmischen Bilds ergibt.

Dramatisch ist allein der Akt der Schöpfung: Ein Mandala wird wäh-

Ein unter der spirituellen Leitung des 14. Dalai Lama geschaffenes Kalachakra-Mandala, das zur höchsten Tantra-Klasse gehört (zur Zerstörung des Werks vgl. Abb. S. 44)

rend der Meditation und nicht im Wachzustand geschaffen. In der meditativen Zeremonie soll die menschliche Intuition von allen Einflüssen des Bewußtseins befreit und damit in die Lage versetzt werden, das kosmische Bild ins irdische Symbol herabzuholen. Ist das Werk vollendet, erlischt seine Wirkung für den meditierenden Schöpfer, und häufig wird es dann auch zerstört (vgl. Abb. S. 44). Bleibt es erhalten, wird es zum Yantra für den meditierenden Betrachter. Der nach innen gewendete Blick schaut das von Menschenhand gefertigte, jedoch kosmische Objekt, bis sich Raum und Zeit auflösen und ein Zustand des Unbewußtseins eintritt. In ihm kann die Identität von Reichhaltigkeit (Figuren des Mandala) und Leere (Gehalt des Mandala) erfahren und damit alle Widersprüchlichkeit der Erscheinungswelt überwunden werden.

Tibetischer Buddhismus
Das Reich des Dalai Lama

Widerstreit mit dem Bön

Dem Westen gilt heute nicht etwa die indische Ur-Lehre des Buddha, sondern eine religiös vielfach gebrochene Spätform der Religion als authentischer Buddhismus und das Oberhaupt dieser tibetischen Richtung, der Dalai Lama, geradezu als Repräsentant des Buddhismus überhaupt. Dafür sind auch politische Faktoren verantwortlich: die chinesische Inbesitznahme Tibets (1950), die Flucht des 14. Dalai Lama nach Indien (1959) und die Eingemeindung Tibets als ›autonome‹ Provinz in die Volksrepublik China (1965). Im Klima des Kalten Krieges wurde der Dalai Lama als friedvoller – und dem Westen nützlicher – Streiter gegen den Kommunismus zu einem ›politischen Faktor‹. Seine spirituelle Ausstrahlung konnte durch die so gegebene Medienpräsenz weltweit wirksam werden.

König Songtsen Gampo (links) und König Tisong Detsen (rechts) in schematisierenden Darstellungen moderner tibetischer Blockdrucke auf Reispapier

Die Tibeter, eigner Legende nach aus der Vereinigung eines Affen und einer Bergdämonin hervorgegangen, wurden erst spät missioniert. Zwar soll einem der frühen Herrscher bereits im 2. Jahrhundert u. Z. eine buddhistische Schrift zugetragen worden sein, aber erst unter König Songtsen Gampo (7. Jahrhundert, bekannt als *dharmaraja*, als ›Religionsherrscher‹) und seinen Nachfolgern Trisong Detsen und Tri Rapaltschen (8. und 9. Jahrhundert) gewann der Buddhismus im damals politisch bis Turkestan und China expandierenden Tibet an Bedeutung. Dies ging einher mit der Entwicklung einer eigenen Schrift für die tibetische Sprache und der danach überhaupt erst möglichen Übersetzung indisch-buddhistischer Texte.

Der anhebende Buddhismus stieß im großtibetischen Raum auf eine Altreligion, das Bön, das animistische und schamanistische Auffassungen vertrat und offenbar mit astrologischen Hilfsmitteln, Zaubersprüchen und -riten, Amuletten und Geisterfallen, aber auch Blutopfern Naturereignisse wie Menschen-

Durchsetzung des Buddhismus in Tibet — Tibetischer Buddhismus

schicksale zu beeinflussen suchte. Unter dem Eindruck der buddhistischen Doktrin systematisierte und ergänzte das bis dahin ungeformte, in unzählige lokale Traditionen zergliederte Bön seine Lehren in solchem Maße, daß man für die Zeit nach dem 8. Jahrhundert nachgerade von einer neuen Religion sprechen kann. Von den Priestern, namentlich dem mythenumwobenen Shenrab Miro, wurden die Bön-Auffassungen nach dem Vorbild buddhistischer Lehrgebäude nun in ›Fahrzeugen‹ zusammengefaßt, die u. a. Totenrituale, Orakeldeutungen und Geisterbeschwörungen einschlossen und ein Pantheon erkennen lassen, in dem die buddhistische Vorstellungswelt des Mahayana/Tantrayana bereits starke Spuren hinterlassen hat. Im 9. Jahrhundert setzte König Langdarma das Bön in seiner reformierten, systematisierten Form kurzzeitig sogar noch einmal gegen den Buddhismus durch. Ein buddhistischer Mönch soll den Bön-König 842 ermordet haben.

Shenrab Miro, der große Lehrer des Bön, erscheint als Lichtgestalt in einem Tschörten, der tibetischen Form des Stupa. Ausschnitt aus einer tibetischen Thangka des frühen 20. Jahrhunderts

Es ist gewiß kein Zufall, daß der Buddhismus den Bön-gewohnten Tibetern erst dann akzeptabel wurde, als er in sein eigenes magisch-mystisches Stadium eingetreten war. Genau gesagt, war es die Richtung des Vajrayana (›Diamantenes Fahrzeug‹), entstanden im 4./5. Jahrhundert, die in Tibet ihre Wirkung entfaltete. Als die Wegbereiter (nicht: Begründer) des Vajrayana, einer der vier großen Strömungen des Mahayana, gelten zwei Brüder aus Peshavar im heutigen Nordpakistan, Vasubandhu und Asanga, mit ihrer Yogacara-Lehre (vgl. S. 79ff.). Das Vajra, der Donnerkeil des vedischen Gewittergottes Indra, symbolisierte in diesem System einerseits die diamanthart und zugleich diamantklare buddhistische Lehre, andererseits die undurchdringliche und unzerstörbare Leere (*shunyata*), die alle Dinge erfüllt, auch das menschliche Indivi-

Bön-Priester mit Magier-Hut als Adorant des Shenrab Miro. Ausschnitt aus derselben Thangka

Tibetischer Buddhismus

Anfänge des tibetischen Buddhismus

»Im Vajrayana vollzieht sich der Schritt des Buddhismus zur gnostischen Religion, indem den Menschen die letzte Erkenntnis auf dem Weg des Intellekts und der sittsamen Lebensweise versagt bleibt und an ihrer Statt als höchstes Ziel eine esoterische Weisheit tritt, die, einem ekstatisch verzückten Bewußtsein gleichgesetzt, allein durch komplizierte Rituale zu erlangen ist; in ihnen werden durch Freilegen von Emotionen stufenweise höhere geistige Existenzformen erreicht. Zur Erlösung bedarf es also nicht mehr des grenzenlos mitleidvollen Bodhisattvas, wohl aber eines Lehrers, der den Novizen auf seinem Erleuchtungspfad begleitet und ihn sicher ans Ziel führt.«
Alexandra Lavizzari-Raeuber

duum und die Götterwelt. Eine objektive Existenz gibt es danach ebensowenig wie etwa jenes irdische Leiden, von dem das Hinayana noch hatte erlösen wollen. Ziel der strebenden Gläubigen ist es vielmehr, zu einem allwissenden Bewußtsein (›Klares Licht‹) und zu einem ›Reinen Illusionskörper‹ zu gelangen. Erst dem Erwachten kann sich die Tiefeneinheit von Leerheit und Erscheinungswelt erschließen. Schon hier kündigt sich die spätere Rolle der Lamas, der geistigen Lehrer und Mönche, im tibetischen Buddhismus an (s. u.), die der Richtung den meist abschätzig verstandenen Nebennamen Lamaismus eingetragen hat.

Die ›Erste Ausbreitung der Lehre‹

Wann auch immer genau die ersten Berührungen Tibets mit dem Buddhismus zu datieren sind, unzweifelhaft bleibt, daß der wohl aus dem heute pakistanischen Svat-Tal stammende Tantriker Padmasambhava (›Der Lotosgeborene‹), ein geheimnisumwitterter Magier, im 8. Jahrhundert die Lehren des Vajrayana mit solcher Ausstrahlungskraft ins Schneeland trug, daß sie dort bis heute nicht untergegangen sind. Der Legende nach erfolgte Padmasambhavas Mission in unentwegtem Kampf gegen Dämonen, die sich ihm entgegenstellten, zuletzt aber unterworfen wurden und geloben mußten, fortan dem Buddhismus zu dienen. In der Ikonographie des tibetischen Buddhismus haben sie sich als Schreckgestalten erhalten; westliche Beschauer verblüfft angesichts der furchterregenden Darstellungen, daß es sich nicht um Feinde, sondern hinzugewonnene Freunde des tibetischen Buddhismus handelt. Wir erkennen in ihnen die assimilierten Lokalgötter und -geister des Bön, zugleich aber auch das tantrische Prinzip des Ausgleichs von Gut und Böse, von Barmherzigkeit und Zorn. Unter Padmasambhava sollen 779 die ersten Tibeter, sieben an der Zahl, ihre Mönchsweihe erhalten haben, und bereits 791 saß ein buddhistischer Mönch unmittelbar unterhalb des Königthrons,

Tibets Niedergang **Tibetischer Buddhismus**

noch über den weltlichen Ministern – der spätere Weg zum ›Gottesstaat‹, zur buddhistischen Hierarchie war damit angedeutet.

In Tibet gilt das Wirken Padmasambhavas, der um das Jahr 775 Samye, das früheste einheimische Kloster des Buddhismus, am Fluß Tsangpo (60 km von Lhasa) gegründet haben dürfte, als ›Erste Ausbreitung der Lehre‹. Übrigens fand 792 in Samye eine zwei Jahre währende Konferenz statt, das sogenannte Große Streitgespräch, in dem indische Denker des Mahayana/Vajrayana über chinesische Buddhisten der Chan-Richtung triumphiert haben sollen. Wie dem auch sei, fortan waren in Tibet alle Gedanken, die nach Chan-Manier (vgl. S. 145ff.) auf spontane Erleuchtung und Erlösung zielten, als ›chinesisch‹ verpönt.

Mit dem Scheitern der tibetischen Großmachtambitionen, die Truppen des Schneelands bis nach Samarkand und bis nach Burma geführt hatten, zerbröckelte Mitte des 9. Jahrhunderts auch die weltliche Herrschaft; die letzten Vertreter der herrschenden Dynastie setzten sich an den Westsaum ihrer ehemaligen Machtsphäre (Ladakh, Guge, Purang) ab. Großtibet zerfiel in Duodezfürstentümer. Damit ging, zumindest in Zentraltibet, auch der Buddhismus als ›Staatsreligion‹ unter; er überlebte die politische Krisenzeit aber offenbar in einer abgesunkenen Form, in der sich die alten magischen Volkstraditionen geltend machten.

Padmasambhava, der Lotosgeborene, wurde für die Himalaya-Länder im 8. Jahrhundert zum ›Apostel des Buddhismus‹, den er gegen bodenständige Kulte und magische Praktiken durchsetzte. Ausschnitt aus einer tibetischen Thangka

Tibetischer Buddhismus — Die großen Lehrer

Der aus Bengalen stammende Atisha gehörte zu den bedeutendsten Vermittlern indisch-tantrischen Gedankenguts im 11. Jahrhundert. Zeitgenössischer Blockdruck

Die ›Zweite Ausbreitung der Lehre‹

Jedenfalls ist dies das Bild, das Anfang des 11. Jahrhundert der gelehrte Mönch Rinchen Zangpo zeichnete. Mit ihm begann die ›Zweite Ausbreitung der Lehre‹, wie die tibetische Tradition sie nennt. Der buddhistische König Yeshe-Ö, Herr im westtibetischen Kleinreich Guge, hatte eine Anzahl junger Männer nach Kashmir entsandt, damit sie dort den Buddhismus in seiner höchsten philosophischen Form studierten und zurück nach Tibet trügen. Rinchen Zangpo (958–1055) blieb 17 Jahre in Kashmir. Nach seiner Rückkehr trat er als Übersetzer (*lotsava*) indischer Schriften hervor, restituierte die alten Mönchsregeln und wurde selbst als Klostergründer tätig. Das ladakhische Kloster Lamayuru etwa soll sich um ältere, von Rinchen Zangpo gestiftete Bauten entwickelt haben.

Der zweite große Erneuerer des tibetischen Buddhismus war der bengalische Mönch Atisha (982–1054; Hauptwerk: »Die Lampe auf dem Erleuchtungspfad«), der – auf Einladung des Königshauses – 1039 nach Tibet reiste und zahlreiche tantrische Lehren ins Klosterleben einführte. Religionsgeschichtlich war Atisha Synkretist; er verband die Doktrin von der allesdurchdringenden Leere mit der Lehre von der Erzeugung des Erleuchtungsgeistes (vgl. S. 120). Gerade dadurch wurde er wirksam. Als sein bedeutendster Schüler erwies sich im 11. Jahrhundert der Tibeter Drom Tönpa. Ein anderer tibetischer Buddhist namens Marpa (1012–1096) brachte nach einem 16jährigen Studium bei dem berühmten Vajrayana-Weisen Naropa im indischen Bihar besonders ausgefeilte tantrische Lehren und Techniken ins Schneeland zurück, wo er übrigens nicht als Ordinierter, sondern als ge-

Marpa, einer der großen tibetischen Übersetzer. Ausschnitt aus einer tibetischen Thangka

Die Ausbildung buddhistischer Orden — Tibetischer Buddhismus

wöhnlicher Landwirt lebte, freilich immer wieder von Mönchen konsultiert. Der geheimnisumwitterte Milarepa (1052–1135), Marpas berühmtester Schüler, suchte lange Jahre als Asket die Einsamkeit der Schneeberge, ehe er selbst Schüler wie Gampopa (s. u.) annahm und seine Weisheit in Liedern weitergab. Nach dem Zeugnis seiner Zeitgenossen trotzte Milarepa, nur in dünnes Baumwolltuch gehüllt, selbst der Eiseskälte des winterlichen Himalaya, indem er eine der sechs Meditationstechniken des Naropa nutzte und sich selbst ›Innere Hitze‹ verschaffte. Naropas Doktrinen sind im übrigen denen des letzten und komplexesten tantrischen Systems verwandt: dem Kalachakrayana, das angeblich im mythischen Land Shambhala ausformuliert wurde und 1027 Tibet erreichte.

Der Asket Milarepa, ein Schüler des Marpa, lebte über viele Jahre als Eremit im Himalaya und soll dabei magische Fähigkeiten entwickelt haben. Typisch für seine Ikonographie ist die ans Ohr gehaltene Rechte, mit der angedeutet wird, daß Milarepa der Botschaft der Sphären lauscht. Ausschnitt aus einer tibetischen Thangka

Unter dem Einfluß all dieser Lehren, Lehrer und Vorbilder gewann der tibetische Buddhismus ein eigenes, ganz spezifisches Profil. Genau gesagt, bildeten sich auf einem Grundsockel von Gemeinsamkeiten zwischen dem 11. und 13. Jahrhundert mehrere große Schulen oder Orden mit jeweils eigenen Lehrauffassungen und religiösen Hierarchien, selbständigen Ordensregeln und yogistischen Praktiken heraus. Der Grund für die Zergliederung: Einerseits existierte im tibetischen Raum weiterhin keine politische Zentralmacht, die auf religiöse Einigung hätte drängen können; andererseits ging die indische Tradition, die für Tibet bislang Inspiration wie auch Regulativ gewesen war, kurz vor den moslemischen Eroberungszügen unter. Um 1200 schlossen die großen buddhistischen Universitäten Indiens wie z. B. Vikramashila und Nalanda, wo Naropa gelehrt hatte, ihre Pforten (vgl. S. 84).

Tibetischer Buddhismus — Gesammelte Schriften

Die lamaistischen Orden und der tibetische ›Gottesstaat‹

Wer heute irgendein buddhistisches Kloster in Tibet oder seinem Umfeld (Ladakh, Zanskar, Nord-Nepal, Bhutan, Sikkim) besucht, gleich welchem Orden es zuzuordnen ist, wird in den Wandregalen unzählige gebundene Blätter gestapelt finden, hergestellt im Blockdruck, in denen sich die grundlegenden Gemeinsamkeiten der großen Ordensrichtungen bewahrt finden. Es ist der kanonische *Kanjur*, der 108 Einheiten umfaßt und von den Schriften des Hinayana über die reich vertretene Mahayana-Literatur bis zu den Tantra-Lehren zu Ritual und Yoga-Praxis reicht. Diese gestapelten Seiten sind das Ergebnis von vielen Jahrhunderten tibetischen Übersetzerfleißes (s. o.). Im 14. Jahrhundert wurde der Kanjur zur kodifizierten Grundlage des monastischen Lebens.

Ein weiteres Großwerk in den Regalen ist der *Tanjur*, der allerdings nicht als allgemeinverbindlich gilt. Kein Wunder, sammelt er doch in 224 Bänden neben diversen Hymnen auf Buddha, Gebetsammlungen, Legenden und Texten profaner Wissenschaft (Medizin, Grammatik, Poetik, Logik, Genealogie, Zeitrechnung) vor allem Kommentare zu den Tantras und bezieht somit Positionen, die dem einzelnen Orden im Detail unlieb sein können. Hier endet die spirituelle Gemeinsamkeit Tibets, beginnt die Besonderheit der klösterlichen Traditionen.

Die historisch älteste Tradition, die *Nyingma-pa* (›Schule der Alten‹; gemeint sind die alten Tantras), bezieht sich als einzige dezidiert auf den tantrischen Großmeister Padmasambhava, dem in den Augen der Ordensanhänger der Rang eines zweiten historischen Buddha zukommt. Das letzte Wissen Padmasambhavas liege in geheimen Depots (Höhlen, Statuen,

Tibetische Mönche sitzen über Bänden der gesammelten heiligen Schriften. Ausschnitt aus einer tibetischen Wandmalerei in einem Sakya-pa-Kloster, 18. Jahrhundert

Nyingma-pa, die ›Schule der Alten‹ — Tibetischer Buddhismus

Erdlagern) verwahrt, aus denen zu gegebener Zeit prädestinierten Gläubigen (*tertön*; ›Offenbarer der Schätze‹) in ›Funden‹ (*terma*) die jeweils zeitgemäßen Schriften oder Bildnisse als Schlüssel zum Heilsweg der Gegenwart offeriert würden. Das wohl bekannteste Terma ist das »Tibetische Totenbuch« (*Bardo Thödol*), das am Bett eines Sterbenden gelesen wird und ihn über das Zwischenreich (*bardo*) zwischen Tod und Wiedergeburt unterrichtet. Die Nyingma-Tradition unterscheidet sich von den drei anderen Richtungen aber nicht nur durch ihren Bezug auf die Erste Ausbreitung der Lehre, sondern auch durch den Verzicht auf zentrale Führung und feste Klosterhierarchie; beide sollen ersetzt werden durch die Betonung meditativer Erfahrung. Das Weltbild der in meist kleinen, verstreuten Klöstern (Schwerpunkt: Osttibet) lebenden Mönche ist in neun Fahrzeugen niedergelegt, die in aufsteigenden Dreiergruppen dem ›Ausstrahlungskörper‹, dem ›Körper des vollkommenen Erfreuens‹ und dem ›Erleuchtungs-‹ oder ›Wahrheitskörper‹ gewidmet sind.

Nyingma-Mönch in Gangtok, Sikkim

Schreckenerregende Gestalten, hier Göttinnen mit Tierköpfen, wie sie dem Verstorbenen vor der Wiedergeburt erscheinen. Ausschnitt aus einer tibetischen Thangka, 19. Jahrhundert

Tibetischer Buddhismus — Kagyü-pa und Sakya-pa

Zwei Äbte der Gelug-pa, des Ordens der ›Gelbmützen‹. Ausschnitt aus einer tibetischen Thangka

Die Bedeutung ungebrochener Überlieferung wird auch vom Orden der Kagyü-pa hervorgehoben. Der Name bedeutet soviel wie ›Schule der weitergegebenen Anweisungen‹ und ist heute der Oberbegriff für mehrere Traditionslinien, von denen die Karma-Richtung den größten Einfluß besitzt. Die ›weitergegebene Lehre‹ gehe, so will es der Orden, auf den Buddha Vajradhara zurück. Dieser habe seine Anweisungen dem großen magischen Meister Tilopa (988–1069) mitgeteilt. Tilopa soll sie dem Naropa vermittelt haben, der sein Wissen wiederum an den Tibeter Marpa weitergab, dieser an seinen asketischen Schüler Milarepa. Unter Milarepas Schüler Gampopa (1079–1153) entstand dann der Orden.

Die Sakya-pa führen ihre Herkunft auf den berühmten Übersetzer Drogmi (992–1072) zurück, der wie Marpa in Indien initiiert wurde und studierte. Das Kloster Sakya in Südtibet, nach dem die Tradition ihren Namen trägt, liegt an dem alten Handelsweg, der Tibet mit dem Kathmandu-Tal verband. Als die Mongolen der Yüan-Dynastie während des 13. Jahrhunderts Tibet in ihren Herrschaftsbereich einbezogen, bestallten sie nacheinander zwei der adligen Sakya-Großlamas, Sakya Pandita und Phagpa, mit der administrativen Macht über das Schneeland. Damit wurde Tibet erstmals, wenn auch nur kurzzeitig, von Priesterkönigen regiert.

Getreidelagerplatz im südtibetischen Kloster Sakya, das bereits im 11. Jahrhundert entstand und Stammkloster des gleichnamigen Ordens wurde

Kadam-pa und Gelug-pa — Tibetischer Buddhismus

Die Kadam-pa, der Orden der ›mündlichen Unterweisung‹, gegründet von dem großen Übersetzer Drom-tön, berief sich auf die Lehren des Atisha und entwickelte bedeutsame Meditationstechniken zur Läuterung des Geistes. Als eigenständige Schule hat die Kadam-pa nicht überlebt, ihre Lehren und Schriften sind aber in den Bestand der anderen Orden eingegangen, vor allem in die Tradition der Gelug-pa (›Schule der Tugendhaften‹), die im 14. Jahrhundert durch das Wirken des osttibetischen Reformators Tsongkhapa (1357–1419) entstand. Schon äußerlich unterscheiden sich die Ordinierten seiner Richtung durch ihre orangegelben Kappen – daher ›Gelbmützen‹ – vom Habit der älteren Orden mit ihren ›Rotmützen‹. Dies signalisierte den neuen religiösen Aufbruch in Tibet. Der Gelug-Orden rückte von den besonders ekstatischen und erotischen magischen Praktiken ab und unterband auch den Genuß berauschender Getränke. Das Gewicht lag und liegt auf einem systematischen Studium der buddhistischen Schriften (wobei die nicht-tantristische Philosophie des Mahayana den Vorzug hat) und auf der Einhaltung der klösterlichen Regeln. Der Zulauf, den der Orden erfuhr, ließ in schneller Folge Großklöster und Lehrzentren entstehen, darunter Ganden (1409), Drepung (1416) und Tashilhünpo (1447).

Ein berittener Gelug-Lama im winterlichen Tibet

Die straffe Klosterhierarchie und Zentralisierung der Gelug-pa machte den Orden zu einem weltlichen Ordnungsfaktor, als sich im 15. Jahrhundert die staatliche Macht in Tibet zu zersetzen begann. Der Gelbmützen-Abt von Drepung, Sönam Gyatso (1543–1588), gewann in dem Mongolen-Herrscher Altan Khan

Tibetischer Buddhismus
Der Dalai Lama, der ›Weltmeerlehrer‹

Der mongolische Herrscher bändigt mit Hilfe der Kette der tibetisch-buddhistischen Religion den chinesischen Tiger. Das politische Motiv gehört zum festen Repertoire von Wand- und Rollenmalereien in tibetischen Klöstern. Hier eine moderne schematisierte Umzeichnung

Der 13. Dalai Lama (1876–1933) im Alter von 24 Jahren. Kolorierte historische Fotografie

einen machtvollen politischen Patron und erhielt von ihm den Titel Dalai Lama (wörtlich: ›Weltmeerlehrer‹, gemeint: Lehrer von ozeanisch großer und tiefer Weisheit). Der Abt, der sich in einer Wiederverkörperungslinie sah, übertrug den Titel auf zwei seiner Vorfahren und eröffnete damit eine Tradition, die 1617 dazu führte, daß das Kind einer buddhistischen Familie aus Zentraltibet, Lozang Gyatso (1617–1682), als fünfter Dalai Lama erkannt wurde. Mit diesem ›Großen Fünften‹, wie er in der Gelug-Tradition genannt wird, übernahm die Religion die Macht in Tibet. Unter dem Schutz der Mongolen, die sich ihrerseits zur tibetischen Formulierung des tantrischen Buddhismus bekehrten, entstand eine Theokratie, die im Dalai Lama ihre weltliche Autorität und im Panchen Rinpoche (›Großer, kostbarer Lehrer‹; auch: Panchen Lama) ihre höchste Autorität in Glaubensfragen hatte. Nach dem Tode eines der beiden Führer wird nach kompliziertem Ritual, in das Orakel und Omina eingehen,

Religionsklüngel statt spirituelle Führung — Tibetischer Buddhismus

in neugeborenen Knaben der wiedergeborene Nachfolger (*tulku*) gesucht. Zuletzt geschah dies 1937, als man in einem Zweijährigen aus der osttibetischen Provinz Amdo den Nachfolger des 1933 verstorbenen 13. Dalai Lama auffand. 1940 wurde er als 14. Dalai Lama inthronisiert, mit 16 Jahren zum Staatsoberhaupt ernannt. Nach seiner Flucht (1959) aus dem kommunistisch kontrollierten Tibet nahm der Dalai Lama in dem nordindischen Bergstädtchen Dharamsala seinen Sitz. In zahlreichen politischen Initiativen, stets dem Prinzip der Gewaltfreiheit folgend, hat er sich seither als frommer und bescheidener Sachwalter des tibetischen Volkes erwiesen.

Die sympathische Gelassenheit des 14. Dalai Lama (und die skizzierte politische Situation) haben freilich Tendenzen zur posthumen Idealisierung der tibetischen Theokratie gefördert, die sich geschichtlich nicht rechtfertigen lassen. So wurden der 9., 10., 11. und 12. Dalai Lama bereits nach kurzer ›Amtszeit‹ ermordet – nicht nur, weil die damaligen chinesischen Oberherren der Mandschu-Dynastie ein Interesse daran hatten, sondern ebenso, weil es innertibetische Auseinandersetzungen gab und erbitterte religiöse Richtungskämpfe ausgetragen wurden. Es ist auch keineswegs bloße rotchinesische Propaganda, daß Tibet um 1950 ein höchst zurückgebliebenes Land war, dem Straßen und Brükken, elementare hygienische Einrichtungen und Hospitäler, nicht-religiöse Bildungseinrichtungen und Auslandsverbindungen fehlten; statt dessen Volksarmut, hohe und frühe Kindersterblichkeit und Analphabetentum. Der Buddhismus an der weltlichen Macht hat sich in seinen tibetischen Jahrhunderten als zivilisatorisch weithin desinteressiert erwiesen. In stagnativer Selbstgenügsamkeit verzichtete das buddhistische Tibet übrigens auch auf die eigene spirituelle Weiterentwicklung. Der jahrhundertelang lebendige Disput der Orden kam unter der weltlichen Herrschaft der Gelug-Richtung mehr und mehr zum Erliegen, verödete in Wiederholung und Auswendiglernen des Hergebrachten.

Tibetischer Bettler. Zeichnung von Sven Hedin vom Anfang des 20. Jahrhunderts

Lebensrad und Totenbuch

Das **Lebensrad** (*bhavachakra*), auch als ›Rad der Existenzen‹ oder ›Rad des Werdens‹ bekannt, ist eine didaktische Darstellung des Wiedergeburtskreislaufes und deshalb häufig an der Außenwand tibetischer Tempel, direkt neben dem Eingang, aufgemalt. Auch als Thangka- oder Blockdruck-Motiv ist es beliebt. Die ikonographischen Ursprünge reichen bis Ajanta (Zentralindien) zurück; die Legende bezeichnet sogar Buddha selbst als den Urheber. Als sein Schüler, der Magier Maudgalyayana, von einer seiner meditativen Unterweltreisen zurückkehrte, soll der Meister ihm aufgetragen haben, seine Jenseitserfahrungen auf einem drehbaren Zylinder darzustellen.

In der Nabe des Lebensrades sind die ›Drei Grundgifte‹ dargestellt, die den Wiedergeburtszyklus vorantreiben: Unwissen, Haß und Stolz, verkörpert in Schwein, Schlange und Hahn (vgl. Abb. S. 35). Im Nabenkranz zeigt ein Bildzyklus den aufsteigenden Weg zum Heil und den absteigenden Weg hinunter zu den tiefsten Wiedergeburten. Das Hauptfeld des Lebensrades ist durch Speichen in sechs verschiedenfarbige Felder geteilt. Sie markieren die sechs Weltbereiche (*gati*), in welche die Wiedergeburten die Lebewesen führen können: die Welt der Götter (weiß), die Welt der Titanen und Halbgötter (grün), die Menschenwelt (gelb), die Welt der Tiere (blau), die Welt der Hungergeister (rot) und die Höllenwelt (schwarz). Häufig ist in jeder dieser Welten ein barmherziger Buddha Avalokiteshvara dargestellt, der den Wesen den Ausweg kündet. Der äußere Ring des Lebensrades veranschaulicht in zwölf Motiven die buddhistische Lehre vom Bedingten Entstehen (vgl. S. 34f.).

Außerhalb des Existenzrades, da von aller Wiedergeburt befreit, stehen oben rechts der Buddha Gautama und oben links der Mitleidsbuddha Avalokiteshvara. Das Rad selbst wird von einem Dämonen gehalten, dem Herrn des Todes und der Illusionen.

Das **»Tibetische Totenbuch«** (Bardo Thödol) ist erst seit dem 15. Jahrhundert bekannt. Der tibetische Buddhismus sieht in ihm einen jener Wissensschätze, die von dem Tantriker Padmasambhava hinterlassen wurden (vgl. S. 108f.). Es belehrt den Sterbenden, an dessen Lager es vorgelesen wird, über das Zwischenreich (*bardo*), in das er nun eingehen wird, bevor die Wiedergeburt in einer der sechs Welten des Existenzrades erfolgt. *Thödol* heißt soviel wie ›Erwachung durch Hören‹ und signalisiert einen tantrischen Weg zum Nirvana, der allein von den tibetischen Buddhisten anerkannt wird. Nachdem der Verstorbene im viertägigen Zustand des ›Todesschecks‹ zunächst sein Leben noch einmal vor dem inneren Auge hat passieren lassen, um sich seiner karmischen Verdienste wie auch Missetaten bewußt zu werden, blendet sich ihm bald nach dem Ende der

Lebensrad und Totenbuch

Thangka zum Totenbuch. Nepal, 19. Jahrhundert. Der weiße Buddha Vajrasattva offenbart dem Gläubigen die visionären Götter des Tibetischen Totenbuchs. In einem unteren Kreis sind die 42 friedvollen, in einem oberen Kreis die 58 zornvollen Gottheiten dargestellt. Nur wer im Zwischenreich die übermenschlichen Wesen als bloße Emanationen der Leerheit durchschaut, durchbricht die Wiedergeburtskette

›Äußeren Atmung‹, das gleichgesetzt wird mit dem Zerfall der äußeren Illusionswelt, ein gleißendes Licht auf, das identisch ist mit der letzten Wahrheit. Vermag er sich mit dieser Wahrheit zu identifizieren, hat er sich endgültig befreit, verweht er im Nirvana. Gelingt es ihm nicht, bildet sich ein neuer Bewußtseinskörper, dem in der Welt der Höchsten (jedoch vom Nirvana schon getrennten) Wirklichkeit immer neue Projektionen und Lichtphänomene begegnen. Noch immer besteht die Möglichkeit der Befreiung, wenn die friedvollen und schreckenerregenden Bilder als Trugbilder erkannt werden, als Ausdrucksformen der karmischen Trübungen, entstanden in der letzten Existenz. Erst nach 17 Tagen tritt der Bewußtseinskörper des Verstorbenen in den Bardo des Werdens ein und wird in weiteren 31 Tagen zur Wiedergeburt geführt.

Tibetischer Buddhismus — Grundlagen in Indien

Spirituelle Grundlagen und Techniken

Das Vajrayana hatte, wie andere Mahayana-Richtungen, eine Lehre formuliert, in der Nirvana, Samsara und Selbst gleichermaßen als Leere erscheinen. Vom ›klassischen‹ Mahayana wich es jedoch in der Überzeugung ab, daß der Weg zum Heil auf eine einzige Lebensdauer verkürzt werden könne. Nicht mehr die Vermehrung karmischer Verdienste über viele Existenzen hinweg, sondern ein direkter (binnen eines Menschenlebens realisierbarer) Zugang zur höchsten Erleuchtung wurde angestrebt.

Die Wegbereiter des Vajrayana knüpften einerseits an Lehren des südindischen Mahayana-Heiligen Nagarjuna (um 200 u. Z.) an, der in seiner Madhyamika-Philosophie (›Mittlere Lehre‹) die Leerheit oder Wesenlosigkeit aller Dinge und Begriffe verkündet hatte (vgl. S. 77f.), und verbanden sie mit der Chittamatra-Lehre (vgl. S. 80), die besagte, daß die Welt mit ihren zahllosen Erscheinungen nur Bewußtseinsprojektion sei. Die keimhafte Buddha-Natur, die in jedem Lebewesen angelegt sei, ermögliche es den Menschen, durch meditative Praktiken in aufsteigender Stufenfolge der wahren, monistischen, also nicht-dualen Natur des Seins jenseits aller schein-polaren Phänomene und begrifflichen Aneignungsversuche inne zu werden. Der damit gewonnene selbstlose ›Erleuchtungsgeist‹ ist – nach dem Tantrayana – aber

Der 14. Dalai Lama (links) als Meister eines Kalachakra-Rituals, hier beim Bannen behindernder Wesen

Die vier Tantra-Klassen — Tibetischer Buddhismus

ein altruistischer Geist, der das Glück – die Erwachung und Erlösung – aller Lebewesen anstrebt.

Der Aufstieg zur Erwachung und Auslöschung des Selbst erfolgt über Übungen in vier Tantra-Klassen. Zunächst übt sich der Adept in den äußeren Handlungen (*kryatantra*), danach verbindet er auf einer zweiten Stufe diese äußeren Handlungen mit inneren Prozessen (*caryatantra*), auf einer dritten Stufe dominieren dann die inneren Übungen (*yogatantra*), auf der letzten und höchsten (*annutarayogatantra*), zu der auch das *kalachakra tantra* gehört, die besonders anspruchsvollen, erlösungsträchtigen spirituellen Übungen.

In der Ritualpraxis des tibetischen Buddhismus verknüpfen sich diese Ebenen, etwa bei der Schaffung eines Mandala (vgl. S. 104f.). Zunächst werden die notwendigen äußeren Handlungen vollzogen, etwa die Reinigung des Mandala-Grunds oder seine ›Dynamisierung‹ durch mehrfaches Umschreiten. Bestimmte Phasen der rituellen Vorbereitung werden zuweilen von Kultmusik begleitet. Der Vajra-Meister, ein Fortgeschrittener, verbindet äußere und innere Handlungen, indem er zunächst die herabzurufende Gottheit in sich selbst erzeugt (Gott-Yoga) und sie dann unter dem Aussprechen von *mantras*, heiligen bzw. ›Keimsilben‹, in einem äußeren Bild visualisiert, das schließlich wieder in die Leerheit aufgelöst wird.

Ritualmusik begleitet in den lamaistischen Klöstern bedeutende sakrale Handlungen. Im Bild ein bhutanesischer Novize beim Trommelschlag

Es ist dabei nochmals zu bedenken, daß der Gottesbegriff des Vajrayana nichts gemein hat mit dem des vorderasiatisch-abendländischen Monotheismus oder auch des Hindu-Polytheismus. Die Götter mit ihren zugewiesenen Farben und Attributen sind nur Bewußtseinsprojektionen, nur spirituelle Hilfsmächte und wie alle menschlichen Individuen Truggebilde der letzten Leerheit, zugleich aber dennoch Repräsentanten von heilswirksamen Tugenden wie Mitleid oder Weisheit, die der Meditierende, der Mandala-Schöpfer in sich erzeugen möchte.

Die bereits genannte letzte und höchste Klasse der Tantras gliedert sich in eine Erzeugungsstufe, auf

Tibetischer Buddhismus
Spätformen des Buddhismus

In den tibetischen Gebetsmühlen sind auf Papierstreifen Mantras, mystische ›Keimsilben‹, deponiert, die durch die Drehbewegung des Metallbehälters in Schwingung versetzt werden, auf daß sie ihre geheimen Kräfte entfalten. Die Gläubigen sprechen dem einen Effekt zu, der dem Aufsagen oder Dahinmurmeln von Gebetsformeln und Keimsilben gleichkommt

welcher der ›Reine Illusionskörper‹ eines Buddha dadurch entsteht, daß die fünf gewöhnlichen, ›befleckten‹ Aggregate der Lebewesen (Körperlichkeit, Empfindungen, Wahrnehmungen, Geistesregungen, Bewußtseinsvorgänge) zu denen eines Buddha geläutert werden, und in eine Vollendungsstufe, die zum ›Klaren Licht‹ und in der Vereinigung dieses höchstmöglichen Bewußtseinszustands mit dem Buddha-Körper zum Vajradhara- oder Samanthabhadra-Zustand führt, in dem sich das Absolute (personfiziert als Adibuddha; vgl. S. 100f.) manifestiert und somit alle Widersprüche und Differenzen in einer letzten Einheit verwehen.

Wir heben noch einmal das Prinzip hervor, daß der Erlösungsweg des tibetischen Buddhismus, anders als im klassischen Mahayana, ein kurzer ist, bewältigbar nicht in vielen Existenzen nach Auflösung aller karmischen Rückstände und Trübungen, sondern in einer einzigen Menschenlebenszeit, wenngleich nur in beharrlicher Schulung. Hier zeichnet sich letztlich doch eine Tiefenverbindung zum Zen mit seinem Konzept der (vorbereiteten) Spontanerleuchtung (*satori*) ab – und auch ein Grund dafür, daß im westlichen 20. Jahrhundert, das auf individuelle Selbstverwirklichung drängt, gerade diese beiden Spätrichtungen des Buddhismus besonderen Anklang finden. Die Paradoxie liegt zwar auf der Hand – hier abendländische Selbstverwirklichungssehnsucht, dort konzeptuelle Auslöschung des als illusionär verstandenen Selbst –, doch fasziniert westliche Adepten offenbar die östliche Verkündung einer spirituell hervorgehobenen Sonderheit, als deren Vertreter sie sich verstehen möchten.

Die Bedeutung des Lama

Der tantrisch-tibetische Weg des Buddhismus mit seinen Abkürzungskonzepten zur Erlösung aus dem Lebenskreislauf ist aber nicht nur kurz, sondern gerade deshalb besonders komplex und anspruchsvoll; wie so viele Abkürzungen läßt er sich nur mit besonderer Pfadgenauigkeit und Disziplin gehen. Da die Tantras kein exakter spiritueller Reiseführer sind, bedarf es

Spiritueller Lehrer **Tibetischer Buddhismus**

eines Lehrers, der initiiert und den Gläubigen auf dem Heilspfad weiterführt. Hier setzt die tibetische Konzeption des Lama ein. Das Wort ist das tibetische Äquivalent zum Sanskrit-Wort *guru* und bedeutet soviel wie ›der Höherstehende‹, ›der Erhabene‹; es bezeichnet spirituelle Lehrer von besonderer Qualifikation, also keineswegs jeden buddhistischen Mönch. (Allerdings ist Lama zugleich auch eine höfliche Anrede für den tibetischen Mönch im allgemeinen.) Das Tibetan Department for Religion and Culture, das offizielle Amt des Dalai Lama in Dharamsala, führt in einer Lehrschrift die Qualitäten auf, die einen Lama auszeichnen müssen. »Er soll seine Gelübde und ethischen Regeln beachten, über Konzentration und unterscheidende Weisheit verfügen. Er soll eine größere Gelehrsamkeit und höhere geistige Erfahrungen als seine Schüler besitzen und sich bemühen, das höchste Ziel für sich selbst und für andere zu erlangen. Er muß die ›Drei Körbe der Lehre‹ gründlich kennen und die wahre Natur der Phänomene ver-

Ein Lama beaufsichtigt in einem Gelug-pa-Kloster zu Lhasa die Novizen und führt sie in die geheiligten Lehren ein

Tibetischer Buddhismus — Qualifikationen eines Lama

stehen. Darüber hinaus soll er geschickt im Unterweisen seiner Schüler sein und eine starke Zuneigung und großes Mitgefühl für sie und alle anderen Lebewesen hegen. Von Schwierigkeiten, denen er bei seinem Wirken zum Wohle seiner Schüler begegnet, darf er sich nicht entmutigen lassen.« Kurzum: Ein Lama muß durch und durch vom Geist der buddhistischen Lehre erfüllt und selbst weit fortgeschritten sein auf dem Heilsweg. Traditionell geht man davon aus, daß ein Lama eine Ordinationszeit von mindestens zehn Jahren hinter sich hat, daß er drei Jahre lang in der Zurückgezogenheit lebte und daß ihm die höchsten, geheimsten Einweihungen durch einen eigenen ›Wurzel-Lama‹ zuteil wurden. Er ist ein Meister der Tantras, weist die Adepten in das mystische Weltbild

Die maskierten Ritualtänzer, hier in einem Hof des tibetischen Kloster Taglung, stellen Dharmapalas dar, Schutzpatrone des tibetischen Buddhismus (vgl. Abb. S. 103)

Wiedergeburt eines Lama — Tibetischer Buddhismus

ein und schützt die Allgemeinheit durch spezifische Rituale (z. B. Lama-Tänze). Da er das eigentliche Wesen der Wirklichkeit durchschaut hat, könnte er im Nirvana verwehen, doch verbleibt er mitleidsvoll – als Personifikation des Heils – auf Erden und ist dem Lernenden ein Spiegel des Absoluten. Dieser Lernende wiederum konzentriert sich in seinen meditativen und tantrischen Übungen ganz auf den Lama als seinen spirituellen Meister und steht mit ihm in ständigem Rapport, auch dann, wenn der Meister nicht körperlich anwesend ist.

In alledem zeichnet sich unverkennbar das Mahayana-Weltbild mit seinen Bodhisattvas ab (vgl. S. 82ff.), die zwischen dem Absoluten und der Menschenwelt changieren. So erklärt sich denn auch das tibetische Konzept vom Tulku, vom wiedergeborenen Lama, über dessen konkrete Bedeutung wir eben schon gesprochen haben. Der erhabene Lehrmeister nimmt kraft seiner Buddha-Natur nach seinem biologischen Tod in einem neuen grobstofflichen ›Erscheinungskörper‹ menschliche Gestalt an, um sein Erlösungswerk fortzusetzen. So wird der Dalai Lama, der ozeanweise Lehrer, in Tibet denn auch als *kundun* (›Gegenwart‹) bezeichnet, als konkrete Erdengegenwart eines Bodhisattva nämlich. In seinem Fall ist es Avalokiteshvara, der Bodhisattva des Mitleids und Schutzpatron Tibets, den man in steter, nun also 14. Wiederverkörperung wirken sieht. Doch soll nach einer alten Prophezeiung, auf deren Aussage sich auch der heutige Dalai Lama bezogen hat, mit seinem eigenen Ableben die Kette der Tulku-Wiedergeburten abreißen.

Avalokiteshvara (›Mitleidvoll Herabsehender‹) ist im Mahayana der wirkkräftigste Bodhisattva; außer Menschen hilft er Göttern, Tieren und Höllenbewohnern. Als Personifikation des allumfassenden Mitleids wird er elfköpfig dargestellt: Da sein Kopf beim Anblick der Leidenswelt zersprang, formte Amitabha (vgl. S. 73) neun friedvolle Gesichter, darüber erscheint ein zorniges, das Dämonen abwehrt, und schließlich das Amitabhas. Vergoldete Bronze, Sikkim, 19. Jahrhundert

Thangkas

Tibetische Laienkünstler in Dharamsala, Nordindien, beim Malen von Thangkas

Zu den buddhistischen Bildwerken, die im Westen besondere Beliebtheit erlangten, zählen die noch heute in Tibet und der Himalaya-Region gefertigten Thangkas. Hier handelt es sich entweder um Darstellungen von Mandalas (vgl. S. 104f.) oder um Einzelfiguren oder Gruppen, deren Komposition häufig auf einem Mandala beruht. Die tragbaren Bildrollen können zwar auf Pilgerreisen mitgeführt und zur Andacht überall ausgebreitet werden, dienen jedoch hauptsächlich zur Ausschmückung von Klosterhallen, gelegentlich neben, häufiger aber anstelle von Wandmalereien. Die Vorliebe für strahlende Farben erklärt sich teils daraus, daß die Bilder in den dunklen Räumen gleichsam aus sich selbst heraus leuchten mußten, entspricht aber auch dem klaren Licht Tibets und steht zugleich in Zusammenhang mit der buddhistischen Farbsymbolik.

Zur Farbgewinnung wurden früher ausschließlich mineralische (Zinnober, Mennige, Arsensulfid, Kupferkarbonat) und pflanzliche Stoffe (Indigo, Lackharz, Holzkohle, Leim) verwendet. Das Herstellungsverfahren war sehr aufwendig, vor allem bei den beliebten Goldtönen, und basierte auf einem umfangreichen Fachwissen, das die Künstler geheim hielten. Die Farben waren entsprechend teuer, und da sie wegen ihrer Wasserlöslichkeit auch recht anfällig waren, wurden sie mehr und mehr durch die obendrein leuchtkräftigeren synthetischen Produkte ersetzt. Mit Anilinfarben gemalte Thangkas sind heute weitaus bekannter als die alten Rollbilder mit ihren warmen Farben, nicht zuletzt

Thangkas

durch ihre Verbreitung auf dem Souvenirmarkt.

Bei der traditionellen Fertigung wurde zunächst grobe Baumwolle (seltener: Leinen, Seide oder Leder) mit einem Gemisch aus Kreide und Leim grundiert und dann zum Bemalen auf einen Holzrahmen gespannt. Der Vorzeichner trug nun ein Liniengerüst auf, das es ermöglichte, der Hauptfigur die idealen, kultisch wirksamen Proportionen zu verleihen. Im nächsten Schritt füllte ein Maler – er war nicht unbedingt identisch mit dem Zeichner – die Flächen grundierend und schattierend farbig aus und überließ es schließlich dem Zeichner, den Landschaften und Figuren letzte Umrißlinien zu geben. Mit dem Einfügen der Augen, dem wohl schwierigsten Part, der dem spirituellen Meister vorbehalten blieb, war die Arbeit am eigentlichen Bild abgeschlossen, das erst durch dieses ›Augenöffnen‹ zum Weihebild wurde.

Ein weiterer Künstler hatte nun die Aufgabe, das Bild einzufassen. Zunächst wurde ein gelber, dann ein roter Rand aus Seide angefügt, der die vom Gemälde ausgehende Kraft symbolisiert. Der Thangka wurde dann mit einer Borte aus mehrfarbig gemusterter Seide umnäht, sie erhielt oben eine Leiste zum Aufhängen, unten einen Stab zum Aufrollen bzw. zum Beschweren des ausgerollten Bildes. Eine sogenannte ›Tür‹ aus gemustertem Goldbrokat oder aus Seide, deren Sinngehalt letztlich unklar ist, wurde am unteren Saum angebracht und kennzeichnet die authentischen Thangkas. Diese besitzen außerdem auf der Rückseite mehrere Aufschriften, etwa die Beschreibung der abgebildeten Figur, eine Anweisung, an welcher Stelle im Kloster der Thangka zu plazieren ist, eine Widmung des Stifters, eine magische Formel und ein Klostersiegel. In seltenen Fällen findet sich dort auch der Handabdruck des Lama, der die rituelle Einweihung des Bildes vollzogen hat. Erst mit der Weihe wurde der Thangka zum Kultbild.

Thangka mit Dakinis. Tibet, 19. Jahrhundert. Dakinis oder ›Himmelswandlerinnen‹, wie man sie in Tibet nennt, sind als Botinnen der Erlösung unterwegs. Ausgestattet mit übernatürlichen Kräften, weisen sie den Heilssucher, insbesondere den Yogin, in verborgenes mystisches Wissen ein, wobei ihr häufig schreckenerregendes Äußeres den Dämonen wehren soll. In der Meditation über diesen Thangka, der sieben in Flammenaureolen tanzende Dakinis zeigt, soll der Gläubige von der spirituellen Hilfe der Himmelswandlerinnen profitieren

Der Buddhismus in Ostasien
Verbreitung von Indien aus

Der Buddhismus in Zentral- und Ostasien

551–479 (?) v. u. Z.
Konfuzius

um 300
Lao-tse

1. Jahrhundert
Kushanas in Indien übermitteln die buddhistische Lehre nach Zentralasien

ca. 50 u. Z.
Buddhismus in China

ab 2. Jahrhundert
Buddhismus in Zentralasien; wichtige Texte ins Chinesische übersetzt

220
Untergang des Han-Reiches in China

224
Aufstieg der Sassaniden (Iran) behindert Handel zwischen Indien und dem Westen, Verlagerung nach Ost- und Südostasien

ab 3. Jahrhundert
Fremdherrscher im Norden Chinas, sie entdecken den Buddhismus als willkommene Religion zur Abgrenzung gegen China

372–528
Buddhismus von den koreanischen Reichen Paekche, Koguryo und Silla angenommen

4. Jahrhundert
Buddhismus im Norden Chinas Hofreligion unter der Wei-Dynastie (386–535), dann in Südchina und Funan anerkannt

399–414
Faxian bereist Indien

445/446
Buddhisten-Verfolgung in Nordchina

475–530 (?)
Bodhidharma, Gründer der Chan-Schule

552 (538?)
Buddhistische Lehre gelangt nach Japan

Die indische Mission

Berichte über die Mission Mahindas auf die Insel Lanka (vgl. S. 56) sind ein Indiz dafür, daß die buddhistische Lehre spätestens im 3. Jahrhundert v. u. Z. über die Grenzen des heutigen Indien hinausgetragen wurde. Klarere Belege für diesen zeitlichen Ansatz liefern die Felsedikte des Kaisers Ashoka an mehreren Fundstätten in Pakistan und Afghanistan. In beiden Ländern entstanden bald darauf bedeutende buddhistische Zentren, nämlich Gandhara und Bamiyan. Sie liegen am Fuß der jahrtausendealten Paßstraßen über das ›Dach der Welt‹.

Die buddhistische Mission nach Südostasien ging dagegen von den Küsten im Osten und Süden Indiens aus. Handelsschiffe brachen wohl schon um die Zeitenwende von Kalinga (Orissa) und Andhra auf, doch allem Anschein nach wurden in dieser frühen Zeit noch keine Kenntnisse von der buddhistischen Lehre vermittelt. Die Verbreitung indischer Kultur bereitete aber den Nährboden für die Aufnahme des Buddhismus.

Im 5. Jahrhundert u. Z. tauchen Buddha-Bildnisse auf den Inseln Indonesiens auf, und es liegen nun auch Zeugnisse für die Verbreitung des Hinayana in Burma vor. Während der spätere Aufschwung des Buddhismus in Hinterindien eher von den Interessen der eingewanderten Thai-Völker bestimmt war, erhielt Indonesien noch jahrhundertelang direkte Inspiration aus der Heimat Buddhas. Im 7. Jahrhundert sind hier sowohl Hinayana als auch Mahayana schriftlich bezeugt, später auch, vor allem auf Sumatra, das Tantra. Wichtige Impulse lieferte das Klo-

Bronzeskulptur des Akshobhya, gefertigt im nordindischen Bihar, gefunden auf Java, Indonesien. Bronze, 8./10. Jahrhundert

Ausbreitung nach Osten, nicht nach Westen — Der Buddhismus in Ostasien

ster Nalanda im indischen Bihar (vgl. Abb. S. 79), denn das dort regierende Königshaus der Pala-Dynastie (770–1095) betrieb regen Seehandel mit der indonesischen Inselwelt. Allerdings war es eher die Oberschicht Javas, die vom Buddhismus geprägt war; im Volk florierten Ahnenkult und Shivaismus. Als mit dem Untergang der Palas die Kontakte abrissen, wurde Indonesien religiös von hinduistisch-buddhistisch-animistischen, kurzum: synkretistischen Lehren bestimmt, die ab dem 14. Jahrhundert durch den Islam verdrängt wurden. Insgesamt scheint die Mission nach Südostasien kaum Einfluß auf den Fernen Osten genommen zu haben; es gibt sogar, von Vietnam abgesehen, keine geographischen Berührungspunkte der beiden großen Entwicklungslinien des Buddhismus.

Die Weichen für die Ausbreitung der Lehre nach Norden wurden um die Zeitenwende im Reich der Kushanas gestellt, deren Einfluß nicht nur den Norden Indiens und Teile Afghanistans, sondern auch Gebiete jenseits des Karakorum-Gebirges erfaßte (vgl. S. 158). Innerhalb dieser weiten Grenzen war ein vielfältiger Kulturaustausch möglich, Manichäismus und nestorianisches Christentum entwickelten sich neben dem Buddhismus, der in Zentralasien sowohl in der Form des Hinayana als auch des Mahayana bekannt wurde. Das Mahayana bewies allerdings das größere Durchsetzungsvermögen.

Die großen Handelsstraßen, die Gandhara und Afghanistan durchzogen, hätten an sich auch eine Ausbreitung des Buddhismus nach Westen ermöglicht, doch setzte der Aufstieg der nationalistischen, allem Fremden gegenüber skeptisch eingestellten Sassaniden (3.–7. Jahrhundert) im Iran dem jahrhundertealten transkontinentalen Austausch zwischen Ost und West ein Ende. Um so dynamischer entwickelte sich der Handel über die Gebirgspässe nach Turkestan. Die Oasen entlang der Routen avancierten aus bloßen Umschlag- und Versorgungsplätzen zu prunkvoll ausgestatteten Kulturzentren. Hier entstanden über Jahrhunderte bedeutende buddhistische Höhlen-

Buddha unter dem Bo-Baum (vgl. Abb. S. 17), darüber ein Stupa. Felspunzierung nahe dem heutigen Thalpan Bridge, Nordpakistan, an einer Karawanenroute nach China. 6./7. Jahrhundert

573
Buddhisten-Verfolgung in China
581–618
Nord- und Süd-China unter Sui-Dynastie vereint
ab 6. Jahrhundert
In China eigene Schulen
604
Buddhismus in japanischer Verfassung
618–906
Tang-Dynastie, Blüte der buddhistischen Kunst
629–645
Der chinesische Mönch Xuan-zang in Indien
7. Jahrhundert
Erste buddhistische Mission nach Tibet
668–935
Silla bringt die beiden anderen koreanischen Reiche unter seine Kon-

129

Der Buddhismus in Ostasien
Einzug des Buddhismus in China

trolle, Hochkultur des Reiches Groß-Silla
751
Araber besiegen Chinesen in West-Turkestan, Beginn der Islamisierung Zentralasiens
um 775
Erstes buddhistisches Kloster in Tibet
794–1185
Heian-Zeit in Japan
8. Jahrhundert
Tantrismus nach Nepal, über Tibet nach China; in Japan Ausbildung mehrerer Schulen nach chinesischem Vorbild
804
Die japanischen Mönche Saicho und Kukai führen die Tendai- und die Shingon-Schule in Japan ein
Mitte 9. Jahrhundert
Buddhisten-Verfolgung in Tibet
843–845
Buddhisten-Verfolgung in China, Vernichtung der meisten buddhistischen Kulturdenkmäler, in dieser Zeit Besuch des japanischen Mönchs Ennin
935–1392
Koryo-Zeit in Korea, Hochblüte des Buddhismus
10. Jahrhundert
Ost-Turkestan islamisch
11. Jahrhundert
›Zweite Ausbreitung‹ des Buddhismus in Tibet; Übersetzung der indischen Texte
1039
Mönch Atisha als Missionar nach Tibet
1097
Chan-Buddhismus in Korea
1185–1333
Kamakura-Zeit in Japan, es entsteht eine Vielzahl buddhistischer Schulen

Sogdische Stifter bringen dem Buddha Gaben dar. Umzeichnung einer Wandmalerei aus Bäzäklik an der Seidenstraße

denkmäler mit erlesenen Wandmalereien. Vorbild für das Kunstschaffen waren Gemälde und Kleinplastiken, die Mönche aus Indien in ihrem Gepäck mitführten. Die Missionare brachten aber vor allem auch ihre heiligen Schriften mit, die an den neuen Stätten der Gelehrsamkeit in alle damals gebräuchlichen Sprachen der Region übersetzt wurden.

So gelangte der Buddhismus schließlich auch zu den östlichen Endpunkten der Handelsstraßen, also nach China. Die Buddhisten Chinas führen den Kontakt mit der neuen Religion allerdings auf einen ihrer Kaiser zurück. Um das Jahr 65 soll dieser Herrscher in einem Traum die Weisung erhalten haben, buddhistische Missionare aus Zentralasien in seine Hauptstadt Luoyang zu holen. Die Legende ist eine Fiktion späterer Generationen, die Datierung aber dürfte in etwa korrekt sein: Im China der Späteren Han-Zeit (9–220) besaß man Kenntnis von den buddhistischen Stätten

Schreiber in Grotten Zentralasiens. Ausschnitt einer Wandmalerei aus Kara Shahr, ca. 6. Jahrhundert

Missionare und Reisende — Der Buddhismus in Ostasien

Händler an der Seidenstraße. Chinesische Glasurplastik der Tang-Zeit (608–918)

in Zentralasien und empfing auch erste Missionare aus Indien, ohne ihnen freilich noch große Beachtung zu schenken. Allerdings wurden schon bald buddhistische Texte ins Chinesische übersetzt, wenngleich nicht wortgetreu. Dies lag zum einen an den Lesegewohnheiten, welche die Übersetzer auf Stilmittel der heimischen Literatur zurückgreifen ließen, zum anderen schlicht daran, daß viele abstrakte Begriffe der buddhistischen Lehre im Chinesischen keine Entsprechung hatten. Ein eigenes Vokabular mußte entwickelt werden, teils nahm man aber auch daoistische Termini (s. u.) auf.

Im 4. und 5. Jahrhundert machten sich namhafte indische Missionare auf den Weg nach China, unter ihnen Kumarajiva (344–413), der Texte des Mahayana, darunter das für Ostasien so wichtige Lotos-Sutra, neu und authentisch übersetzte. Zugleich brachen chinesische Pilger auf – als bekannteste Faxian (reiste 399–414), Xuan-zang (629–645) und I-ching (671–695) –, um die Wirkungsstätten Buddhas persönlich zu sehen und in der Heimat des Meisters die Lehre zu studieren. Nach ihrer Rückkehr machten sie sich als Kommentatoren verdient und stärkten mit ihrem fundierten Wissen die heimischen Schulen des Buddhismus, die ihrerseits Korea und Japan beeinflußten.

Mit dem Vormarsch des Islam endete die Ära des Handels zwischen Indien und seinen asiatischen

1191
Chan gelangt nach Japan, dort Zen genannt
12./13. Jahrhundert
Japan: Amida-Kult populär
1206–1236
Mongoleneinfälle in Korea
ca. 1215–1220
Mongolen erobern Ost-Turkestan und Norden Chinas
1222–1282
Nichiren Daishonin in Japan
1279–1368
Mongolen beherrschen das gesamte China
13. Jahrhundert
Tibetische Sakya-pa übernimmt die Führung Tibets unter mongolischer Oberherrschaft
1357–1419
Tsongkhapa, Gründer der tibetischen Gelug-pa
1368–1644
Ming-Dynastie in China, schwere Repressalien gegen Daoisten und Buddhisten
1392
Aufstieg der Yi-Dynastie in Korea, Wechsel zum Konfuzianismus
1576
Mongolen zum Lamaismus bekehrt, sie verleihen im Gegenzug dem Führer des Gelug-Ordens den Titel ›Dalai Lama‹
ab 1603
Tokugawa-Shogunat in Japan, Gründung neuer buddhistischer Schulen nur noch mit staatlicher Erlaubnis
1644–1911
Qing-Dynastie in China, Repressalien gegen Buddhisten noch verschärft
1720
Chinesen besetzen Tibet

Der Buddhismus in Ostasien — Diesseitsbezug im Reich der Mitte

1769
Japan shintoistisch, Buddhisten-Verfolgung; Nepal hinduistisch
1853
Amerikanische Flotte erzwingt Öffnung des hermetisch abgeschlossenen Japan
1868
Sturz des Tokugawa-Shogunats in Japan, der wiedereingesetzte Kaiser macht Shinto zur Staatsreligion, Buddhisten-Verfolgung
1875
In Japan Religionsfreiheit
1912/1913
Tibet unabhängig von China; Konferenz von Simla
1921
Kommunistische Revolution in der Mongolei, Buddhisten-Verfolgung
1950/1951
Tibet von China besetzt; Beginn der Sinisierung Tibets
1951
Freewood Acres, NJ, USA, Gründung einer ersten Gemeinde der Gelug-pa
1959
14. Dalai Lama flieht nach Indien
1966/1967
Zahlreiche tibetische Klöster während der chinesischen Kulturrevolution zerstört, Mönche in den Laienstand versetzt
1987
In Tibet friedlich demonstrierende Mönche von chinesischen Truppen angegriffen, nach einer Phase der Lockerung erneut Repressalien gegen den Lamaismus

In Dunhuang, dem nordwestchinesischen Endpunkt der zentralasiatischen Seidenstraße, bieten die berühmten Mogao-Grotten ein unvergleichliches Ensemble buddhistischer Malerei und Skulptur

Nachbarn. Auch der fromme Pilgerstrom aus China riß in dem Maße ab, wie der Buddhismus in seinem Heimatland an Bedeutung verlor.

Buddhistische Synthesen mit den Religionen Chinas

Die Begegnung mit China stellte für den Buddhismus die wohl größte Bewährungsprobe in seiner Geschichte dar, denn hier traf die Lehre zum ersten Mal auf eine ihr spirituell ebenbürtige Hochkultur. So dauerte es Jahrhunderte, ehe der Buddhismus im Reich der Mitte Verbreitung fand. Die Chinesen vermochten dem fremden Erlösungsweg anfangs wenig abzugewinnen. Betrachtete Indien das Weltgeschehen als einen ewigen, leidvollen Kreislauf, so war China traditionell ganz auf das Diesseits bezogen, legte Wert auf exakte Geschichtsschreibung und zeigte sich einem linearen historischen Denken verpflichtet, dem alle Vorstellungen von einer Erlösung aus zyklischen Abläufen fern lag.

So erklären sich auch die meisten Einwände, die in China jahrhundertelang gegen den Buddhismus vorgebracht wurden. Die buddhistischen Mönche leisteten für das Wohlergehen des Staates keine erkennbaren Dienste, sie rangen sich nicht einmal zu produktiver Arbeit durch und bezogen politisch keine klare Stellung. Also galten sie als gefährlich wankelmütig.

Chinesische Religionen — Der Buddhismus in Ostasien

Vor allem aber verweigerten sie sich dem in China so bedeutenden, mit dem vorherrschenden Geschichtsbewußtsein eng verknüpften Ahnenkult, von dessen Pflege – vermeintlich – die Geschicke der Allgemeinheit abhing.

Im Alten China glaubte man an den Dualismus eines weiblichen (*yin*) und eines männlichen (*yang*) Prinzips, der in jedem makro- und mikrokosmischen Prozeß wirke. Die Einheit der beiden bilde das *dao* (auch *tao*; ›Weg‹, ›Lehre‹), eine allumfassende Ordnung. Stets ging es im vorbuddhistischen China um die Vereinigung von Polaritäten im Sinne des höchsten Dao, um Ausgleich zwischen Widerstrebendem, Gegensätzlichem im Sinne eines letzten Monismus. Als besonders erstrebenswert galt es, das Dao des Menschen mit dem des Himmels in Einklang zu bringen. Dies erwartete man von einem tugendhaften Kaiser, der als Vermittler zwischen Diesseits und Jenseits, Himmel und Erde angesehen wurde. In dieser Vorstellungswelt bestimmte pietätvolles Handeln, die Ehrfurcht vor dem Ranghöheren und dem Älteren, das Sozialwesen und die Haltung gegenüber den Ahnen. Selbstverständlich brachte ein solches Gefüge einen ausgeprägten Ritualismus hervor. Daß die kultischen Handlungen auch Tier- und sogar Menschenopfer umfaßten, stand im denkbar größten Kontrast zum Buddhismus.

Der Daoismus weist etliche, teils aber nur scheinbare Parallelen zum Buddhismus auf, etwa die Tendenz zu Meditationsübungen und -techniken (Atemregulierung) oder die Betonung der Stille als Medium des Dao. Eben auf Grund dieser Parallelen konnten Begriffe der daoistischen Lehre für die Übersetzung buddhistischer Texte verwendet werden. Diese Oberflächennähe half dem Buddhismus in China über seine Anfangsschwierigkeiten

Der Daoismus sieht im Yin-Yang ein universales Grundmuster, das im Makro- wie im Mikrokosmos wirkt

Chinesischer Hausaltar. Buddha Amitabha beherrscht zurückgesetzt die vielfigurige Komposition. Feuervergoldete Bronze, datiert 584

Der Buddhismus in Ostasien
Daoismus und Konfuzianismus

Daoismus: Über Lao-tse, den Gründer des Daoismus, ist nur wenig bekannt. Während man ihn früher für einen Zeitgenossen des Konfuzius hielt, geht man heute eher von Lebensdaten um 300 v. u. Z. aus. Seine Geburtslegende, die eventuell aus Indien übernommen wurde, ähnelt der des Buddha, so daß die beiden Gestalten in China oft gleichgesetzt wurden. Lao-tse war ein Mann des Südens, ein Mystiker eher, der in Opposition zu dem im Norden beheimateten Moralisten und Rationalisten Konfuzius stand. Dao, das höchste Ziel, erklärte er als eine mystische Größe und nicht, wie Konfuzius, als eine Willensoffenbarung des Himmels. Die letzte Realität ist für Lao-tse intellektuell nicht erfaßbar, sondern nur persönlich erlebbar. Das Einfügen in diese Ordnung ist *de*. Es beinhaltet vor allem ein einfaches Leben im Einklang mit der Natur und wendet sich damit gegen den in der alten Reichslehre zum himmlischen Willen erklärten Staatsapparat. Statt um Sittlichkeit und Pflicht bemüht zu sein, solle man *wuwei* (›Nichthandeln‹) üben, das bedeutet, nichts wider die Natur tun.

Daoistische Schriftmagie: Links ein körperschützendes Zeichen, hervorgegangen aus dem Ideogramm für ›Leben‹ …

… rechts ein Zauberzeichen, das dem Schwarzen Tiger der Berge und dem Schwarzen Nebel wehren soll

Konfuzianismus: Auf Konfuzius (551–479 v. u. Z.) zurückgehende Lehre, die vom Menschen ein dem Dao gemäßes Verhalten sowie Pietät gegenüber dem Älteren und dem Ranghöheren fordert. Als Ideal steht der edle Mensch, der Tugend und Bildung besitzt. Der Konfuzianismus erlebte seinen Durchbruch in der Han-Zeit (ab 206 v. u. Z.), als man auch damit begann, die Person des Konfuzius zu verehren. Kultobjekt war zunächst eine Ahnentafel des Meisters, später, etwa ab dem 13. Jahrhundert, sein Bildnis, das nach der Vorlage des Buddha gestaltet wurde. Dieser Umstand sorgte im Westen für einige Verwirrung, so daß die an sich sehr unterschiedlichen Lehren des Konfuzianismus und des Buddhismus gelegentlich miteinander verwechselt wurden. 1906 erhob man in China Konfuzius offiziell in den Rang einer obersten Gottheit.

Auseinandersetzungen zwischen den Lehren

Der Buddhismus in Ostasien

hinweg, erwies sich für eine profunde Rezeption aber als hinderlich. So wollten die Daoisten, zunehmend von magischem und alchimistischem Denken beseelt, im Buddhismus etwa eine revolutionäre Methode der Lebensverlängerung erkennen.

Dem Spannungsfeld zwischen Mißachtung und Mißverständnis entrann die buddhistische Lehre erst mit gewissen politischen Veränderungen am Ende der Han-Zeit (202 v. u. Z.–220 u. Z.), als Nomadenvölker den Norden Chinas überrannten und im Buddhismus eine spirituelle Hilfsmacht gegen die bisweilen überheblich auftretende chinesische Kultur, gegen Daoismus und Konfuzianismus suchten und fanden. Unter der Wei-Dynastie (386–535) erlangte der Buddhismus erstmals in China überragende Bedeutung. Im Süden des Landes, den die ›Barbaren‹ des Nordens nicht erreicht hatten, erwachte unterdessen das Interesse an den philosophischen und metaphysischen Aspekten der fremden Lehre, und bald verstand man, daß sich hier neue spirituelle Perspektiven und Dimensionen eröffneten.

Diese Entwicklung zerstörte die ehemalige Eintracht zwischen Buddhisten und Daoisten. Noch stärker war das Verhältnis zum Konfuzianismus belastet. 445/446 initiierte ein konfuzianischer Minister im Norden die erste Buddhisten-Verfolgung in China. Wenige Jahrzehnte später eskalierten die Auseinandersetzungen abermals, als ein Kaiser des Südens den Buddhismus zur Staatsreligion erhob und daoistische Klöster und

Farbig gefaßte daoistische Stele, die den vergöttlichten Lao-tse darstellt, aber verschiedene Eigenarten der buddhistischen Kunst (Lotossitz, Lotosnimbus) in ihrer Ikonographie aufgenommen hat. Chinesische Steinskulptur, datiert 583

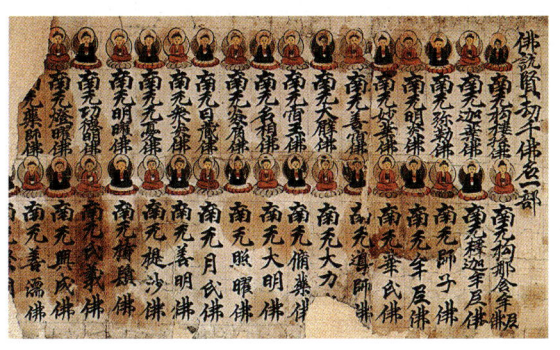

Frühes chinesisch-buddhistisches Manuskript. Jede der senkrechten Zeilen wird durch zwei Buddha-Darstellungen illuminiert

Der Buddhismus in Ostasien
Gründung eigener chinesischer Schulen

Tempel zwangsweise schloß. Im Volk trugen diese Wirren zu einer gewissen Orientierungslosigkeit und zur Ablehnung des am Hof gepflegten Buddhismus bei. Jedenfalls wurde die Lehre reduziert auf einen naiven Glauben an den Erlöser Maitreya und mischte sich mit Elementen von Ahnenkult und Schwarzer Magie.

Durch den Kontakt, den zunächst der Norden und seit der Tang-Zeit (618–906) das gesamte China mit Zentralasien und Indien pflegte, gelangten immer mehr buddhistische Texte ins Land. Es entstanden heimische Schulen, die weitgehend indischen Vorbildern folgten oder eine der indischen Schriften zum Kern ihrer Doktrin erhoben. Die Lüzong-Schule etwa sah ihre höchste Aufgabe in der strikten Einhaltung der alten Mönchsregeln, während die von Xuan-zang begründete Wei-chi-Schule sich mit eher philosophischem Anspruch dem indischen Yogacara anlehnte. Neben dem Chan-Buddhismus, der gesondert betrachtet werden soll (vgl. S. 145ff.), sind noch zwei weitere Schulen, Tientai und Jingtu, von Bedeutung. Für beide stand das Seelenheil der Mönche hinter dem Wohl der Allgemeinheit zurück. Das Tientai berief sich auf das schon erwähnte Lotos-Sutra und versprach in diesem Sinne allen Menschen Erlösung; in jedem einzelnen sei eine Buddha-Natur verborgen, die man nur fördern müsse. Zwischen Diesseits und Jenseits, Realität und mystischen Vorstellungen sah das Tientai keinerlei Widerspruch, vielmehr eine vollkommene Einheit, deren heilsame Kraft man durch Meditation erfahren könne.

Das Jingtu, die ›Schule des Reinen Landes‹, hat in China von allen genannten Richtungen die wohl ältesten Wurzeln. Das ›Reine Land‹ ist das Westliche Paradies des Buddha Amitabha (vgl. Abb. S. 73), dessen Kult sich in Indien nie recht durchgesetzt hat. Die Schule wurde schon um 350 gegründet. Etwa 300 Jahre später waren Amitabha (in China: Omitofo) und der ihn begleitende Bodhisattva Avalokiteshvara (als Kwanyin in China eine weibliche Gestalt) an die Spitze aller Gnadenbringer gerückt. Die Aussicht auf ein Paradies fand deutlich

Chinesische Votivtafel. Im Bildzentrum eine dreistöckige Pagode, chinesische Form des Stupa, mit darin sitzenden Buddha-Gestalten. Die Szene verweist auf den elften Abschnitt des Lotos-Sutra, wonach dem historischen Buddha bei seiner letzten Predigt ein Stupa mit einem seiner legendären Vorgänger im Innern erschienen sein soll, neben dem Buddha schließlich im untersten Stockwerk Platz nahm. Tontafel aus der Nähe von Xian, datiert 650 oder 656

Die Entmachtung der Buddhisten — Der Buddhismus in Ostasien

mehr Anklang als das abstrakte Konzept von einem Nirvana. Hinzu kam, daß zur Erlangung des Heilsweges eine simple Praxis empfohlen wurde, die auf die Fehldeutung eines Begriffs bei der Übersetzung eines Sutra zurückzugehen scheint: Um Gnade bei Omitofo zu finden, genüge es, seinen Namen anzurufen.

751 erlitt das mächtige China am Fluß Talas eine ernste Niederlage. Islamische Heere waren bis West-Turkestan vorgedrungen, sie besiegten dort die Truppen der Tang-Dynastie und leiteten das Ende des Buddhismus in Zentralasien ein. China isolierte sich und wandte sich im Zuge der Rückbesinnung auf die eigene Kultur wieder Daoismus und Konfuzianismus zu. Vorerst blieb der chinesische Buddhismus davon unberührt. Die Mönche hatten Macht und Reichtum angehäuft, sie verfügten über Klostersklaven, besaßen große Ländereien und fungierten sogar als Bankiers. Solche Auswüchse buddhistischer Klosterselbständigkeit lieferten konfuzianischen Beamten im 9. Jahrhundert das willkommene Argument, um den Kaiser auf ihre Seite zu ziehen. So kam es in den Jahren 843–845 zu einer großen Buddhisten-Verfolgung, bei der Klöster enteignet, ein Großteil der Mönche und Nonnen in den Laienstand zurückversetzt und fast 45 000 buddhistische Bauwerke zerstört wurden.

Obwohl der Staat später wieder eine gemäßigte Haltung einnahm, hat sich der Buddhismus in China nie mehr von diesem Schlag erholt. Der Konfuzianismus, der inzwischen buddhistische Einflüsse aufgenommen hatte, gewann definitiv die Oberhand. Das Interesse an der buddhisti-

Bodhisattva-Kopf aus weißem Marmor im chinesischen Stil der Tang-Zeit. Gefunden bei Xian, datiert um 760

Konfuzius und Lao-tse beschützen den Knaben Siddharta. Chinesische Seidenmalerei, 14. Jahrhundert, eine Allegorie des erstrebten friedlichen Miteinanders der chinesischen Religionen

Der Buddhismus in Ostasien
Buddhistischer Überlebenskampf

schen Philosophie sank, und es mangelte auch an Geldgebern. Die Dynastien der Ming (1368–1644) und Qing (1644–1911) übten schließlich massive Repressalien gegen den Buddhismus wie auch den Daoismus aus. Ihr ordnungsstaatliches Denken ließ nur noch einen geduckten, willfährigen Konfuzianismus zu.

Als Reaktion auf die Bedrängung Chinas durch europäische Mächte kam es im frühen 20. Jahrhundert zu einer kurzen, eher schwachen Renaissance der Lehre; die Übernahme des Landes durch die Kommunisten ließ dem Buddhismus dann kaum noch Freiraum. Während der Kulturrevolution (ab 1966) wurden zahlreiche buddhistische Stätten systematisch zerstört. So überlebte lediglich ein auf Volksebene angesiedelter Synkretismus, der die Gestalten des buddhistischen Pantheons als Glücksbringer deutet und die Mönche als (bezahlte) Priester bei Totenmessen wie auch als Schicksalsdeuter in Anspruch nimmt.

Über Korea nach Japan

Als sich der Buddhismus in China durchzusetzen begann, stand Korea noch auf neolithischer Kulturstufe. Das Land war geteilt in die Reiche Paekche, Koguryo und Silla; hinzu kam – als Eingangstor fremder Einflüsse – eine chinesische Provinz im Norden. Zwischen 372 und 528 nahmen die drei koreanischen Reiche, in denen bis dahin Geister- und Ahnenkulte verbreitet waren, den Buddhismus nach dem Vorbild der in China

Mönche im Jadetempel von Shanghai. Auch unter dem chinesischen Kommunismus leben die buddhistischen Traditionen in bescheidener Weise fort

Diese Darstellung des Dharma (vgl. auch Abb. S. 41), ein Werk des großen koreanischen Malers Kim Myong-guk, der angeblich nur im Weinrausch malte, beeindruckt durch die spontane Leichtigkeit der Linienführung. Tusche auf Papier, 17. Jahrhundert

›Übergangsland‹ Korea — Der Buddhismus in Ostasien

ausgebildeten Schulen an. Ihre Blüte erlebte die Lehre, namentlich der Chan-Buddhismus (vgl. S. 148f.), zur Koryo-Zeit (935–1392), in der Korea zu einem Einheitsstaat zusammengeschlossen wurde. Doch gingen im 13. Jahrhundert, als die Mongolen das Land eroberten, die meisten buddhistischen Klöster und Tempel der ersten Phase unter.

Mit dem Aufstieg der Yi-Dynastie ab 1392 folgte Korea abermals der Entwicklung in China und wandte sich dem Konfuzianismus zu. Zwar bekennt sich auch heute noch ein Teil der koreanischen Bevölkerung zum Buddhismus, doch handelt es sich um eine volkstümliche, von Ahnenkulten geprägte Form der Lehre, die wenig Dynamik entwickelt. Eine Ausnahme bildet einzig der karitativ tätige Won-Buddhismus (*won* = ›Kreis‹; Symbol ist ein schwarzer Kreis auf weißem Grund), der Anfang des 20. Jahrhunderts aufkam, in Korea eine größere Anhängerschaft fand, jedoch international ohne Ausstrahlung blieb.

So ist die Bedeutung Koreas für die Geschichte des Buddhismus eher die eines Vermittlers: Von hier ging die Mission nach Japan aus. 552 begaben sich Mönche aus Paekche auf den Weg, um dem Inselreich Kenntnisse von der neuen Lehre zu vermitteln. Die kulturelle Situation Japans ähnelte damals der im Korea des 4. Jahrhunderts, nur hatte das Land, bedingt durch die Insellage, bis dahin noch kaum fremde Einflüsse aufgenommen. Die Kulte um lokale Ahnengottheiten (*kami*), aus denen schließlich das Shinto hervorging, zeigten feste Konturen.

Zunächst freilich waren den führenden Schichten die mit dem Buddhismus verbundenen kulturellen Errungenschaften willkommen. Prinz Shotoku (574–622) nahm die Lehre sogar in die Verfassung auf. Kurz darauf, im Jahre 607, schickte Japan eine erste Gesandtschaft an den chinesischen Hof. Daraus entwickelte sich ein Brauch, der bis 838 fortgesetzt wurde. Er gewährleistete, daß in dieser kulturell so bedeutsamen Epoche regelmäßig buddhistische Mönche und Künstler zwischen beiden Ländern wechselten.

Shinto: Sammelbegriff zur Unterscheidung der in Japan heimischen Glaubensvorstellungen vom Buddhismus. Die Kulte basieren letztlich alle auf der Naturverehrung, so daß im Shinto oft Berge, Bäume etc. als heilige Stätten gelten. Eine wohl spätere Entwicklung ist die Erweiterung um den in Ostasien weitverbreiteten Ahnenkult. In dem Zusammenhang wurden schon in vorbuddhistischer Zeit Schreine gebaut, in denen die jeweiligen Dorfgemeinschaften ihre Gottheiten (*kami*) verehrten.

Nach Auffassung des Shinto verdankt die Welt ihr Entstehen den Stammeltern Izanagi und Izanami, von denen auch die Götter gezeugt wurden. Auf den Enkel des Sonnengottes Amaterasu soll die Gründung des japanischen Reiches zurückgehen. Der erste *tenno* (Kaiser) Japans wird ebenfalls in direkter Linie auf Amaterasu zurückgeführt, es besteht also im Shinto keinerlei Widerspruch zwischen Diesseits und Jenseits.

Der Buddhismus in Ostasien
Anfänge des Buddhismus in Japan

Mönch der Kegon-Sekte, im Baumgeäst meditierend, wie es der naturnahen Praxis der Kamakura-Zeit (1185–1333) entsprach. Japanisches Rollbild, 14. Jahrhundert

Während der Nara-Zeit (710–784) bildeten sich aufgrund dieses Austauschs sechs buddhistische Schulen heraus: Hosso, ein Ableger des chinesischen Weichi; Ritsu, eine japanische Dependance des Lüzong; Kusha, angelehnt an die indische Yogacara-Lehre (vgl. S. 81); Sanron, eine Madhyamika-Schule (vgl. S. 77f.); Jojitsu, das der Hinayana-Richtung der Sautantrikas folgte; Kegon, welche die Verehrung des Buddha Vairocana mit der shintoistischen Idee eines göttlich inspirierten Kaisers an der Spitze des zentralistisch regierten Staates verband. In allen Fällen waren es indes eher Teile oder Aspekte der jeweiligen chinesischen bzw. indischen Lehre, die bei der Bevölkerung Japans besonderen Anklang fanden, insonderheit die Anweisungen zu Meditation, Magie, Askese und Barmherzigkeit.

Japanische Schreiber beim Kopieren buddhistischer Texte. Die Mundbinden sollen die alten Texte vor Atemschaden schützen. Nachzeichnung eines Ausschnitts aus einem japanischen Rollbild des 14. oder 15. Jahrhunderts

Ende des 8. Jahrhunderts hatten die Mönche dieser allesamt in Nara angesiedelten Schulen so sehr an politischer Bedeutung gewonnen, daß der Kaiser beschloß, die Hauptstadt nach Nagaoka und 794 nach Heian (heute: Kyoto) zu verlegen. Tatsächlich wurde damit der Einfluß der sechs Schulen gebrochen, doch wenig später gründeten die Mönche Kukai (774–835) und Saicho (767–822) im Anschluß an eine China-Reise zwei neue Schulen, die noch einflußreicher werden sollten: Das tantrische Shingon erlangte vor allem dadurch Bedeutung, daß mit der Auslegung der heimischen Götter als Inkarnationen Buddhas erstmals die für die Stabi-

Der Buddhismus in Ostasien

Der Amida-Kult

lität des Landes so wichtige Synthese zwischen Buddhismus und Shinto Gestalt gewann; die Tendai-Schule (benannt nach dem chinesischen Tientai) mit Sitz auf dem Berg Hiei bei Kyoto demonstrierte ihrerseits besonders starkes machtpolitisches Interesse, brachte ein Soldatenmönchtum und mehrere untereinander verfeindete Sekten hervor, zettelte Kampagnen gegen andere Schulen an und führte sogar kriegerische Auseinandersetzungen mit der Staatsmacht selbst.

Darstellung des Aizenmyoho (›König des esoterischen Wissens‹) in Gestalt der Keimsilbe Hum (vgl. Abb. S. 99), niedergeschrieben im indischen Siddham-Alphabet. Japanische Hängerolle, 14. Jahrhundert

Die unsicheren Zeiten ab Mitte des 11. Jahrhunderts, die erst mit der Kamakura-Epoche (1185–1333) in ein neues, dynastisch reguliertes Stadium übergingen, brachten nicht nur dem Zen (s. u.), sondern auch einer buddhistischen Bewegung Zulauf, die schon in China ihrer Einfachheit und Klarheit wegen geschätzt war, nämlich dem Kult des Buddha Amitabha (in Japan: Amida). Da es unter den gegebenen Zeitzeichen als unmöglich galt, aus eigener Kraft den irdischen Verstrickungen zu entkommen, vertraute man sich ganz der Gnade des Amida an. Die Hoffnung lag auf einer Wiedergeburt im ›Paradies des Westens‹. Nachdem der Kult zahlreiche Sekten hervorgebracht hatte, gründete Genku (genannt: Honen Shonin, 1133–1212) eine vereinigte Amida-Bewegung für Laiengläubige, die sich *Jodo-shu* (›Schule des Reinen Landes‹) nannte. Ihr Ritual, das unter der Voraussetzung von unbedingtem Glauben und reinem Herzen den Weg ins Paradies öffnen sollte, bestand in der unermüdlichen Anrufung des Amida: *Namu Amida Butsu* (›Verehrung dem Buddha Amida‹).

Genkus Schüler Shinran Shonin (1173–1263) reformierte noch einmal die Lehre: Seine Jodo-shin-shu (›Wahre Schule des Reinen Landes‹) stellte an die Namens-

Fugen (im indischen Raum als Samanthabhadra bekannt), wurde als Bodhisattva der höchsten Weisheit besonders von der Tendai-Sekte verehrt. Japanische Holzskulptur mit Resten von Goldmalerei, 12. Jahrhundert

Der Buddhismus in Ostasien
Die Bewegung des Nichiren Daishonin

anrufung des Amida keine direkten Erwartungen mehr, sondern faßte sie als Dank an den Buddha auf. Den Anhängern wurde empfohlen, an ihrem weltlichen Leben nichts zu verändern, sich jedem gewünschten Beruf zuzuwenden, zu heiraten, von Lehrsätzen, Askese, Magie und allen Ritualen Abstand zu nehmen und einfach nur mit dem alltäglichen Handeln der Welt und dem Buddha zu dienen. Diese pragmatische Lehre hat bis heute die größte Anhängerschaft unter den buddhistischen Schulen Japans.

Kaum weniger erfolgreich war die Bewegung des Nichiren Daishonin (1222–1282), der ähnlich simple ›philosophische‹ Ansprüche stellte, dabei jedoch deutlich nationale Ziele verfolgte. Beseelt vom Glauben an eine Endzeit, erachtete er das japanische Volk als überlegene Rasse, der er durch Verbreitung seiner Lehre weltweite Geltung verschaffen wollte. Für Nichiren war das – nach seiner Ansicht vom historischen Buddha selbst verfaßte – ›Lotos-Sutra‹ (japanisch: *Myoho-rengekyo*) die bedeutendste aller Lehrschriften, doch hielt er die Lektüre für so schwierig, daß seine Zeitgenossen das Werk nicht mehr verstehen könnten. Er behauptete aber, die Lehre des Textes sei bereits in seinem Titel enthalten, so daß es für den Heilsweg genüge, das

Der japanische Ordensgründer Nichiren mit Gefolgschaft auf der Suche nach einem geeigneten Tempelstandort. Ausschnitt aus einem japanischen Rollbild des 15. Jahrhunderts

Staat und Buddhismus in Japan
Der Buddhismus in Ostasien

Namu-Myoho-renge-kyo (›Verehrung dem Lotos-Sutra‹) wiederholt zu rezitieren. Zweifellos vermag ein solches Ritual tranceähnliche Zustände hervorzurufen, doch mutet es seltsam an, daß Nichiren zugleich ein scharfer Gegner des Amida-Buddhismus war, der sein Heil doch lediglich in einer anderen Formel und ihrer Wiederholung suchte. Diese Aggressivität und auch der fanatische Versuch, den Staat für seine Ziele zu gewinnen, führten schließlich dazu, daß über Nichiren das Todesurteil verhängt wurde. Er entkam der Vollstreckung und verbrachte den Rest seines Lebens in einem Kloster am Fuße des Fuji.

Die Angst vor einem zu starken buddhistischen Klerus blieb über die nächsten Jahrhunderte erhalten und führte unter Oda Nobunaga (1534–1582) zu einem Feldzug gegen die Mönche der Tendai-Schule auf ihrem Bergsitz. Zur Zeit des Tokugawa-Shogunats (1603–1868) bedurfte es zur Gründung neuer buddhistischer Schulen sogar einer staatlichen Genehmigung. Die Epoche war geprägt von hermetischer Abschirmung gegen die Außenwelt, denn das Shogunat fürchtete nicht nur interne Mächte und neue Bürgerkriege, sondern nun auch Übergriffe und diplomatische Schachzüge der Portugiesen. 1853 erzwang ein amerikanischer Flottenverband die Öffnung Japans für den Handel. 1868 folgte die Wiedereinsetzung des Kaisers, der das Shinto zur alleingültigen Religion erklärte. Dieser Erlaß wurde sieben Jahre später aufgehoben, und seither findet auch der Buddhismus wieder neue Anhänger, wenngleich während des Zweiten Weltkriegs ein neuer Versuch unternommen wurde, das Shinto gewaltsam durchzusetzen.

Der aufkeimende Nationalstolz, der Anfang des 20. Jahrhunderts mit der Industrialisierung und dem Aufstieg Japans zur Handelsmacht einherging, brachte

Der Bodhisattva Jizo, hier als buddhistischer Wandermönch mit Bettelstab und dem Zauberjuwel Tama in der Linken, gilt dem japanischen Buddhismus als Schützer der Kinder und Frauen. Im indischen Raum war Kshitigarbha, wie er dort hieß, Schutzherr der Wandermönche und der in den Höllensphären Schmachtenden. Überlebensgroße farbig gefaßte Holzskulptur, datiert 1665

Der Buddhismus in Ostasien
Die Soka Gakkai

insbesondere die Schule des Nichiren in Erinnerung. Es entstanden mehrere Sekten, die mit Versatzstücken der buddhistischen Lehre eine zumeist recht bescheidene Doktrin aufbauten. Einige von ihnen standen in zweifelhaftem Ruf. So war die 1914 gegründete Kokuchukai in den dreißiger Jahren in politische Morde verwickelt, welche die japanische Regierung zur bedingungslosen Expansionspolitik im Namen des Buddhismus zwingen sollten, während die Soka Kyoiko Gakkai wegen ihrer rigiden Werbungsmethoden berüchtigt war. Beispielsweise drohte sie Familien, denen ein Unglück widerfahren war, mit weiterem Unheil, falls sie nicht der Vereinigung beiträten.

Buddhistisches Räucheropfer japanischer Laiengläubiger

Mittlerweile verfolgen die meisten Nichiren-Sekten allerdings pazifistische Ziele, etwa die nunmehr weltweit tätige Soka Gakkai International (SGI), die in verschiedenen Kulturinstituten Ausstellungen, Konzerte oder Vorträge anbietet. Die äußerst erfolgreiche Mission der SGI (vgl. S. 182) verknüpft historische Ungenauigkeiten und philosophische Vagheiten mit einem simplen, leicht zugänglichen Rezitationsritual. Dieser wohlfeile Buddhismus, von dem sich auch Medienprominenz (etwa die Sängerin Tina Turner) angezogen fühlt, steht immer an der Schwelle dazu, politisch oder wirtschaftlich mit der Verführbarkeit des Menschen zu kalkulieren. Damit ist ein Extrem erreicht, das sich kaum weiter von der Lehre des historischen Buddha entfernen kann.

Rechte Seite unten:
Der buddhistische Patriarch Hui-neng zerreißt die Sutras, um die schriftenversessene Gelehrsamkeit seiner Zeitgenossen (7./8. Jahrhundert) anzuprangern. Japanische Hängerolle, 13. Jahrhundert

Die Lehre des Chan — Der Buddhismus in Ostasien

Vom Chan zum Zen

Der Chan-Buddhismus führt seine Gründung auf eine – möglicherweise mythische – Gestalt namens Bodhidharma zurück, einen Inder, der im 6. Jahrhundert nach China gereist sein soll, um dort Meditation (*dhyana*; chinesisch: *chan*; japanisch: *zen*) zu unterrichten. Eine eigenständige Schule, in der sich Elemente des Daoismus, der Prajnaparamita und des Yogacara finden, brachte aber erst der Meister Hui-neng (637–713) hervor. Sie basiert auf der Annahme, daß alle Geschöpfe unerweckte Buddhas sind. Dies in einer Erwachung (japanisch: *satori*) als Wahrheit zu erfahren ist Ziel der Chan-Lehre. Dazu waren – wohl schon zu Hui-nengs Zeit – vier Grundsätze formuliert worden, die bis heute Gültigkeit haben:

Daruma (Bodhidharma) in der Tuschmalerei des japanischen Zen-Meisters Sengai (1750–1837). Der Kommentar des Meisters in den Schriftzeichen zur Linken verurteilt die angelesene ›Weisheit‹ japanischer Buddhisten

Die Übertragung der Erfahrung findet außerhalb der Schriften statt. Dieser Gedanke existiert bereits im Tantra, erhält aber im Chan eine neue Qualität. Das Satori-Erlebnis, so heißt es hier, war auch für Buddha ein plötzliches Ereignis, ein jäher Kontakt mit der Realität des Kosmos. In seinen Reden versuchte er, die Erfahrung bildhaft zu machen. Als seine Äußerungen später zum Objekt wissenschaftlicher Studien wurden, begannen die Interpretationen das spontane Erleben zu überlagern. So lehnt das Chan die deutenden Schriften wie auch alle daraus abgeleiteten Praktiken ab. Es formuliert damit den Protest gegen eine Gelehrsamkeit, die in der Tat häufig zur Überheblichkeit wurde. In spektakulären Aktionen, so dem öffentlichen Verbrennen hölzerner Buddha-Statuen, suchten Chan-

Der Buddhismus in Ostasien
Die vier Grundsätze der Chan-Lehre

Erquickendes Erwachen aus der nächtlichen ›Buddha-Besessenheit‹. Auch diese Tuschmalerei des Zen-Meisters Sengai (1750–1837; vgl. Abb. S. 145, oben) beharrt im Sinne des Zen auf dem spontanen Weg zur Buddha-Erfahrung und versteht die bloße Belehrung eher als Hindernis denn als Förderung der Selbsterwachung. Wie es Sengais kommentierende Beischrift zur Linken formuliert: »Die Nacht hindurch wurde ich gepeinigt von Gedanken an Nirvana und Samsara. Ach, wie ermattend war der Traum. Kein Zweifel, ich war ein Gefangener Buddhas.«

Mönche ihren Zeitgenossen die Belanglosigkeit des Rituals zu demonstrieren. Was einzig zähle, sei die Wirklichkeit des Augenblicks. Eine Zen-Anekdote bringt das Anliegen auf den Punkt: Kaiser Butei bittet den Meister Fudaishi, im Palast eine Vorlesung über ein Sutra zu halten. Fudaishi geht ans Pult und schlägt lediglich mit seinem Stock auf die Tischplatte.

Soll heißen: Die Erkenntnis läßt alle Begriffe verstummen. Dies führt zum zweiten Grundsatz der Chan-Lehre: Kein Vertrauen in Buchstaben. Durch die Niederschrift rücken nämlich leere Vokabeln, die bestenfalls Interpretation, schlimmstenfalls Lüge sind, an die Stelle der unmittelbaren Erfahrung. Bezeichnenderweise wurde ja schon in der Frühzeit des Buddhismus dem gesprochenen und nicht dem geschriebenen Wort das größere Vertrauen geschenkt. Doch letztlich sieht Chan auch alles Reden als nutzlos an.

Ersetzt es doch, drittens, den unmittelbaren Bezug auf den eigenen Geist. Daß alles dualistische Denken in eine Sackgasse führt, demonstrieren Chan-Meister, indem sie die meditierenden Schüler mit widersprüchlich oder belanglos klingenden Denkaufgaben (chinesisch: *kungan*; japanisch: *koan*) konfrontieren. Der Widersinn ist nur scheinbar. Der Fingerzeig gilt – jenseits aller festgefahrenen Gedanken – dem eignen Geist. Zu erleben, was dieser ›Geist‹ ist – nämlich nicht Denken, Seele, wissenschaftlich erforschbare Psyche oder dergleichen –, das ist Inhalt der Chan-Erfahrung.

Die Erfahrung des Satori — Der Buddhismus in Ostasien

So ergibt sich als Substrat und als letzter Grundsatz das Erlangen der Buddhaschaft durch unmittelbare Schau in die eigene Natur. Denn diese ›Natur‹, die sich nur durch ein Erkennen und eben nicht durch Anhäufung von Wissen erschließt, ist nicht das, was im Laufe unseres Lebens durch Erziehung, Erfahrung und Wissen heranwächst, sondern die angeborene, uns innewohnende Substanz, die Buddhaschaft, für die unser Auge geöffnet werden muß.

> »Ich höre nicht gern das Wort Buddha.«
> *Der japanische Zen-Meister Joshu, 9. Jahrhundert*

Zur Frage nach dem Weg, der zu diesem Ziel führt, heißt es im *Mumonkan* (›Das Torlose Tor‹, eine der herausragenden Zen-Schriften): »Das Große Dao hat kein Tor. Es gibt unendlich viele Wege, es zu erreichen.« Der enttäuschende erste Satz, der Weg und Ziel zu trennen scheint, wird im zweiten Satz perspektivisch aufgehoben: Chan lehrt keinen bestimmten Weg, sondern beläßt jedem Menschen den seinen.

Man muß sich die Anfänge der Lehre vergegenwärtigen, um zu verstehen, daß dies nicht anders sein kann. Schließlich hatten die frühen Meister keinerlei Vorbilder und mußten das planlose Ungewisse, eine Art Umnachtung durchschreiten, um jenseits davon zu einem Ziel zu gelangen. Heutige Lehrer warnen ihre Schüler, daß sie in eine ›lange Nacht des Unbewußten‹ eintreten werden und trügerische, vielleicht sogar krankhafte Stationen des Geistes hinter sich bringen müssen, um Satori zu erfahren. Krasser noch heißt es, daß sie einen Tod im Leben überstehen müssen.

Studienplatz in einem zeitgenössischen Zen-Kloster. Dem notwendigen Studium der Schriften und disziplinierenden körperlichen wie meditativen Übungen soll sich krönend die nicht planbare und nicht lehrbare Selbst-Wesensschau (japanisch: *kensho*) zugesellen, die identisch ist mit dem Erwachungserlebnis (*satori*)

Ein oft genanntes Beispiel für eine Satori-Erfahrung berichtet von dem japanischen Mönch Tokusan: Nach jahrelangen Übungen saß er eines Abends bei Meister Ryotan, der schließlich zu verstehen gab, daß es dunkel werde und Tokusan

147

Der Buddhismus in Ostasien
Harte Schulung zur Erlangung des Satori

doch heimgehen solle. Der Schüler machte sich auf, kam aber schon bald zurück, da es bereits zu dunkel war. Ryotan entzündete eine Kerze, doch als Tokusan sie nehmen wollte, blies der Meister sie mit aller Kraft aus. Die unmittelbare Erfahrung von Dunkelheit und Licht, Quelle der Dunkelheit und Quelle des Lichts wurde zu Tokusans Satori-Erlebnis.

Daß dem Laien ein solches Ereignis nichtig erscheint, gilt den Chan-Buddhisten als Beleg dafür, daß niemand Satori erlangen kann, ohne sich einer langen, harten Schulung unterzogen zu haben. Mag es auch viele Wege zum Ziel geben, so wurden doch über die Jahrhunderte empirische Erfahrungen gesammelt, die heutige Meister ihren Schülern durch praktische Hinweise vermitteln. Zudem hat sich erwiesen, daß die Schüler unbedingt einige Voraussetzungen erfüllen müssen. Dazu zählen eine bereits vorhandene religiöse Sehnsucht, der feste Wille zu intensiver Suche und Zucht wie auch die Bereitschaft, der Selbstverlorenheit unerschrocken entgegenzublicken.

Die Buddhisten-Verfolgung des 9. Jahrhunderts hat die Chan-Schule weit weniger beeinträchtigt als die übrigen buddhistischen Orden, die im damaligen China verbreitet waren. Dies erklärt sich teils aus der Zähigkeit und dem Gleichmut der Mönche, teils aber auch aus der Tatsache, daß die Klöster wirtschaftlich autark waren, weil die Insassen ein Dasein als Bettelmönche

Eleven im chinesischen Kloster Shaolin. Heute geht es hier unter touristischem Andrang bunt zu, werden die *kung-fu* genannten Übungen, die im 5. und 6. Jahrhundert von Chan-Mönchen entwickelt wurden, im Sinne zahlreicher Populärfilme als bloße Kampftechniken mißverstanden. Der berühmte Bodhidharma/Daruma (vgl. Abb. S. 41, 138 und S. 145) soll sich übrigens nach der buddhistischen Legende neun Jahre lang im Kloster Shaolin aufgehalten haben, dabei unablässig meditativ die Wand seiner Zelle anstarrend

Die Begründung des Zen-Buddhismus — Der Buddhismus in Ostasien

verabscheuten und selbst ihre Felder bestellten. Chan errang deshalb gegen Ende der Tang-Zeit vorrangige Bedeutung und wurde erst später durch den Amitabha-Buddhismus überflügelt. Noch aus dem 12./13. Jahrhundert datieren umfangreiche Textsammlungen mit jenen rätselhaften Aussprüchen (*kungan*), die den Satori-Erfahrungen der Meister entsprangen und den Schülern als Meditationsaufgabe dargeboten wurden. Der Aufstieg der Ming-Dynastie leitete jedoch den Niedergang der Chan-Schule in China ein. Zwei Einrichtungen, das Kloster Shaolin bei Luoyang und der Tempel von Chengdu, blieben allerdings bis heute bedeutende Chan-Zentren.

Zen-Mönch bei einer Konzentrationsübung

Nach Japan gelangte die Lehre im 12. Jahrhundert. Vermittler war der Tendai-Mönch Eisai (1141–1215), der in China Meditation geübt hatte. Die Anfeindungen seiner ehemaligen Klosterbrüder veranlaßten ihn, nach Kamakura zu ziehen, wo er unter den Kriegern (*samurai*) sogleich große Beachtung fand. Die Meditationsübungen des Zen traten nämlich aller Zerstreutheit und Aufgeregtheit entgegen. Sie erwirkten damit nicht nur Ungerührtheit gegenüber dem Tod, sondern stärkten auch das Konzentrationsvermögen. Auf diese Weise ließen sich eigentlich ›un-buddhistische‹ Fertigkeiten wie die ›Kunst‹ des Bogenschießens oder des Schwertfechtens perfektionieren.

Der von Eisai begründeten Rinzai-Schule des Zen stellte später der Mönch Dogen (1200–1253) die Soto-Lehre als Variante gegenüber. Die größere Faszination geht vielleicht von der strengeren Meditationspraxis des Rinzai aus. Die Mönche dieser Schule üben mehrere Stunden am Tag *zazen*, die ›geistige Sammlung im Sitz mit gekreuzten Beinen‹, und führen mit ihren Lehrern *sanzen*, Unterredungen über die Erfahrungen in der Meditation. Diese Gespräche sind besonders schwierig, da hier verlangt wird, nicht formulierbare Erlebnisse zur Sprache zu bringen. Viele Novizen scheuen gerade diese Konfrontation, doch wenn sie Furcht und Nervo-

Der Buddhismus in Ostasien
Zen in den Künsten

Die Auffassungen des Zen-Buddhismus haben in den verschiedensten Kunstformen ihren Niederschlag gefunden, so in den Regeln des Blumensteckens oder der Gartenanlage. Wesentlich ist der Zen-japanischen Ästhetik, das ›Innere‹ aller Gegenstände, Flächen und Kompositionen zu ›äußerer Geltung‹ kommen zu lassen. Dem entspricht eine dem westlichen Beobachter zuweilen herb anmutende zeremonielle Ästhetik, die den Beteiligten, z. B. in der Tee-Zeremonie, feste Regeln auferlegt und sie ihnen ebenso wie den Betrachtern Respekt vor der Eigengesetzlichkeit alles Seienden zu lehren sucht, und sei es die gröbste Tonschale. Der tiefere Sinn: Beim Schöpfer wie beim Betrachter soll der Sinn für die eigene Buddha-Natur, auch sie ein Inneres im Äußeren, erweckt werden

sität zeigen, müssen sie den Spott der erfahreneren Mönche ertragen. Diese strenge Zucht hat zum Ziel, das Bewußtsein abzustreifen und jenseits davon die Augen für die wahre Natur des Geistes zu öffnen.

Einmal im Jahr, Anfang Dezember, haben sich die Rinzai-Mönche einer besonders harten Schulung zu unterziehen. Es wird dann eine Woche lang Tag und Nacht Zazen geübt. Jede kleinste Bewegung wird mit Stockschlägen gerügt, Gedanken und Bewußtsein sind auszuschalten. Bettruhe ist nicht gestattet; erlaubt sind täglich nur wenige Stunden Schlaf im Lotossitz. Solche extremen Praktiken führen dahin zurück, daß die Erwachung nur von einigen Auserlesenen erreicht werden kann.

Allerdings formulierte Eisai eine für den Westen erstaunlich klingende Feststellung: daß nämlich Zen nicht auf den Buddhismus beschränkt, sondern in Wahrheit Kern aller spirituellen Lehren sei. Letztlich kann das nicht verwundern, denn es ist die folgerichtige Umkehrung der Tatsache, daß Zen alle bestehenden Lehren verwirft.

Das chinesische Chan wie auch das japanische Zen übten (und üben) starken Einfluß auf Kunst und Kultur aus. Das läßt sich an der ostasiatischen Malerei und Kalligraphie ebenso ablesen wie an der Tee-Zeremonie, der Kunst des Blumensteckens (*ikebana*) oder der Kunst des Gartenbaus. Aus all diesen Tätigkeiten und Fertigkeiten ergeben sich Inspirationen für das Satori-Erlebnis. Allerdings trat über die Jahrhunderte mit solcher kulturellen Verfeinerung die gelebte, eben nicht vermittelbare Erfahrung in den Hintergrund. Obwohl er als Maler und Kalligraph ebenso berühmt war wie als Dichter, hat gerade der große Zen-Meister Hakuin Ekaku (1685–1768) darauf hingewiesen. Von ihm stammt eines der bekanntesten Koans, mit dem dieses Kapitel schließen soll: »Hörst du den Klang der einen Hand?«

Zen-Anekdoten — Der Buddhismus in Ostasien

Neben den Koans, jenen Rätseln, an denen alles dualistische Denken zerbrechen muß, hält die Zen-Lehre noch einen umfangreichen Katalog an Gesprächen (*mondo*) aus Frage und Antwort wie auch Gedichten, volkstümlichen Erzählungen und sonstigen Anekdoten bereit. Allesamt sollen sie dazu dienen, dem Schüler die Richtung zu weisen. Einige Beispiele:

Ein Mönch sagt zu dem Zen-Meister Joshu: »Ich habe alles von mir geworfen. Nichts ist mehr in meinem Bewußtsein geblieben. Was sagst du dazu?« Joshu antwortet: »Wirf auch das noch fort.« Der Mönch versteht nicht und wiederholt: »Ich sage dir doch, es ist nichts zurückgeblieben. Was soll ich da fortwerfen?« Joshu gibt zur Antwort: »Dann mußt du es weiter tragen.« Der Sinn: Der Mönch ist auf dem falschen Pfad, weil er mit seiner geistigen Errungenschaft prahlt. Er soll sich von diesem Stolz trennen, doch da er nicht versteht, muß er weiter mit der Bürde leben.

Ein Affe klammert sich mit einer Hand an einen Ast, der über ein Gewässer hängt, in dem sich der Mond spiegelt. Mit der anderen Hand sucht er »im Wasser nach dem Mond, unaufhörlich bis zum Tod. Läßt er los, wird er in der tiefen Quelle untergehen. Das Licht in den zehn Richtungen ist strahlend rein.« Der Sinn: Solange man die Wahrheit als ein Ding sucht, das getrennt von einem selbst existiert, kann man sie nicht greifen. Erkenntnis besteht dort, wo man begreift, daß die Wahrheit das Jetzt und Hier ist.

Schließlich ohne Deutung noch ein leichter zugängliches Gedicht:

»Die Kiefer hat ein Leben von tausend Jahren,
die Winde blüht nur einen Tag –
und doch haben beide ihr Schicksal erfüllt.«

Ein Affe sucht im Wasser nach dem Mond, der sich doch nur spiegelt. Tuschmalerei des Zen-Meisters Hakuin Ekaku, 18. Jahrhundert

Buddhistische Architektur- ...
Die Stupas des Kaisers Ashoka

Unter Kaiser Ashoka entstand das erste indische Kunstschaffen, das nach Harappa erhalten blieb. Bekannt sind vor allem die Ediktsäulen aus poliertem Sandstein, auf denen der Kaiser, einer achämenidischen Idee folgend, die Reichslehre verkündete. Die Kapitelle tragen Symbole des Buddhismus, etwa den Lotos, das Rad der Lehre (ursprünglich ein Sonnenrad) sowie Tierfiguren.

Die frühe Architektur

Der Legende zufolge wurde Buddhas Asche nach einem Reliquienstreit unter acht Erdhügeln beigesetzt (vgl. S. 21). Kaiser Ashoka (regierte ca. 268–232 v. u. Z.) ließ jedoch, so heißt es weiter, sieben dieser Hügel aufbrechen, um über den sterblichen Überresten des Meisters im gesamten Reich 84 000 Stupas zu errichten (vgl. S. 50f.). Die Symbolzahlen (8 und 84 000) lassen allerdings gewisse Zweifel an den Berichten aufkommen. Jedenfalls sind von den Grabstätten der Maurya-Zeit kaum Spuren erhalten geblieben. Wo es sich um Lehmhügel handelte, konnten diese die Jahrtausende allerdings auch kaum überdauern. An bedeutenden Orten wurden zwar haltbarere Materialien eingesetzt, doch bedingte hier der fortwährende Pilgerstrom, daß die Denkmäler schließlich durch Überbauung erweitert wurden.

Stupa in der alten Residenzstadt Vaishali, Nordindien, mit Ashoka-Säule

Zwei Stupas im Norden Indiens liefern dennoch interessante Hinweise. Der eine steht in Piprahwa, nicht weit von Buddhas Geburtsort Lumbini. Das flache Ziegelmonument über kreisförmigem Grundriß stammt noch aus der Zeit vor Ashoka und enthielt einen Reliquienbehälter, der die Aufschrift ›Buddha‹ trug. Ein weiterer Stupa in Vaishali, dem angeblichen Austragungsort des zweiten buddhistischen Konzils (vgl. S. 27), wurde mehrfach erweitert, doch in diesem Fall entdeckten Archäologen im Kern-Stupa tatsächlich eine Einbruchstelle, durch die einst die Reliquie entnommen wurde.

Ashoka ließ die Stupas nicht nur an Wirkorten Buddhas oder an Kreuzungen wichtiger Handelsstraßen errichten, sondern auch an der Stelle von Heiligtümern, die einer Volksgottheit geweiht waren. So wurden Muttergöttinnen, Dämonen (*yakshas*) oder

Zwischen Architektur und Skulptur ... und Bildsprache

Schlangengötter (*nagas*) als Schutzgeister in den Kult integriert und sehr bald auch in die buddhistische Bildsprache übernommen. Entsprechend enthielten die Reliquienbehälter der Stupas nicht nur Asche bzw. Hinterlassenschaften Buddhas (oder bedeutender Mönche), sondern später auch magische Objekte.

Tempelfries mit gnomenhaften Yakshas, Fruchtbarkeitsgenien oder ortsgebundenen Vegetationskobolden

Als Grabmal symbolisieren die Bauten das Nirvana, jenen unergründlichen, weder mit Worten noch mit Bildern zu beschreibenden Heilszustand (vgl. S. 44f.). Wer zum ersten Mal einen Stupa besucht, wird sogleich spüren, wie sehr gerade dieses abstrakte Denkmal das Unbeschreibliche verkörpert. Ein Stupa ist weder Skulptur noch Architektur: Gebildet aus geometrischen Formen, in denen Vergangenheit und Zukunft der Menschheitsgeschichte miteinander verschmelzen, ist die Stätte nicht begehbar, sie läßt sich nur umschreiten, und eben diese rechtsläufige Umwandlung (*pradakshina*), die dem Lauf der Sonne folgt, stellt neben dem Blumenopfer das wesentliche Ritual am Stupa dar.

Ein weltberühmtes Beispiel für den frühen Typ liefert Stupa I von Sanchi, ein Bauwerk noch aus der Zeit Ashokas, das ab ca. 150 v. u. Z. auf den doppelten Radius erweitert wurde. Der Hauptkörper ist hier nicht mehr so flach gestaltet wie in Piprahwa, sondern zu einer Halbkugel (*anda* = ›Ei‹) aufgewölbt. Sie symbolisiert den Kosmos, während der kreisförmige Grundriß das Rad der Lehre versinnbildlicht. Durch die Umwandlung wird dieses Rad um die Weltachse gedreht. Diese

Der berühmte Stupa I von Sanchi, Mittelindien, stammt ursprünglich aus dem 3./2. Jahrhundert v. u. Z. und ist mit vier reich skulptierten Torbauten (*toranas*) ausgestattet. Er gehört zu den bedeutendsten buddhistischen Denkmälern überhaupt

Buddhistische Architektur- ... Sinn und Ritual

verläuft als Pfeiler mitten durch den Stupa und trägt auf dem Scheitelpunkt der Halbkugel mehrere Schirme als Ehrenzeichen bzw. als Symbole der stufenweisen Versenkung. Unter den Ehrenschirmen befindet sich eine quadratische Umzäunung (*harmika*), die bei einigen Stupas zur Aufnahme der Reliquie diente. Eine auffällige Variante findet sich später in Nepal. Hier erhielt die als Kubus gestaltete Harmika an allen vier Seiten ein aufgemaltes Augenpaar: Buddhas Blick soll also auf den Gläubigen ruhen, die den Stupa umschreiten.

Das Anda (s. o.) erhebt sich auf einem kreisrunden Podest (*medhi*), wodurch – zusätzlich zum Pfad auf ebener Erde – ein zweiter Umwandlungspfad entsteht. Die beiden Pfade sind von steinernen Geländern umgeben, so daß das Heiligtum gegen die Umwelt abgeschirmt ist. In den Kardinalrichtungen ragen Zugänge wie die Enden eines Hakenkreuzes (*swastika*) aus dem Rund heraus und ›fädeln‹ gleichsam die Pilger in den korrekten Ritus ein. Dieser ›Stromeintritt‹ (vgl. S. 38f.) führt dann weiter auf eine höhere Ebene, zur Umwandlung auf der zweiten Etage. So geleitet der Stupa von der Welt der Erscheinungen zum Kern der Lehre, von der Grundebene in höhere Sphären; er wird damit zum Sinnbild für den

Votivstupa. Schieferskulptur aus Gandhara, Nordpakistan, ca. 3. Jahrhundert u. Z. Charakteristisch für den Regionalstil Gandharas ist die Dominanz der krönenden Ehrenschirme und das Volumen der Unterbauten, über denen das Anda erhöht ist

Die ›Alles-sehenden‹ Augen Buddhas am vergoldeten quadratischen Aufsatz über dem Anda des Stupa von Swayambunath, Nepal. Das Schriftzeichen für die Eins zwischen den Augen wird meist als Symbol für den einen, wahren Weg zur Erlösung gedeutet

Die Chaitya-Halle … und Bildsprache

erstrebten spirituellen Aufstieg. Bei späteren Anlagen im Süden Indiens ist der Baukörper nicht massiv ausgeführt, sondern enthält ein von außen nicht sichtbares System von Stützmauern in Form eines Mandala (vgl. S. 104f.), das weitere Bezüge zur Lehre und zum Kosmos herstellt.

Ein Stupa hatte also nicht die herkömmlichen Aufgaben eines Bauwerks zu erfüllen, sondern war ein monumentales Kultobjekt (*chaitya*) und wurde als solches auch häufig mit einer schützenden Versammlungshalle umgeben. Anfangs waren diese Hallen einfache Rundbauten aus Holz, gelegentlich mit einem vorgelagerten rechteckigen Raum. Die Verknüpfung von Rund und Rechteck rückte den Stupa dann in eine Apsis und bot eine hufeisenförmig angelegte Säulenstellung für die Umwandlung an.

Als Freibauten haben sich nur Chaitya-Hallen späterer Zeit erhalten. Ablesen läßt sich die Architektur ihrer frühen Formung aber an verschiedenen Nachbildungen im Fels, in denen noch Merkmale der Holzarchitektur zu erkennen sind. Die geeignete Landschaft für eine solche Fels- und Grottenarchitektur war der Dekkhan, vor allem die Gegend um Bombay, wo man seit dem 2. Jahrhundert v. u. Z. buddhistische Höhlentempel anlegte. Die älteste Chaitya-Halle in der beschriebenen Apsidenform ist in Bhaja (ca. 50 v. u. Z.) zu besichtigen, bekannter sind jedoch die Höhlen von Ajanta, die später prächtig mit Skulpturen und Wandmalereien ausgestattet wurden.

Neben Stupa und Chaitya-Halle ist als Architekturtyp schließlich noch das *vihara* zu erwähnen, das Kloster also. Bereits Ashoka soll zahlreiche Unterkünfte für Mönche gestiftet haben, doch wie die frühen Stupas

Die dreischiffige Chaitya-Halle in Höhle 26 von Ajanta, Mittelindien, frühes 7. Jahrhundert. Die umlaufende Säulenstellung endet in einem Apsis-Heiligtum, einem angedeuteten Stupa mit kolossalem Buddha-Bild (vgl. Abb. S. 173). Der eigentlich dem Stupa innewohnende Buddha ist hier also nach außen transponiert

Buddhistische Architektur- …
Sinnbild für das Ziel des frühen Buddhismus

und Chaityas blieben auch sie nicht erhalten. Spätere Anlagen zeigen ein Muster, das über Jahrhunderte Gültigkeit hatte, nämlich Reihen bescheiden dimensionierter und ausgestatteter Privatzellen um einen rechteckigen oder auch runden Hof (vgl. Abb. S. 79). Ein großer Versammlungs- und ein Speisesaal ergänzten dieses einfache Schema, das allmählich dadurch abgewandelt wurde, daß man Höfe für unterschiedliche Aufgabenbereiche (Lehrtrakt, Pilgerherberge, Wirtschaftstrakt etc.) aneinanderfügte, im Zentrum eines jeden Hofes eine Kultstätte einrichtete und einige Zellen für Votivstupas oder Buddha-Statuen reservierte.

Von der Dagoba zur Pagode

Mit dem Stupa, wie er sich in Sanchi erhalten hat, war ein meisterliches Sinnbild für das höchste Ziel des frühen Buddhismus geschaffen. Das Ritual der Umwandlung eines symbolhaften Weltzentrums, unter freiem Himmel in hellem Licht vollzogen, ermöglichte dem Gläubigen einerseits die Betrachtung der Natur, die ihn umgab und deren Gesetzen er unterworfen war. Andererseits eröffnete die Pradakshina die innere Schau auf ein Selbst, das Zuflucht zur Lehre nimmt, um Geborgenheit im Kosmos zu finden. Es vereinten sich Schutzbedürfnis und der Wunsch nach spiritueller Entfaltung. Die Chaitya-Halle schlug diese spirituellen Vorstellungen tief in die Felsen. Damit waren die Urbilder der indischen Metaphysik – Berg und Lichtfülle, Grotte und mystische Dunkelheit – in eine erste künstlerische Form gebracht.

Wie die frühe Lehre aber selbst nur einen Pfad für wenige aufzeigte, so blieb auch der vollkommene Einblick in ihre Sinnbilder auf einen kleinen Kreis beschränkt. Bald kam der Wunsch nach konkreteren Anschauungsobjek-

Stupa II am Westhang von Sanchi, Mittelindien. Der aus Ziegeln aufgemauerten Halbkugel (*anda*) ist auch hier ein Steinzaun (*vedika*) vorgesetzt, dessen Eingänge aber sehr viel bescheidener, nämlich mit Bildmedaillons, geschmückt sind als die an Stupa I (vgl. Abb. S. 153)

Aufkommen von Buddha-Bildnissen ... und Bildsprache

Zum Klosterbezirk Alahana Parivena gehört die sogenannte Milchweiße Dagoba, ursprünglich mit gemahlenen Muscheln verputzt, mit ihrer 26stufigen Schirmkrone (*chattra*). Polonnaruwa, Sri Lanka, 12. Jahrhundert. Im Innern der Dagoba sind Reliquienkammern nachgewiesen

ten auf, und so wurde an Zäunen, Toren und Unterbauten der Stupas wie auch an den gewaltigen Fassaden und im Versammlungsraum der Chaitya-Hallen ein umfangreiches Bildprogramm installiert. Es spiegelt den von uns referierten Wandel der Lehre wider, die von der Eigenverantwortung des Einzelnen abzurücken begann und das Menschenheil bei den Mächten des Jenseits suchte.

Auch in den Ländern des Hinayana trugen die Stupas nun Bildnisse des Buddha. Die architektonische Form selbst mitsamt ihrer Symbolik blieb hier allerdings noch lange traditionell. Die Verknüpfung von Bild und Symbol erklärt sich teils aus dem Wandel des Buddhismus von der Philosophie zur Religion, teils aus den stilistischen und weltanschaulichen Traditionen, die jene Länder von ihren jeweiligen indischen Handelspartnern übernahmen.

Die Dagobas (*dhatu* = Reliquie; *garbha* = Kammer)

Vor vielen buddhistischen Kultbauten Sri Lankas finden sich Mondsteine (*patika*): steinerne, halbkreisförmige Schwellen, deren Reliefschmuck (Flammenbänder, Tiere, Pflanzenranken) die Welt mit ihren Grundübeln versinnbildlicht. Indem der Gläubige ins leere Innere tritt, tut er einen Schritt vorwärts auf dem Weg zur Erwachung

Buddhistische Architektur- ... Die Dagoba

Kushana-Fürst mit hohem Filzhut. Sandsteinskulptur aus Mathura, Nordindien, 2. Jahrhundert. Die Kushanas hatten sich im Zuge zentralasiatischer Völkerwanderungen im 1. oder 2. Jahrhundert u. Z. zu den Herren Afghanistans, Nordpakistans und Nordwestindiens aufgeschwungen. Bedeutendste Machtgestalt war ein König namens Kanishka

Rechte Seite unten: Der 55 m hohe Hauptturm des Mahabodhi-Tempels von Bodh Gaya, Nordindien, eine Art Steilpyramide, ist ein Bau des frühen 6. Jahrhunderts

auf Sri Lanka gehen vom Urtyp aus, sind aber in der Regel größer als die indischen Stupas und auf ansteigende Rundterrassen gehoben. Über vier Treppenaufgänge mit halbkreisförmigen Schwellen, den reich skulptierten ›Mondsteinen‹, gelangt man zum Umwandlungspfad. Am Hauptkörper der Dagoba befinden sich in den Kardinalrichtungen vier Vorbauten mit Altären oder Buddha-Figuren, bestimmt für Blumenopfer. Der Tendenz zur Höhe korrespondiert das Bemühen, dem Bauwerk eine harmonisch fließende Silhouette als ›Blase‹, ›Tropfen‹, ›Glocke‹ oder ›Reishaufen‹ zu verleihen.

Hatte Sri Lanka seine Impulse bis ins 4. Jahrhundert u. Z. aus der südindischen Kulturlandschaft Andhra empfangen, so bezogen die übrigen buddhistisch missionierten Länder Asiens ihre Vorbilder vor allem aus dem Norden Indiens. Die Architektur vollzog hier einen Wandel von den Formen und Symbolen des Hinayana zu denen des Mahayana, von Rund und Halbkugel zu Quadrat und Kubus. Zum einen spiegelten sich darin viel deutlicher die Diagramme der Mandalas, die als Meditationshilfen den Gebäuden zugrundelagen, zum anderen eignete sich das Rechteck mehr als das Rund zu Erweiterungen in Fläche und Höhe. Schließlich richtete sich die Botschaft des Mahayana, die nun den Buddhismus dominierte, an die Allgemeinheit und verwies auf göttliche Instanzen, so daß es beinahe zwingend war, die Kultbauten noch entschiedener über das Profane hinauszuheben.

Eine Schlüsselposition in der Entwicklung der buddhistischen Kunst hatte in den ersten Jahrhunderten nach der Zeitenwende das Kushana-Reich. Es erstreckte sich vom südlichen Zentralasien bis nach Mittelindien, von Afghanistan bis Bihar, und besaß Kulturzentren u. a. in Gandhara (eine Region im Nordwesten Pakistans) und in Mathura (Nordindien). An dieser politischen Schnittstelle mußten unweigerlich die zeitgenössischen kulturellen Strömungen zusammenfließen und auf neue Weise produktiv werden.

Westliche Einflüsse in Nordindien … und Bildsprache

In Gandhara, das nach dem Asienzug Alexanders des Großen von Griechen beherrscht war und nun Handel mit dem römischen Imperium trieb, erhoben sich die Stupas auf quadratischen Stufenterrassen mit Treppenläufen in den Kardinalrichtungen – ein Konzept, das aus Vorderasien übernommen wurde. Die Medhi ist zylinderförmig gestreckt und nach provinzialrömischer Manier mit einer Wandgliederung versehen, in den Nischen finden sich Buddha-Statuen. Mitunter sind weitere Etagen ausgeführt, deren Reliefschmuck vom Leben und den früheren Existenzen Buddhas berichtet. Der Weg von der Basis zum Scheitel des Stupa verkörpert damit noch markanter den Aufstieg aus der Welt der Erscheinungen zum Absoluten. Der ›Gipfel‹ entzieht sich dem Irdischen, indem die Spitze des Bauwerks höher gestreckt und mit einer größeren Anzahl von Ehrenschirmen geschmückt wird. Die Halbkugel, der einstige Hauptkörper, verliert in Relation zu Unterbau und Spitze, die gesamte Konstruktion nähert sich allmählich der Form eines Turms (vgl. Abb. S. 154).

In Peshavar, der Hauptstadt Gandharas, stand einst ein Turm-Stupa von angeblich fast 200 m Höhe, der in Ostasien als Weltwunder galt und vielfach kopiert wurde. Das Anda war hier auf einen sehr kleinen Körper zwischen Unterbau und Spitze reduziert. Der Turm soll auf den Kushana-Herrscher Kanishka zurückgehen und über dem ersten Schriftenkanon des Mahayana errichtet worden sein.

Wenige Jahrhunderte später, in der Gupta-Zeit (320–5./6. Jahrhundert), war der Turm als Abbild des Weltenberges zum Inbegriff eines buddhistischen Heiligtums gereift. Beim Mahabodhi-Tempel in Bodh Gaya verjüngen sich die Stockwerke pyramidenartig bis hin zur Spitze; nur noch entfernt lassen sich Anklänge an die Urform des Stupa erkennen. An diesen Typ knüpfen die Hindutempel an, zugleich aber auch die Hochtempel der Pala-Zeit (770–1095), etwa in Nalanda und Paharpur: Ansteigende Terrassen über kreuzförmigem Grundriß tragen ein turmartiges Heiligtum, in dessen Cella ein Buddha verehrt wird (vgl. Abb. S. 84).

Buddhistische Architektur- ... Borobudur

Buddha-Statue und glockenförmige Stupas, wie sie sich auf den oberen Rundterrassen des Borobudur unterhalb des Zentralheiligtums erheben (vgl. auch Abb. S. 94)

Solche Hochtempel, mit vielgestaltigen Aufbauten über dem zentralen Schrein, beeinflußten die buddhistische Architektur von Burma bis Indonesien. Höhepunkt dieser Entwicklung ist der über einem Mandala-Diagramm errichtete Borobudur auf Java (9. Jahrhundert) mit umlaufenden Reliefs an den unteren Terrassen; darüber in konzentrischen Kreisen kleine Stupas zu Füßen eines zentralen Heiligtums (vgl. Abb. S. 104).

Während die indischen Vorgaben allmählich nach Süd- und Südostasien übermittelt wurden und sich die dortigen Architekten jeweils an den Bauten ihrer Nachbarn orientierten, konnten die Baumeister Chinas nur selten auf eigene Anschauung der frühen Modelle zurückgreifen. Geht man vom heutigen Denkmälerbestand aus, so wurden im kulturell vermittelnden Zentralasien vorzugsweise Höhlentempel angelegt. Wichtigste Quelle für die buddhistischen Freibauten Chinas waren – neben der lokalen Architektur – die aus Indien herangetragenen Berichte, Zeichnungen und Votivstupas. Was unter diesem Eindruck entstand, läßt sich nur noch bruchstückhaft ermitteln, da im Zuge der Buddhisten-Verfolgung im 9. Jahrhundert Tausende buddhistischer Bauwerke zerstört wurden (vgl. S. 137). Letztlich ist aber der spätere Typus der Pagode, wie wir ihn kennen, wenigstens zum Teil auf das Vorbild turmartiger Stupas in Indien zurückzuführen. Der Unterbau wurde hier immer mehr gestreckt, die Stockwerke in einheitlicher Größe und nur noch leicht nach oben verjüngt ausgeführt, die umlaufenden Simse zu geschwungenen Dächern erweitert. Unter der hohen Spitze erscheint noch die Halbkugel als Symbol.

Der in China so beliebte polygonale Grundriß geht wohl auf die lokale Form des Wachtturms zurück und ist in Korea und Japan nur selten anzutreffen. Von der chinesischen Pagode aus Ziegeln und Stein, geschmückt mit glasierten Dachpfannen und farbigen Reliefs, gingen die Japaner zu schlichten, optisch leichten Holzkonstruktionen über. Bis zu neun Stockwerke aufragend, sind sie höher ausgeführt als die chinesischen Beispiele, aber dennoch, dank des Baumaterials, kaum erdbebengefährdet.

Der Kumbum-Tschörten in der Klosteranlage Palkhor Chöde in Gyantse, Zentraltibet, datiert 1440. Wie der Borobudur ist der Kumbum als ein dreidimensionales Mandala aufzufassen. Bei der aufsteigenden Ritualumwandlung passiert der Gläubige auf den verschiedenen Ebenen immer neue Schreine und Götterbilder. Die Spitze des Stupa verkörpert das Absolute, den Adi- oder Ur-Buddha

Buddhistische Architektur- ...
Bildlosigkeit und Buddha-Bild

Stupas, Chaitya-Hallen und Pagoden verloren schließlich in allen buddhistischen Ländern in dem Maße an Bedeutung, wie sich die ikonische Verehrung des Buddha durchsetzte. Der aufgezeigte Wandel zum Turmtempel deutet dies bereits für die Länder Süd- und Südostasiens an. In Ostasien ging man unterdessen zu großen Buddha-Hallen über, deren steile Satteldächer mit geschwungenen Firstenden und gestaffelten Giebeln der lokalen Profanarchitektur verpflichtet waren. Diese Tempelhallen bildeten nun, da die Trennung zwischen Kult- und Wohnraum aufgegeben war, das zentrale Heiligtum der Klöster.

Der leere Thron und die Fußabdrücke verweisen auf die heilige Präsenz Buddhas. Solche anikonischen Darstellungen, die den Erwachten nicht in körperlicher Gestalt zeigen – wir sehen übrigens den Angriff Maras (vgl. Abb. S. 17) – gehören in die Frühphase der indisch-buddhistischen Kunst. Kalksteinrelief aus Amaravati, Südindien, 1./2. Jahrhundert u. Z.

Die Entwicklung des Buddha-Bilds

In seinen Reisetagebüchern aus Indien hinterließ der chinesische Pilger Xuan-zang im 7. Jahrhundert eine sonderbare Notiz. »In dieser Stadt«, so schrieb er über den Regierungssitz des Reiches Kaushambi, »erhebt sich inmitten eines Palastes ein Kloster von etwa 60 Fuß Höhe; dort steht eine Statue Buddhas aus Sandelholz, behütet von einem steinernen Baldachin. Sie ist das Werk des Königs Udayana.« Dieser Udayana war ein Zeitgenosse Buddhas, und genau darin steckt das Problem. Sollte die Statue, von der Xuan-zang spricht, tatsächlich der Frühzeit angehört haben, dann stand sie jahrhundertelang singulär neben der sonst anikonischen Darstellung des Meisters.

Die ältesten erhaltenen Reliefs – sie stammen aus dem 2. Jahrhundert v. u. Z. – bilden den Buddha nämlich nicht ab, sondern deuten seine Anwesenheit durch ein Symbol an: Die Lotosblüte steht für seine Geburt, der leere Thron für die Jugend im Fürstenpalast, ein

Die Suche nach dem ersten Buddha-Bild ... und Bildsprache

Pferd ohne Reiter für den Auszug aus dem Elternhaus, der Bo-Baum für die Erwachung, das Rad der Lehre für die erste Predigt im Gazellenhain von Sarnath, ein Stupa für das Eingehen ins Nirvana usw. Dieses Prinzip wird häufig auch dann befolgt, wenn in den *jatakas* (Pali: ›Geburtsgeschichte‹) über die früheren Existenzen des Buddha berichtet wird. Diese Zurückhaltung, die den Bildern eine geisterhafte Aura verleiht, ist die Antwort auf ein Dilemma: Wie sollte man den unvergleichlichen Lehrer darstellen, der zeitlebens nicht verehrt werden wollte und der mit seinem Tod, im Unterschied zu anderen Wesen, gänzlich verweht, völlig erloschen war? Jedes Abbild dieses besonderen Menschen barg die Gefahr der Anbetung, die Buddha als Hindernis auf dem Heilsweg bezeichnet hatte. Der Gefährdung war aber auf Dauer nicht zu entgehen. Wo figürlich abgebildete Adoranten einen leeren Thron umgeben, da ist der Weg zur Besetzung des Thrones durch die Darstellung eines gottgleichen Menschen nicht mehr weit.

Die Frage nach dem ältesten Abbild Buddhas entfachte einen Gelehrtenstreit, bei dem jener Udayana-Buddha nicht einmal eine Rolle spielte, wohl aber die schier unlösbaren Probleme mit der Chronologie der Kushanas – der Beginn der Kanishka-Ära wird z. B. unterschiedlich zwischen 78 und 225 u. Z. angesetzt. Gandhara und Mathura, die beiden kulturellen Zentren des Kushana-Reichs, kamen als Urheber der frühesten Buddha-Statue in Betracht. Lange Zeit wurde Gandhara favorisiert, wo hellenistische oder provinzialrömische Stilmerkmale in den Bildschöpfungen nahelegten, daß die ent-

Teilstück eines Pfeilers vom frühen Stupa in Bodh Gaya, Nordindien, mit einem Relief des 2. Jahrhunderts v. u. Z.

Die Legende von den fünf Fastenden. Glasiertes Jataka-Tonrelief, Pagan, Burma, ca. 1270. Jatakas sind Vorgeburtsgeschichten aus den früheren Erdenleben des historischen Buddha. Die häufig moralischen Legenden wurden, da die Gläubigen schon karge Andeutungen zu ›lesen‹ vermochten, mit den sparsamsten bildnerischen Mitteln dargestellt. Hier sehen wir den späteren Buddha, wie er in einer Einsiedelei sitzt. Belehrt durch eine Vision, tut er es vier fastenden Tieren gleich, die durch ihre Begierden in Lebensgefahr geraten waren

Buddhistische Architektur- ... Mathura oder Gandhara

Vajrapani, gestaltet nach dem Vorbild des antiken Herakles. Stuckplastik, Hadda, Afghanistan, ca. 3. Jahrhundert u. Z.

scheidenden Impulse vom Westen ausgingen. Dabei wurden die Wurzeln zunächst sogar auf das Intermezzo des hellenistischen Vormarsches bis an den Indus zurückgeführt. Aber der gandharische Buddha, mit den Zügen eines Apollo und der Pose eines römischen Kaisers, ist wohl eher ein Hinweis auf die Weltoffenheit der Kushanas.

Nach dem heutigen Kenntnisstand scheint der erste Buddha in Mathura entstanden zu sein, allerdings nur wenig früher als in Gandhara, vielleicht noch im späten 1. Jahrhundert u. Z. Inschriften bezeichnen ihn als Bodhisattva und verweisen damit auf die frühe Interpretation des Begriffes, also auf einen Menschen, dem die Erwachung noch bevorsteht. Ein solches Abbild, das sich auf Buddhas weltliches Dasein bezog, vermochten auch die Anhänger des Hinayana zu akzep-

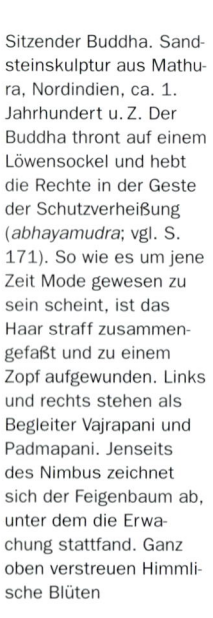

Sitzender Buddha. Sandsteinskulptur aus Mathura, Nordindien, ca. 1. Jahrhundert u. Z. Der Buddha thront auf einem Löwensockel und hebt die Rechte in der Geste der Schutzverheißung (*abhayamudra*; vgl. S. 171). So wie es um jene Zeit Mode gewesen zu sein scheint, ist das Haar straff zusammengefaßt und zu einem Zopf aufgewunden. Links und rechts stehen als Begleiter Vajrapani und Padmapani. Jenseits des Nimbus zeichnet sich der Feigenbaum ab, unter dem die Erwachung stattfand. Ganz oben verstreuen Himmlische Blüten

Der menschliche und der entrückte Buddha ... und Bildsprache

tieren. Unterdessen entwarf das Mahayana die neue Auslegung von einem göttlichen, anbetungswürdigen und demnach als Ikone darstellbaren Buddha. Sein Abbild wurde allerdings als unvollkommen angesehen, als eine Illusion, die Hilfe auf dem Weg der geistigen Versenkung sein könne, aber niemals die höchste Wahrheit wiederzugeben vermöge. Damit fanden beide ›Fahrzeuge‹ auf ihre Weise zum Bildhaften, wobei zu bemerken ist, daß der Buddha in den Ländern des Theravada stets menschlich-irdische Züge bewahrte, während er im Mahayana ein weltentrücktes Äußeres erhielt.

Aus diesen Beobachtungen erklärt sich, warum Buddha gerade im Kushana-Reich, in der Ära des aufkeimenden Mahayana, erstmals abgebildet wurde. Die Dynastie hatte aus Zentralasien, ihrer Heimat, den starken Bezug zu historischen Ereignissen und Personen wie auch den Drang zur Repräsentation der Staatsmacht übernommen. In Indien, das im Glauben an den Kreislauf des Weltgeschehens der Geschichte gleichgültiger gegenüberstand, begegneten die Kushanas Künstlern, die den Wunsch nach Bildern der diesseitigen und jenseitigen Welt meisterhaft zu erfüllen verstanden. So wurde mit hinreißender Kraft in Mathura und Gandhara ein buddhistisches Bildprogramm entwickelt, das sich hier der indischen, dort mehr mediterraner Stilmittel bediente. Wenig später, im 2. und 3. Jahrhundert, schuf unter der Herrschaft der Shatavahanas auch im mittelindischen Amaravati einen eigenen Buddha-Typ.

Stehender Buddha. Chinesische Kalksteinskulptur der Tang-Zeit, 7./8. Jahrhundert

Die kraftvolle Buddha-Gestalt Gandharas setzte sich in Indien nicht durch, wurde aber, mitsamt ihrer reichen narrativen Szenik, Vorbild für Zentralasien. Erst im künstlerisch eigenständigen China verlor sich dieser Einfluß. Hier entwickelte sich im 7. Jahrhundert, in der Tang-Zeit, eine Hochblüte buddhistischer Kunst, unter deren Eindruck dann für einige Jahrhunderte sämtliche Mahayana-Länder Ostasiens standen. Herausragende Beispiele eines

Buddhistische Architektur- ...

Die Ikonographie ...

von China unabhängigen Schaffens waren vom 9. Jahrhundert an die Holzplastiken Japans.

Indien selbst ging von den weichen Formen Amaravatis, mehr noch aber vom Buddha Mathuras aus. Auf Stilanalysen muß hier aus Platzgründen verzichtet werden, doch verdient das Buddha-Bild Mathuras als Urtyp eine besondere Beachtung. Ausgangspunkt war ein zunächst unbuddhistischer Dämon, der *yaksha*, der unter Kaiser Ashoka zum Torwächter der Stupas umfunktioniert worden war (vgl. S. 152f.). Seine frontale Körperhaltung blieb bestimmend für fast alle Buddha-Bilder Asiens. Die Haut wirkt gespannt, wie mit Flüssigkeit gefüllt, was der Gestalt eine vegetabil-kraftvolle, jedoch nicht athletische Ausstrahlung verleiht. Damit ist das spätere Bemühen vorweggenommen, in einer (westlichen Betrachtern als feminin erscheinenden) Figur die Gegensätze zwischen Mann und Frau und damit die Polaritäten allgemein aufzuheben.

Buddha-Kopf. Vergoldete Holzskulptur aus Tumshuq, Zentralasien, 5./6. Jahrhundert. Die sogenannte Erleuchtungserhöhung (*ushnisha*) liegt unter kurzen Locken, die *urna*, das ›Weisheitsauge‹ zwischen den Brauen, ist herausgebrochen. Ushnisha und Urna gehören zur Typologie des klassischen Buddha-Bilds, zu den 32 großen übermenschlichen Merkmalen des Meisters

Die vielleicht größte Leistung Mathuras besteht in der Reduktion: der Abkehr vom figurenreichen, dem *horror vacui* erlegenen Relief. Die belebte Szene der Frühzeit, in der Buddha als Symbol erschien, verkehrt sich ins Gegenteil, in die Einzelgestalt, die mit Symbolik ausgestattet wird, um Szenen und lehrreiche Inhalte zu vermitteln. Zugleich konzentriert sich von nun an alles Streben darauf, der irdischen Hülle eine jenseitige Aura zu verleihen und sie mit jenen 32 großen und 80 kleinen Merkmalen (*lakshanas*) auszustatten, die gemäß der Überlieferung den übermenschlichen Meister auszeichneten: Die Proportionen seines Körpers waren vollkommen, seine Schultern breit und die Hüften schmal. Wenn er stand, dann reichten seine Arme bis an die Knie. Unter der glatten Haut zeichneten sich weder Sehnen noch

... des Buddha-Bildes ... und Bildsprache

Adern ab. Der voll gerundete Körper des Buddha füllte sich mit *prana*, dem gleichmäßig ruhig strömenden Atem des Meditierenden. Seine Ohrläppchen waren langgezogen, wie man es noch heute bei Inderinnen sieht, die seit frühester Kindheit schwere Ohrringe tragen. Diesen Schmuck aber, der einst Fürsten vorbehalten blieb, legte Siddharta ab, als er sein Vaterhaus verließ und Wanderasket wurde, und er hatte sich das Haar scheren lassen, das nun nicht mehr über die Länge von zwei Zoll hinauswuchs und sich bei den meisten Bildnissen in gedrehten Löckchen kraust. Aureole, Nimbus und eine goldene Hautfarbe machen den Glanz der Weisheit und Güte sichtbar, deren Licht aus der *urna* strahlt, einem Mal zwischen den Augenbrauen. Die *ushnisha*, eine Aufwölbung (hervorgegangen aus dem Asketenknoten) als Zeichen der Erwachung, krönt das Haupt des Buddha, der stets in eine Mönchsrobe gehüllt ist.

Die vollendete Umsetzung dieser Vision gelang in der Gupta-Zeit (320–5./6. Jahrhundert) zunächst in Mathura, dann in Sarnath, Ajanta und Ellora. Der feingliedrige, edel geformte Buddha dieser Zeit schaut den Betrachter nicht mehr offen an, sondern blickt mit gesenkten Lidern und beispielloser Ruhe in sein Inneres. In dieser Versenkung wirkt er unnahbar und hinterläßt seinem weltlichen Publikum als einzige Botschaft das Memento, dem Pfad der Meditation zu folgen.

Mit dem Gupta-zeitlichen Buddha war ein ikonographisch und stilistisch gültiges Bild geschaffen, das sich im 7./8. Jahrhundert überall in Asien durchsetzte und einen, vielleicht sogar *den* Höhepunkt der buddhistischen Kunst markiert. Mit der Vollendung eines solchen Bilds aber erhöhte sich die Gefahr unproduktiver Repetition. Dies wird bereits im

Sitzender Buddha. Sandsteinskulptur aus Sarnath, Nordindien, 5. Jahrhundert. Das Bildnis gehört zu den großen Schöpfungen des Gupta-Stils. Die Hände zum Andrehen des Lehrrads (*dharmachakramudra*, vgl. S. 171) vereint, zeigt das Antlitz des Buddha tiefe Verinnerlichung. Überhaupt ist das spirituelle Moment gegenüber dem vergleichbaren, etwa vier Jahrhunderte älteren Mathura-Buddha (vgl. Abb. S. 164) mit seiner rustikalen Körperauffassung deutlich betont

Buddhistische Architektur- ...
Kolossale Abbilder

indischen Pala-Reich (8.–12. Jahrhundert) deutlich und zeigt sich dann, trotz interessanter lokaler Varianten, im gesamten buddhistischen Kulturkreis. Um 1500 versiegte die Kreativität; die Massenproduktion Tibets ist – kunsthistorisch – nur noch ein unbedeutender Ausklang, doch gilt dies selbstverständlich nicht für den Gläubigen, der im Buddha-Bild nicht die Ästhetik, sondern die Meditationshilfe sucht.

Der monumentale Buddha von Kamakura, südwestlich von Tokio, Japan. Die Bronzeskulptur, die 1252 in Einzelteilen gegossen und vor Ort zusammengesetzt wurde, ist über 11 m hoch und fast 100 Tonnen schwer

Die Wandlungen der überaus toleranten Lehre ließen aber stets auch Raum für neue Auslegungen oder Sonderformen der Buddha-Gestalt. Im Pala-Reich und später in Ostasien wurde Buddha oft im Fürstenschmuck dargestellt, wie es zuvor nur bei Bodhisattvas der Fall war (s. o.). Dieses Konzept bezieht sich auf den Lehrer als Weltherrscher, zu dem es seit etwa dem 3. Jahrhundert u. Z. eine noch eindrucksvollere Variante gibt. Damals war in Darel am Oberlauf des Indus eine Kolossalstatue gefertigt worden, die den Zeitgenossen als Weltwunder galt und vielfach kopiert wurde. So entstanden beispielsweise in Afghanistan die beiden 35 bzw. 53 m hohen Buddhas von Bamiyan (ca. 3./4.–7. Jahrhundert) und in China der 71 m hohe Buddha von Leshan (719–803). Kolossale Bronzen sind aus Japan bekannt, so der 16 m hohe Vairocana im Todaiji (ca. 750), eine handwerkliche Höchstleistung, die erst im achten Gußversuch gelang.

Eine beliebte Variante auf Sri Lanka war der liegende Buddha. Die scheinbare Ruheposition des Erhabenen soll sein friedvolles Dahinscheiden (*parinirvana*) bezeichnen, jenen bedeutsamen Moment, in dem der Meister für Anhänger des Hinayana letztmals darstellbar ist.

In Gandhara, Zentralasien, China und Thailand wurde eine andere Übergangssituation aus dem irdischen Dasein Buddhas zum Prüfstein der Künstler, nämlich die Askese, die der Erwachung vorausgegangen war. Die Bildnisse zu diesem Thema überzeugen durch ihre erschütternde Realitätsnähe (vgl. Abb. S. 16). Nicht minder imposant erscheinen in der Khmer-Kunst Kambodschas die großen, weltberühmten Köpfe am Bayon, in denen das Bildnis Buddhas mit dem Idealportrait des Königs verschmilzt (vgl. auch Abb. S. 63).

Während das Tantra gleichsam zum Ursprung zurückkehrte, indem es den Buddha, jetzt als höchstes Weltprinzip, auf ein einziges Symbol reduzierte, beispielsweise ein Schriftzeichen, gelangten die Chan-Buddhisten zu einem anderen Extrem, indem sie den Lehrer wieder als historische, von seinen Erkennungsmalen befreite Figur darstellten und keinerlei Skrupel zeigten, dieses Bild eigenhändig zu zerstören (vgl. S. 145f.).

Buddha im *parinirvana*, also beim Übergang vom Diesseits ins Nirvana. Die über 14 m lange Felsskulptur in Polonnaruwa, Sri Lanka, 12. Jahrhundert, beeindruckt durch lebensnahe bildhauerische Qualitäten, so das in der Mitte etwas eingedrückte Felskissen und den Schwung der fein gezeichneten Brauen (vgl. Abb. S. 172/173)

Körperhaltungen und Gesten

In der Kunst Asiens wird Buddha in frontaler Haltung und symmetrischer Komposition dargestellt; lediglich in Situationen, die sich auf Siddharta Gautama als Bodhisattva beziehen, wendet er sich gelegentlich begleitenden Figuren und nicht dem Betrachter zu. Erzählende Reliefs oder Gemälde mit realitätsnahen Szenen bleiben auf niedere Daseinsstufen beschränkt. Solche Werke, die sich etwa an Sockelzonen von Stupas oder in vorgelagerten Versammlungshallen befinden, begleiten den Gläubigen auf seinem Weg zum Allerheiligsten und bereiten ihn auf die Begegnung mit dem höchsten Meditationsobjekt vor, indem sie ihm in leicht verständlicher Bildsprache die irdischen Stationen Shakyamunis oder dessen frühere Existenzen in Erinnerung rufen. Im Unterschied dazu kommunizieren die als überzeitlich und überweltlich gedachten Idole mit dem Betrachter in einer Symbolsprache, die dem Eingeweihten Aufschluß über das Bildnis gibt, zugleich aber auch Gefühle vermitteln kann.

vitarkamudra: beim sitzenden oder stehenden Buddha, ähnlich der *abhaya-mudra* (s. rechts unten), jedoch Finger leicht nach unten weisend, Daumen und Zeigefinger berühren einander, in der späteren Ikonographie gelegentlich von der linken Hand ausgeführt oder die linke Hand mit gleicher Geste nach unten gerichtet, symbolisiert Urteilskraft und Vernunft

Zu den Zeichen dieser Bildsprache zählen die Haltungen des stehenden (*sthana*) und des sitzenden Körpers (*asana*), der Arme (*hasta*) und der Hände (*mudra*). Als Ausdrucksmittel waren sie im indischen Tanz zu höchster Perfektion entwickelt worden. Innerhalb der buddhistischen Plastik wurden diese Positionen und Gesten in Gandhara vorbereitet, in der späten Gupta-Zeit kanonisiert und dann in den gesamten buddhistischen Kulturkreis übernommen.

Das Hinayana verwendet nur einen Teil der Symbolsprache und benutzt diese Zeichen, um eine Aktion des Buddha, letztlich ein historisches Ereignis (Predigt, Meditation, Ein-

Erzählende Terrakotten am Klosterheiligtum von Paharpur, Bangladesh, 8. Jahrhundert

bhumisparshamudra: indische Sitzhaltung, die linke Hand im Schoß, die rechte berührt die Erde mit den Fingerspitzen, symbolisiert die Niederlage des Dämonen Mara, bei der Buddha die Erde als Zeugin für seinen Weg anrief

Körperhaltungen und Gesten

> **dharmachakramudra**: der Buddha in indischer oder europäischer Sitzhaltung, gelegentlich stehend, beide Hände begegnen sich vor der Brust, die Finger der Linken sind in die rechte Handfläche gestützt, mehrere Varianten, symbolisiert die erste Verkündigung der Lehre oder (durch ein zusätzliches Symbol angedeutet) das Wunder von Shravasti

> **dhyanamudra** (auch **samadhimudra**): stets verbunden mit der Meditationshaltung, die Hände, eine über der anderen, flach im Schoß gelegt, symbolisiert den Moment der Erwachung, aber auch allgemein die Meditation; in der japanischen Kunst kommen den einzelnen Fingerstellungen unterschiedliche Bedeutungen zu

gehen ins Nirvana etc.) anzudeuten. Im Mahayana und mehr noch im Tantrayana dienen die Symbole zur Unterscheidung der einzelnen Buddhas und sonstiger meist überweltlicher Gestalten. Weist etwa die rechte Hand nach unten (*bhumisparshamudra*), so ist damit im Hinayana die Szene der Erdanrufung gemeint: Als Buddha unter dem Bo-Baum vom Dämonen Mara bedrängt wurde und dieser ihn fragte, wer seine Aufrichtigkeit und Furchtlosigkeit bestätigen könne, rief Buddha die Erde als Zeugin an. Im Mahayana kennzeichnet die gleiche Geste den Buddha Akshobhya, der (wie die Erde) für Unverrückbarkeit steht. Um dieses Merkmal zu bekräftigen, erhält Akshobhya als weitere Symbole der Standfestigkeit einen Donnerkeil (*vajra*), den er mit der linken Hand umfaßt, und am Sockel seines Thrones einen Elefanten.

Solche Werkzeuge und Symboltiere erschließen dem Gläubigen unzählige Assoziationen und eröffnen ihm einen Zugang zum Kultbild. Im tantrischen Buddhismus kann das Idol auch mehrere Köpfe und Gliedmaßen erhalten, die dann auf Allmacht hindeuten und zugleich mehrere Symbole aufnehmen oder Gesten ausführen, um unterschiedliche Qualitäten und Aspekte der Gestalt zu kennzeichnen. Bei farbigen Darstellungen – dies bezieht sich nicht nur auf Gemälde, denn einst waren auch die meisten Skulpturen bemalt – liefert die Farbe ein weiteres Erkennungsmal. So trägt Amitabha die Farbe Rot, der ansonsten kaum von ihm zu unter-

> **varadamudra**: meist beim stehenden Buddha, der rechte Arm weist nach unten, die Handfläche mit gestreckten Fingern zum Betrachter, symbolisiert Barmherzigkeit

> **abhayamudra**: meist beim stehenden Buddha, der rechte Unterarm erhoben (in der Thai-Kunst auch der linke oder beide), die offene Handfläche dem Betrachter zugewandt, Finger zeigen nach oben, symbolisiert Schutzverheißung, Furchtlosigkeit

Körperhaltungen und Gesten

Der vom Schlangenkönig Mucalinda geschützte Buddha. Sandsteinskulptur aus Lopburi, Thailand, 13. Jahrhundert

während der Lotosthron an die Geburt Siddhartas gemahnt und zudem Reinheit symbolisiert. Die sieben- oder neunköpfige Schlange, die auf manchen Sitzbildwerken das Haupt Buddhas behütet, erinnert an Mucalinda, den Schlangenkönig, der dem Meister nach der Erwachung Schutz vor einem Unwetter bot, das Mara herabgesandt hatte. Während Buddha hier meditierend im ›Lotos-‹ oder ›Diamantsitz‹ (*vajrasana*) abgebildet wird, zeigt eine ›europäische‹ Sitzhaltung (*bhadrasana*) seine aktive Teilnahme am irdischen Leben an. Mitunter wird so aber auch der künftige Buddha Maitreya gekennzeichnet: Sind die Füße überkreuzt, eine Haltung, die als abwartende Ver-

scheidende Siddharta Gautama hingegen hat eine goldene Hautfarbe.

Hinweis auf die jeweils gemeinte Situation gibt auch der Thron, auf dem der Buddha sitzt. Als Herrschersymbol und Zeichen für die Lehre, deren erste Verkündigung mit einem Löwengebrüll verglichen wurde, ist der in Indien häufig anzutreffende Löwenthron zu verstehen,

Noch einmal (vgl. Abb. S. 169) der Parinirvana-Buddha des Gal Vihara. Felsskulptur in Polonnaruwa, Sri Lanka, 12. Jahrhundert

Körperhaltungen und Gesten

senkung zu interpretieren ist, so deutet dies auf Maitreya, der gelassen seiner Buddhaschaft entgegenblickt. Eine andere entspannte Position, *lalitasana* genannt, bei der ein Fuß auf den Boden gesetzt, das andere Bein angezogen ist, bleibt in ihrer Asymmetrie generell auf Bodhisattvas beschränkt.

Der liegende Buddha demonstriert einmal mehr, wie sich das Verständnis der Gestalt über kleinste Details erschließt. In der Ruheposition liegt Buddha, wie übrigens auch Mönche, stets auf der rechten Körperseite, mit dem Kopf nach Norden, die Füße parallel zueinander gelegt. Ist der untere Fuß leicht vorgeschoben, so wird damit das Parinirvana angedeutet.

Buddha in europäischer Sitzhaltung. Relief am Frontalschrein des Pseudo-Stupa in Höhle 26, Ajanta, Mittelindien, frühes 7. Jahrhundert (vgl. Abb. S. 155)

Buddhistische Architektur- ...
Feste Bildprogramme

Buddhistische Kunstwerke entstanden nicht vorrangig nach ästhetischen Gesichtspunkten. Vielmehr waren nach tradierten Lehrbüchern ikonographische Hinweise mit einem symbolträchtigen Kompositionsschema zu verbinden. Auch wenn dabei sowohl mittelmäßige als auch herausragende Bildwerke hervorgebracht wurden, maß man dem einzelnen Künstler keine Bedeutung bei. Namen und konkrete Daten aus der indischen Kunstgeschichte sind deshalb kaum bekannt. Lediglich in Ostasien, wo die Geschichtsschreibung eine lange Tradition hat, gelangten buddhistische Künstler zu Ruhm, etwa die Mönchsmaler Hakuin und Sengai in Japan.

Götter und Buddhas, Bodhisattvas und Dämonen, Heilige und Lehrer

Neben *dem* Buddha des Hinayana und *den* Buddhas der neueren Schulen hat der Buddhismus ein fast unüberschaubar vielfältiges Bildprogramm geschaffen, das in der alten Lehre auf die historischen Figuren Bezug nahm, im Mahayana und Tantrayana kosmologische Erwägungen visuell umsetzte und in Kulturen außerhalb Indiens auch Gestalten fremder Religionen einband. Die Künstler Gandharas wählten zur Charakterisierung der verschiedenen Daseinsstufen unterschiedliche Physiognomien, Trachten und Stilmittel – ein Prinzip, das über Zentralasien nach China tradiert, dort aber schließlich aufgegeben wurde. In Mathura war man dagegen bemüht, überweltliche Figuren idealisiert, irdische realistisch darzustellen. Dies wurde schließlich zum höchsten Maßstab der buddhistischen Kunst und gibt das entscheidende Indiz, warum nach der Schaffung eines gültigen Buddha-Bildes die überzeugenderen, kreativeren Leistungen bei der Umsetzung ›niederer‹ Gestalten gelangen, deren Typenkatalog ständig erweitert wurde. Dies belegt vor allem die späte buddhistische Kunst Chinas, aber auch die Tibets.

Während das Hinayana seinen weltanschaulichen Prämissen gemäß lange Zeit thematisch begrenzt blieb und erst spät Dämonen und andere überweltliche Gestalten in sein Repertoire aufnahm, entwickelten Mahayana und Tantrayana immer neue Wesen, die teils kosmologischen Spekulationen entsprangen, teils aus Volkskulten übernommen wurden. Dabei wurde stets darauf geachtet, diese Wesen exakt zu klassifizieren, sie der strengen Hierarchie der Daseinsstufen einzugliedern.

Auf den Höchstrang der Buddhas folgen die Bodhisattvas. Sie

Totentänzer Chitipati, ein Begleiter des Totenrichters Yama. Versilberte Bronze, Mongolei, 19. Jahrhundert

Die Bodhisattvas … und Bildsprache

werden ähnlich vergeistigt, übergeschlechtlich und idealisiert dargestellt wie die Buddhas, tragen jedoch reichen Schmuck als Zeichen ihrer Verbundenheit mit dem Erdenleben und werden in lockerer Körperhaltung abgebildet. Oft nehmen sie die als *tribhanga* bekannte Pose ein, eine dreifache, S-förmige Biegung des Körpers, bekannt aus dem indischen Tanz. Die Pose wird vor allem dann bevorzugt, wenn zwei Bodhisattvas einen Buddha flankieren und durch die Tribhanga-Haltung – die eine Gestalt nach links, die andere nach rechts ausschwingend – den Blick auf das eigentliche Idol zentrieren. In diesem Fall sind die Bodhisattvas als Begleiter aufzufassen, doch da das Mahayana sie als direkte Heilsbringer verehrt, wurden sie schließlich selbst Zentrum von Kultbildern. Dies gilt vor allem für Maitreya, der sich im chinesischen Volksbuddhismus in einen lachenden Glücksbringer namens Budai ›Hanfsack‹ verwandelte (man kennt die dickbäuchige Gestalt, die im Westen oft mit Buddha verwechselt wird), ferner für Manjushri, Tara, Prajnaparamita und Avalokiteshvara. Letzterer wird oft mit mehreren Köpfen und Gliedmaßen dargestellt (etwa: der ›Elfköpfige mit dem großen Mitleid‹; vgl. Abb. S. 125), ein Merkmal, das auf tantrisch-hinduistische Einflüsse hinweist. Seine große Beliebtheit ist allein daran ab-zulesen, daß er in ca. 130 ikonographischen Varianten vorkommt. Avalokiteshvara (in China Kwanyin, in Japan Kwannon genannt) nimmt dabei immer neue Aufgaben an, er kann sogar als Gottheit anderer Religionen auftreten, um Menschen, die sich zum falschen Glauben bekennen, auf den rechten Weg zu bringen. In Tibet gilt er als Schutzpatron des Landes. Diese vielfache Identität führte andererseits dazu, daß Avalokiteshvara mit dem Hindu-Gott Shiva

Chinesische Glücksbringer, wie sie im Westen häufig als Darstellung Buddhas mißverstanden werden. Moderne glasierte Keramik

Buddhistische Architektur- ... Vidyarajas, Lokapalas, Dvarapalas

Fudo, einer der ›Könige des esoterischen Wissens‹ (vgl. auch Abb. S. 141). Farbig gefaßte Holzplastik, Japan, 12. Jahrhundert. Insgesamt gibt es fünf solcher Könige. Sie gelten als zornige Erscheinungsformen der fünf Buddhas des Esoterischen Wissens und sollen die Zögernden und Unaufgeschlossenen auf den Erlösungsweg zwingen

verschmolz und in Indien letztlich auch seine Anhänger an ihn verlor.

Stehen die Bodhisattvas für den gütigen Aspekt der höchsten Wesen und handeln heilbringend in deren Auftrag, so verkörpern die ›Könige der Weisheit‹ (*vidyarajas*) das zornige Element. Diese erst spät in die buddhistische Geistes- und Bildwelt eingeführten Wesen, die ebenfalls eher hinduistischem Gedankengut angehören, verdeutlichen das typisch tantrische Bemühen, die Einheit und höchste Wahrheit im Ausgleich der Polaritäten zu suchen: Nichts und niemand kann nur gut oder nur böse sein, wahrhaftig ist allein der Mittlere Weg, die Auflösung im Weder-Noch.

Mit der Ebene der zwölf höchsten Götter wird dann eine grundsätzlich andere Sphäre betreten, denn sie sind Wesen des Samsara. Zwar ist ihnen ein langes, aber doch kein ewiges Leben und vorerst auch kein Nirvana beschieden. Um dieses höchste Ziel zu erreichen, müssen sie vorab sogar das Erdendasein durchlaufen und dabei das Leid des Lebens erfahren.

Als nächste auf der Stufenleiter folgen die vier ›Weltenhüter‹ (*lokapalas*; auch: *devarajas*, ›Himmelskönige‹, genannt), dann die ›Wächter der Himmelspforten‹ (*dvarapalas*) sowie allerlei göttliche und dämonische Wesen verschiedenster Herkunft. Sie sind leicht an der nach rechts ausfallenden, als aggressiv interpretierten Körperhaltung zu erkennen, zudem daran, daß sie Drohgebärden vollführen, Totenköpfe oder mit Wein gefüllte Schädelschalen in Händen halten und wutschnaubend gnomenhafte Wesen niederstampfen. All dieser furchterregende Zauber, der hinduistischen Ursprungs ist, richtet sich im tantrischen Buddhismus gegen die alten Leidursachen, Gier, Haß und Verblendung, die in jenen Gnomen personifiziert sind.

Heilige und Lehrer ... und Bildsprache

Der Stufe der niederen Götter und Dämonen sind alle Menschen untergeordnet, die noch nicht die Erwachung erlangt haben. Wer dagegen diese höchste Stufe der Erkenntnis erreicht hat, der wird im Hinayana als Arhat (›Heiliger‹, ›Weiser‹) über die Götter und neben den Buddha gestellt, während er im Mahayana die Position gleich unter den Bodhisattvas einnimmt. Gerade die Forderung nach einer künstlerischen Umsetzung dieser in Bewegung und Mimik noch irdischen, in ihrer Aura aber bereits überweltlichen Heiligen und Lehrer hat in der Spätzeit des Buddhismus zu Meisterleistungen der Skulptur und Malerei geführt.

Besondere Beachtung verdienen schließlich die in körperlicher Vereinigung dargestellten irdisch-überirdischen Paare des Tantra, die nach der tibetischen Nomenklatur als *yab-yum* bekannt sind und sinnbildlich für das Aufheben der Dualitäten stehen. Gerade das Motiv der Liebesvereinigung vermag Einsicht in die tantrische Gedankenwelt zu geben, führt in westlicher Rezeption aber leicht zu grundlegenden Mißverständnissen: Unvorbereitete Betrachter sehen hier oft nur eine ›reizvolle‹ Darstellung des Geschlechtsverkehrs und vermögen sich den Reichtum ikonographischer Anspielungen nicht zu erschließen.

Denn alle Figuren der buddhistischen Geisteswelt haben ihren Platz in einem spirituellen Gefüge. Diese Kunst wirkt in ihrem Kontext, oft sogar nur am Ort ihres Entstehens; das Herauslösen von Motiven und Werken nimmt ihr Sinn und Bezug. Dies erklärt, warum es buddhistischen Bildnissen in Museen häufig an Ausstrahlung und Unmittelbarkeit mangelt.

Der Adibuddha Samanthabhadra mit seiner Prajna im sakralen Liebesgenuß (*yab-yum*). Ausschnitt (Zentrum) eines Thangkas, Ladakh, 20. Jahrhundert. Samanthabhadra wird als Ur-Buddha stets nackt dargestellt. Seine Gefährtin Samanthabhadri ist mit ihm wesensgleich

Der Buddhismus im Westen
Erste Begegnungen mit dem Buddhismus

> »Wenn eiserne Vögel durch die Luft fliegen, wird der Buddhismus nach Westen wandern und in die fernsten Länder gelangen.«
> *Padmasambhava, 8. Jahrhundert*

Als die Portugiesen 1505 erstmals auf Sri Lanka landeten, bereitete ihnen der Kontakt mit der unbekannten und offenkundig sehr mächtigen Religion Unbehagen, dem sogleich Waffengewalt und Zwangskonvertierungen folgten. Die christlichen Missionare dieser Zeit hinterließen in Asien kein vorteilhaftes Bild ihrer Lehre und begegneten umgekehrt den heimischen Kulturen mit Argwohn und geradezu groteskem Unverständnis. Als beispielsweise die ersten Jesuiten im 16. Jahrhundert den Amida-Buddhismus kennenlernten, meldeten sie in die Heimat, Luthers Ketzertum sei bereits bis Japan vorgedrungen. Dennoch weckten die merkwürdigen Berichte aus der fernen Welt in Europa das Interesse gebildeter Schichten, die zunächst keine wissenschaftliche Quellenforschung betrieben, sondern ungerührt die Mißverständnisse der Asien-Fahrer mit abendländischen Theorien verknüpften. Die China-Rezeption eines Leibniz und eines Voltaire sind Beispiele dafür.

Prominentester Vertreter dieser un- oder vorakademischen Einverleibung des Buddhismus war der deutsche Philosoph Arthur Schopenhauer (1788–1860), der buddhistische Gedanken in seiner eigenen Weltschau zu entdecken meinte. In der Tat fallen auf den ersten Blick bemerkenswerte Korrespondenzen auf, so die negatorisch-pessimistische Weltsicht (Schopenhauer: »Das Leben ist eine mißliche Sache«) wie auch Schopenhauers berühmte Ethik des Mitleids. Der Philosoph propagierte diese Gemeinsamkeiten mit Vehemenz, zog die Moraldoktrinen des Buddhismus denen des Christentums vor und richtete damit den Blick einer breiten Öffentlichkeit auf die fremde Lehre.

Inzwischen hatten britische Kolonialbeamte erste Sprachforschungen betrieben und damit begonnen, Texte des Mahayana ins Englische zu übertragen. Ein spürbarer Auftrieb, der auch positiv auf den Buddhismus in Asien zurückwirkte, kam allerdings erst, als in der zweiten Hälfte des 19. Jahrhundert das Studium von Buddhas Leben und der frühen Lehre anhand von Pali-Texten einsetzte. Pioniere dieser gelehrten Arbeit waren der Brite Thomas Williams Rhys Davids (1843–

Arthur Schopenhauer (1788–1860) schreibt in seinem Hauptwerk »Die Welt als Wille und Vorstellung«: »Alles im Leben gibt kund, daß das irdische Glück bestimmt ist, vereitelt oder als eine Illusion erkannt zu werden.« Dies entspricht ebenso dem weltabweisenden Grundtenor des frühen Buddhismus wie andere Einsichten des deutschen Philosophen

Forscher und Theosophen — Der Buddhismus im Westen

1922) sowie die Deutschen Hermann Oldenberg (1854–1920) und Karl Eugen Neumann (1865–1915), die glänzende Übersetzungen der Originalwerke vorlegten. Unter der Ägide der von Rhys Davids begründeten Pali Text Society erscheinen bis heute wesentliche Editionen und Übersetzungen von Texten, die im Ursprungsgebiet des Buddhismus selbst überhaupt nicht oder nur wenigen Eingeweihten bekannt sind.

Ein Buch war es auch, die amerikanische Ausgabe eines Streitgesprächs zwischen Buddhisten und Christen auf Sri Lanka (1865), das zur Gründung der Theosophischen Gesellschaft (1875) in New York durch die zwielichtige Okkultistin Helena Petrovna Blavatsky (1831–1891) und den Obristen Henry Steel Olcott (1832–1907) beitrug. Zum Ziel setzte sich die Gesellschaft – der übrigens zeitweise auch Rudolf Steiner (1861–1925) angehörte – zweierlei: einerseits den gemeinsamen esoterisch-überweltlichen Kern der großen Religionen zu ermitteln; andererseits die asiatischen Lehren im Westen bekannter zu machen. 1881 veröffentlichte Olcott einen »Buddhistischen Katechismus« (deutsch 1908), 1890 gründete er auf Sri Lanka eine Buddhistische Theosophische Gesellschaft und im Jahr darauf mit seinem Freund Anagarika Dharmapala (eigentlich David Hewavitarne, 1864–1933) eine Gesellschaft zur Pflege Bodh Gayas und anderer verfallener Schauplätze des Buddhismus in Indien. War der Mahabodhi Society unter diesem Aspekt großer Erfolg beschieden, so scheiterte sie an dem Ziel, die Lehre auch in Indien wiederzubeleben.

Die Büste des Anagarika Dharmapala (1864–1933) auf Sri Lanka erinnert an die buddhistischen Erneuerungsbemühungen, die Ende des 19. Jahrhunderts zumeist von abendländischen Fürsprechern ausgingen

Helena Blavatsky (1831–1891) gehörte zu den schillerndsten Figuren des viktorianischen Okkultismus. Im 19. Jahrhundert, in dem es auf der Weltkarte noch ›weiße Flecken‹ gab (z. B. Tibet), behauptete die geborene Russin, sie habe sieben Jahre bei den Weisen im Himalaya zugebracht, und ließ ihre obskuren Erkenntnisse aus diesen ›Lehrjahren‹ in die Gründung einer Theosophischen Gesellschaft einfließen

Der Buddhismus im Westen
USA, Deutschland, Großbritannien

1897 – vier Jahre nach der Weltausstellung in Chicago, wo erstmals Vertreter aller großen Religionen zu einem Gedankenaustausch zusammenkamen – entstand als erste buddhistische Organisation im Westen ein amerikanischer Zweig der Mahabodhi Society. In Deutschland wurde 1903 die erste buddhistische Vereinigung gegründet, in Großbritannien 1907. Bei den Briten fand ein recht breites Spektrum an buddhistischen Lehren Beachtung, und früh kam hier auch die Idee auf, aus dem Miteinander der verschiedenen Schulen eine vereinigte neue Richtung, das Navayana (›Neues Fahrzeug‹), hervorgehen zu lassen. In Amerika war man vor allem mit dem ostasiatischen Buddhismus vertraut, was sich im wesentlichen aus dem Zustrom an chinesischen und japanischen Billigarbeitskräften (Eisenbahnbau) seit den sechziger Jahren des 19. Jahrhunderts und der Eingemeindung (1888) der von Japan her durch die Jodo-shin-shu missionierten Hawaii-Inseln in den US-Staatenbund erklärt.

Während das Theravada in den USA noch kaum bekannt war, widmeten sich die Gelehrten und aktiven Buddhisten Deutschlands fast ausschließlich dieser Richtung. Zur Pflege des Theravada gründeten 1924 Georg Grimm (1868–1945) und Karl Seidenstücker (1876–1936) die Buddhistische Gemeinde für Deutschland in Utting am Ammersee und Paul Dahlke (1865–1928) das bis heute bestehende Buddhistische Haus in Berlin-Frohnau.

Erster buddhistischer Mönch aus dem Westen war der Brite Allan Bennet McGregor (1872–1923), der 1902 in Burma ordiniert wurde. Seinem Beispiel folgte der deutsche Violinmeister Anton Gueth (1878–1957), der 1904 in Burma Mönch wurde und dann als Nyanatiloka Mahathera nach Sri Lanka ging. Das 1911 dort von ihm ins Leben gerufene Kloster auf einer kleinen Insel vor Dodanduwa zog in der Folgezeit zahlreiche Buddhisten aus dem Westen an, unter ihnen 1936 Nyanaponika (Siegmund Feniger, 1901–1980), der – wie Nyanatiloka – zahlreiche bedeutende Schriften zum Theravada-Buddhismus verfaßte und

Buddha in einer Buchillustration des im Westen einflußreichen Werks »Das Evangelium des Buddha«, das ab 1894 in amerikanischen und deutschen Ausgaben kursierte. Die Bebilderung der Ausgabe von 1919, geschaffen von Olga Kopetzky, macht Buddha zu einem Gegenstand des Jugendstils. Unverkennbar ist die ikonographische Angleichung an die Christus-Figur

Der Buddhismus im Westen

Nach dem Zweiten Weltkrieg

zudem einen eigenen Verlag, die Buddhist Publication Society, gründete.

Nach dem Zweiten Weltkrieg nahm die Zahl der Buddhisten im Westen rapide zu. Es traten nun zwei Richtungen in den Vordergrund, die bislang kaum beachtet worden waren: Zen und Lamaismus. Mit dem Zen-Buddhismus kamen zuerst die Amerikaner durch den Krieg mit Japan in Berührung. Jack Kerouacs Buch »The Dharma Bums« (deutsch: »Gammler, Zen und hohe Berge«) brachte 1958 der Generation der Beatniks diese buddhistische Richtung näher. In der Folge vermochten Gelehrte wie Daisetz Teitaro Suzuki eine erstaunlich große Leserschaft mit den Grundlagen des Zen vertraut zu machen. Spuren der Zen-Lehre finden sich auch in Fritz Perls' Gestalttherapie, deren Erkenntnisse eine ganze Schar Jugendlicher zu Seminaren nach Kalifornien lockten. All diese Entwicklungen trugen dazu bei, daß Zen zu einem – oft völlig mißverstandenen – Leitmotiv der Hippie-Bewegung wurde. So entstanden in den späten sechziger Jahren Zen-Zentren verschiedener Richtungen u. a. auf Hawaii, in San Francisco und New York. Ein besonders ehrgeiziges Unternehmen war die 1968 in San Francisco gegründete Sino-American Buddhist Association. Aus dieser Chan-Vereinigung gingen kurz darauf das Kloster Golden Mountain Dhyana Monastery und die City of 10 000 Buddhas im Norden Kaliforniens hervor.

Fritz S. Perls (1893–1970), einer der Begründer der Gestalttherapie

Eine ähnlich große westliche Anhängerschaft, darunter Kinostars wie Richard Gere und Harrison Ford, besitzt heute der Lamaismus, der in jüngster Zeit durch Filme wie »Living Buddha«, »Little Buddha« und »Kundun« ins Zentrum des Interesses rückte. Schon für die Theosophen war Tibet das mystische Wunderland des Buddhismus gewesen, nun brachten der Aufstand im Schneeland und die Flucht des Dalai Lama nach Indien (1959) eine internationale Welle der Sympathie in Gang (vgl. S. 117). Viele tibetische Mönche emigrierten ins westliche Ausland und gründeten hier lamaistische Klöster

Der Buddhismus im Westen
Buddhistische Institutionen und Organisationen

Szene aus dem Film »Little Buddha« unter der Regie von Bernardo Bertolucci mit Keanu Reeves als Darsteller

und andere Einrichtungen. Ein Zentrum des tibetischen Buddhismus in Europa wurde die Schweiz. Besonders aktiv waren Chögyam Trungpa und Akong Rinpoche, die 1967 in Schottland das Kloster Samye Ling (Johnston House, Dumfries) ins Leben riefen. Weitere Institute unterschiedlicher tibetischer Schulen folgten in kurzem Abstand, beispielsweise in Kopenhagen, wo Hannah und Ole Nydahl eine besonders eifrige Missionsarbeit leisten. In Deutschland hat sich u. a. das Tibetische Zentrum in Hamburg hervorgetan.

Eine neue Entwicklung zeichnete sich ab, als Trungpa 1973 in Boulder, Colorado, den Hauptsitz einer neuen Organisation einrichtete, Vajradhatu genannt. Wenn man dort seither den tibetischen Buddhismus mit Lehren des Zen, der Gestalttherapie und anderen Elementen aus West und Ost verknüpft, so belegt dies die unverändert große Anpassungsfähigkeit des Buddhismus.

Den vielleicht rasantesten Anstieg ihrer Mitgliederzahl verzeichnete allerdings die von Japan ausgehende Soka Gakkai International (in den USA: Nichiren Shoshu of America), was sich teils aus der Schlichtheit der Lehre erklärt, teils aber auch aus der besonders bemühten Missionsarbeit.

Junge westliche Buddhismus-Adepten in Bodh Gaya, Nordindien

Ist der Buddhismus im Westen nun lediglich eine Modeerscheinung, eine konsumorientierte Idee zur Bewältigung materieller oder psychischer Probleme? Zweifellos trägt er auch solche Züge. Aber allein die geschichtliche Entwicklung deutet darauf hin, daß sich das Phänomen so nicht abtun läßt. Schließlich hat

Ewiges Leben versus Ende der Wiedergeburt — Der Buddhismus im Westen

der Buddhismus zahlreiche Länder Asiens, auch solche mit einer eigenen Hochkultur, in seinen Bann ziehen können, und zwar durch seine Toleranz und Offenheit wie auch durch die Überzeugungskraft seiner philosophischen Grundlagen, deren Einsichten in Zeit und Raum einschließlich des Konzepts der Substanzlosigkeit in den westlichen Naturwissenschaften manche Bestätigung gefunden haben. Wahrheit und Wirklichkeit werden hier in einer Weise hinterfragt, wie es die abendländische Philosophie erst in neuerer Zeit unter dem Eindruck naturwissenschaftlicher Paradigmenwechsel unternahm. Bezeichnenderweise haben bahnbrechende Physiker wie der Nobelpreisträger Erwin Schrödinger (1887–1961) die buddhistischen Ideen zu Determinismus und freiem Willen hervorgehoben.

Wer die Kraft des Buddhismus recht verstehen will, muß vor allem begreifen, daß es sich hier nicht um eine Religion mit einem dogmatischen Wahrheitsanspruch handelt. Der Buddhismus ist aus der tiefen psychologischen und ethischen Erfahrung eines humanitär eingestellten Menschen hervorgegangen, der weder Gott noch Guru sein wollte, sondern sich lediglich auf eine intensive, letztlich erfolgreiche spirituelle Suche begeben hat. Alle Ausformungen der Lehre, wie verschieden sie auch ausfallen mögen, sind von dieser ursprünglichen Suche geprägt. Vielleicht noch wichtiger ist es für jeden westlichen Adepten, sich eines grundlegenden Unterschieds bewußt zu werden: Der Westen suchte stets das Ewige Leben, der buddhistische Osten aber das Ende der Wiedergeburt.

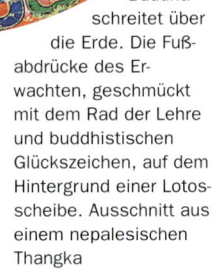

Buddha schreitet über die Erde. Die Fußabdrücke des Erwachten, geschmückt mit dem Rad der Lehre und buddhistischen Glückszeichen, auf dem Hintergrund einer Lotosscheibe. Ausschnitt aus einem nepalesischen Thangka

183

Glossar

Glossar

Adibuddha
im späteren Buddhismus die Personifizierung des Absoluten

Amitabha
ein *jina*; in Japan als Amida verehrt

Andhra
alte Kulturlandschaft im Süden Indiens, entspricht etwa dem heutigen Bundesstaat Andhra Pradesh

arhat
›Ehrwürdiger‹, der die Erwachung als höchstes Ziel des Hinayana-Buddhismus erreicht hat

Ashoka
bedeutendster Kaiser der *Maurya*-Dynastie

atman (Sanskrit), **atta** (Pali)
das ›Selbst‹ des Menschen, Einzelseele, die nach Vereinigung mit *brahman*, der Weltenseele, strebt; wird vom Buddhismus geleugnet (= *anatman*- bzw. *anatta*-Lehre)

Avalokiteshvara
bedeutendster *bodhisattva* des *Mahayana*

bhikshu (Sanskrit), **bhikkhu** (Pali)
Mönch

bodhi
Erwachung

Bo(dhi)-Baum
Feigenbaum (*Ficus religiosa*), unter dem Buddha die Erwachung erlebte, auch Pipalbaum genannt

bodhisattva
Erwachungswesen, Anwärter auf Buddhaschaft

Brahma
Gott des *Brahmanismus* und des Hinduismus, höchste Gottheit (als Schöpfer) neben *Vishnu* (dem Erhalter) und *Shiva* (dem Zerstörer)

brahman
Weltenseele, unpersönliches Weltgesetz

Brahmanismus
Frühstufe der indischen Religion, die Priester (Brahmanen) beherrschten das Opferritual und nahmen so eine führende Rolle in der Gesellschaft ein

chaitya (Sanskrit), **chetiya** (Pali)
Aschehaufen; sakrales Objekt; Schrein, Tempel, besonders in der Form einer rechteckigen Halle mit Apsis

Chittamatra
eine *Mahayana*-Lehre, die besagt, daß die Welt »nur Geist« (*chitta*) sei; weitere Bezeichnungen der Schule: *Vijnanavada* (›Bewußtseinslehre‹, wonach die Welt erst durch das Bewußtsein existent wird) oder *Yogacara* (›Wandel im Yoga‹, weil die Erkenntnis durch Askese, Magie und Trance gesucht wird)

dagoba
Bezeichnung für die *stupa*-Form auf Sri Lanka

Dekkhan
zentralindisches Hochland

dharma (Sanskrit), **dhamma** (Pali)
Einheiten, auf die alles Sein zurückzuführen ist; auch: die buddhistische Lehre; bei Ashoka: Moral

dharmachakra
Rad der Lehre

dhyana
Meditation (chinesisch: *chan*; japanisch: *zen*)

dhyanibuddha
s. *jina*

Gandhara
Kulturlandschaft im Norden des heutigen Pakistan

Gautama
Familienname des historischen Buddha

Gupta
Dynastie in Nordindien, unter ihnen Hochblüte der indischen Kunst, Förderer des Buddhismus

Harappa
Ausgrabungsstätte im heutigen Pakistan, nach ihr wurde eine vor-arische Hochkultur benannt

Hinayana
›Kleines Fahrzeug‹, die Alte Weisheitsschule, die nur wenigen Auserwählten Erlösung verspricht

Jainismus
indische Erlösungslehre, etwa zeitgleich mit dem Buddhismus entstanden und auf ähnlichen Begriffen basierend, höchstes Gebot *ahimsa* (Nicht-Töten, bezogen auf alle Lebewesen)

jataka
Erzählung über frühere Existenzen des Buddha

jina
›Sieger‹; Bezeichnung für Mahavira, den Begründer des *Jainismus*; im *Mahayana* und *Tantrayana* himmlischer Buddha, früher übliche Bezeichnung *dhyanibuddha* (›Meditationsbuddha‹)

karma(n)
›Werk‹, gutes oder böses Handeln in diesem Leben, das über die nächste Wiedergeburt entscheidet

kshatriya
Angehöriger der Kriegerkaste

Kushana
um die Zeitenwende aus Zentralasien nach Indien eingewanderte Dynastie, bildete ein Großreich mit Zentrum im Nordwesten Indiens, Förderer des Buddhismus

lama
ordinierter Mönch des tibetischen Buddhismus

Lamaismus
tibetische Form des Buddhismus

Madhyamika
›Mittlere Lehre‹, eine Richtung des *Mahayana*, Höhepunkt unter *Nagarjuna*

Magadha
altes Königreich in Nordindien, Teil des heutigen Bundesstaates Bihar, Wirkungsort Buddhas

Mahasanghika
Vorstufe des *Mahayana*

Glossar

Mahayana
›Großes Fahrzeug‹, Neue Weisheitsschule mit Heilswegen für die Allgemeinheit

Maitreya
der zukünftige Buddha

mandala
›Kreis‹; symbolische Darstellung des Kosmos als Meditationsvorlage

Manjushri
bedeutender *bodhisattva*

mantra
Zauberformel

Mara
Dämon, Herr des Totenreichs

Maurya
bedeutende Dynastie in vorchristlicher Zeit, die ihr Reich von *Magadha* aus über fast das gesamte Indien ausdehnte, Förderer des Buddhismus

maya
Täuschung, Illusion; Name der Mutter Buddhas

mudra
Geste, Handhaltung mit symbolischer Bedeutung

naga
Schlange; Wächter geistiger Wahrheiten

Nagarjuna
südindischer Reformer des Buddhismus, lebte um 200 u. Z., wichtigster Vertreter des *Madhyamika*

nirvana (Sanskrit), **nibbana** (Pali)
›Verwehen‹, höchstes Ziel des Buddhismus

Pala
Dynastie im heutigen Bihar und Bengalen, letzte Förderer des Buddhismus in Indien

Pali
indische Gelehrtensprache, Hauptsprache der *Hinayana*-Literatur

Pali-Kanon
die im ›Dreikorb‹ (Pali: *tipitaka*) zusammengefaßte, auf Sri Lanka niedergeschriebene Lehre des *Theravada*

parinirvana
das Eingehen ins *nirvana* beim Tod des Erwachten

prajnaparamita
Weg zur Erlangung der Weisheit als Erlösungsfaktor, ein Zentralbegriff des *Mahayana*, personifiziert als weiblicher *bodhisattva*

pratiyasamutpada (Sanskrit), **paticcasamuppada** (Pali)
konditionales Entstehen

samadhi
höchste Stufe der geistigen Versenkung

samsara (Sanskrit), **sansara** (Pali)
Kreislauf der Wiedergeburten

sangha
der buddhistische Orden

Sanskrit
die Sprache der Veden, indische Gelehrtensprache

shakti
weibliche Kraft

Shakyamuni
der ›Weise aus dem Geschlecht der Shakya‹, Bezeichnung für den historischen Buddha

shastra
Lehrbuch, das von einem (mitunter namentlich bekannten) Philosophen verfaßt wurde

Shatavahana
Dynastie in *Andhra* und auf dem *Dekkhan*, Förderer des Buddhismus

Shiva
der Zerstörer, Gottheit des Hinduismus, zählt neben *Brahma* und *Vishnu* zur obersten Trinität

shramana
wandernder, hausloser Mönch

shunyata
Leerheit, Zentralbegriff des *Mahayana*

Siddharta
Vorname des historischen Buddha

skandha (Sanskrit), **kandha** (Pali)
fünf Anhaftungsgruppen (physischer Körper und Besitz; Gefühl; Wahrnehmung; Handlung; Bewußtseinsakt)

stupa
›Haarknoten‹, ›Hügel‹; Grab- oder Gedenkstätte in Form eines Hügels

sutra
Text, Leitfaden; angeblich Originalworte des Buddha; im *Brahmanismus* Erklärungen zu Opferhandlungen etc.

tantra
›Buch‹, Unterweisungen zu Geheimlehren

Tantrismus
magisch-religiöse Lehre auf Grundlage der *tantras*

Tara
Göttin im *Mahayana*

tathagata
der ›So Gegangene‹, Eigenbezeichnung Buddhas

thangka
Bildrolle

Theravada
›Schule der Alten‹, eine Richtung des *Hinayana*

tipitaka
s. Pali-Kanon

triratna
die ›drei Juwelen‹ des Buddhismus: Buddha, die Lehre, die Gemeinde

tschörten
tibetische Variante des *stupa*

Vairocana
ein *jina*

vajra
Donnerkeil, Diamantzepter

Vajrayana
›Diamantfahrzeug‹, in Tibet verbreitete Lehre des tantrischen Buddhismus

veda
›Wissen‹, heilige Werke der arischen Lehre des Vedismus, darin Hymnen, Zauber- und Opfersprüche

vihara
Kloster

Vijnanavada
s. *Chittamatra*

Vishnu
der Erhalter, Gottheit im Hinduismus, zählt neben *Shiva* und *Brahma* zur obersten Trinität

yab-yum
Darstellung der Vereinigung von männlicher (*yab*) und weiblicher (*yum*) Kraft

yaksha
Fruchtbarkeitsdämon

Yogacara
s. *Chittamatra*

Bibliographie

Bibliographie

Gesamtdarstellung, Einführungen

Bechert, H./Gombrich, R. (Hg.): Die Welt des Buddhismus. Geschichte und Kultur. München 1984
Conze, E.: Der Buddhismus. Stuttgart, 6. Aufl. 1986
Dalai Lama: Einführung in den Buddhismus. Freiburg u. a. 1993
Frauwallner, Erich: Die Philosophie des Buddhismus. Berlin, 4. Aufl. 1994
Golzio, Karl-Heinz: Wer den Bogen beherrscht. Düsseldorf 1995
Harvey, Peter: An Introduction to Buddhism. Cambridge 1990
Mensching, Gustav: Buddhistische Geisteswelt. Darmstadt 1955
Nyanatiloka: Buddhistisches Wörterbuch. Konstanz 1954
Percheron, Maurice: Buddha. Reinbek bei Hamburg 1958
Rhys Davids, T. W.: Buddhism, being a sketch of the life and the teachings of Gautama the Buddha. London 1877 etc.
Schlieter, Jens: Buddhismus zur Einführung. Hamburg 1997
Schumann, Hans Wolfgang: Buddhismus – Stifter, Schulen und Systeme. Olten/Freiburg, 5. Aufl. 1988

Der Buddha

Bechert, Heinz: Die Lebenszeit des Buddha – das älteste feststehende Datum der indischen Geschichte? Göttingen 1986
Carrithers, M.: The Buddha. Oxford 1983
Hecker, Hellmuth: Das Leben des Buddha. Hamburg 1973
Jones, J. J.: The Mahavastu. London 1949–1956
Klimkeit, Hans-Joachim: Der Buddha. Leben und Lehre. Köln u. a. 1990
Oldenberg, Hermann: Buddha. Sein Leben. Seine Lehre. Seine Gemeinde. Berlin 1881
Waldschmidt, Ernst: Die Legende vom Leben des Buddha. Graz 1982
Zotz, Volker: Buddha. Reinbek bei Hamburg 1991

Die frühe Lehre

Dahlke, P. (Übers.): Buddha. Auswahl aus dem Pali-Kanon. München, 2. Aufl. 1960
Glasenapp, H. von (Übers. u. Hg.): Pfad zur Erleuchtung. Buddhistische Grundtexte. Düsseldorf 1974
Krauskopf, G.: Die Heilslehre des Buddha. Konstanz 1954
Neumann, K. E. (Übers.): Die Reden Gotamo Buddhos. 3 Bde., Zürich/Wien 1956/1957
Nyanatiloka: Das Wort des Buddha. Konstanz, 4. Aufl. 1978
Nyanatiloka (Übers. u. Hg.): Der Weg zur Erlösung. In den Worten der buddhistischen Urschriften. Konstanz 1956
Nyanatiloka (Übers.): Die Lehrreden des Buddha aus der Angereihten Sammlung. 5 Bde., Köln 1969

Hinayana

Bechert, H.: Buddhismus, Staat und Gesellschaft in den Ländern des Theravada-Buddhismus. 3 Bde., Wiesbaden/Hamburg 1966–1973
Gombrich, R.: Der Theravada-Buddhismus. Vom alten Indien bis zum modernen Sri Lanka. Stuttgart 1997
Mizuno, K.: The Beginnings of Buddhism. Tokyo, 3. Aufl. 1982
Winternitz, M.: Der ältere Buddhismus nach Texten des Tipitaka. Tübingen 1929

Mahayana

Fatone, V.: The Philosophy of Nagarjuna. Delhi 1981
Lindtner, Ch.: Nagarjuniana. Studies in the writings and philosophy of Nagarjuna. Delhi 1986
Schumann, H. W.: Mahayana-Buddhismus. Die zweite Drehung des Dharma-Rades. München 1990
Suzuki, D. T.: On Indian Mahayana Buddhism. New York 1968
Williams, P.: Mahayana Buddhism. London 1989
Winternitz, M.: Der Mahayana-Buddhismus nach Sanskrit- und Prakrittexten. Tübingen 1930

Tantra

Avalon, A.: Shakti und Shakta. Weilheim 1962
Dasgupta, S.: An Introduction to Tantric Buddhism. Berkeley 1974
Glasenapp, H. von: Buddhistische Mysterien. Die geheimen Lehren und Riten des Diamantfahrzeuges. Stuttgart 1940

Bibliographie ... Sach- und Ortsregister

Wayman, A.: The Buddhist Tantras. New York 1973

Tibetischer Buddhismus

Blofeld, J.: The Tantric Mysticism of Tibet: A Practical Guide. Boston 1987
Everding, K.-H.: Tibet. Köln 1993
Hoffmann, H.: Die Religionen Tibets. Freiburg 1956
Keilhauer, A. und P.: Ladakh und Zanskar. Köln 1980
Lavizzari-Raeuber, A.: Thangkas. Rollbilder aus dem Himalaya. Köln 1984
Lama Anagarika Govinda: Grundlagen tibetischer Mystik. Zürich 1956
Snellgrove, D. L.: Indo-Tibetan Buddhism. Indian Buddhists and their Tibetan Successors. London 1987

Buddhismus in Ostasien

Chen, K.: Buddhism in China. Princeton 1964
Dumoulin, H.: Zen. Geschichte und Gestalt. Bern 1959
Suzuki, D. T.: Zen und die Kultur Japans. Hamburg 1958
Zotz, V.: Der Buddha im Reinen Land. Shin-Buddhismus in Japan. München 1991
Zürcher, E.: The Buddhist Conquest of China. Leiden 1959

Buddhistische Kunst

Bhattacharya, B.: The Indian Buddhist Iconography. Calcutta 1968
Franz, H. G.: Buddhistische Kunst Indiens. Leipzig 1965
Gründwedel, A.: Buddhistische Kunst in Indien. Berlin 1900
Härtel, H.: Indische und zentralasiatische Wandmalerei. Berlin 1959
Hecker, H./Neumann, K. E.: Buddhismus und Kunst. Konstanz 1974
Schumann, H. W.: Buddhistische Bilderwelt. Ein ikonographisches Handbuch des Mahayana- und Tantrayana-Buddhismus. Köln 1986
Seckel, D.: Kunst des Buddhismus. Baden-Baden 1982
Snellgrove, D. L. (Hg.): The Image of the Buddha. London 1978
Uhlig, H.: Tantrische Kunst des Buddhismus. Berlin u. a. 1981

Buddhismus heute

Deutsche Buddhistische Union (Hg.): Buddhismus in Deutschland. Eine Chronik. Hamburg 1973
Dumoulin, H. (Hg.): Buddhismus der Gegenwart. Freiburg 1970
Prebish, Ch. S.: American Buddhism. Belmont, California 1979
Tibetan Department for Religion and Culture: Buddhismus in Tibet. Hamburg 1994

Online-Informationen

Keown, D./Prebish Ch. S.: Journal of Buddhist Ethics. http://www.psu.edu/jbe/jbe.html
und
http://www.gold.ac.uk/jbe/jbe.html

Sach- und Ortsregister

abhayamudra 171
Abhidhamma-Pitaka 47
Abhirati 71f.
Achtfacher Weg 36ff.
Acht-Gebote-Frauen 21
Achtsamkeit 40ff.
Adibuddha 72, 97, 100f.
Afghanistan 129
Aghori 93
Ahnenkult 133f., 139
Ajanta 155, 167
Akshobhya 71, 73, 100, 171
Amarapura Nikaya 67
Amaravati 77
Amaterasu 139
Amdo 117
Amida 141
Amida-Buddhismus 141f., 178
Amitabha 71, 73, 100, 136, 141, 171
Amoghasiddhi 73
Amoghavajra 100
anatman 31f.
anda 153
Andhra 128
Angkor 64
Annam 85, 86
Anuradhapura 50
arhat 38, 55
asana 170
Askese 42
Atmung 40, 42f.
Avalokiteshvara 72, 82, 118, 125, 136, 175
avijja 34
Ayuthya 61

Bamiyan 128, 168
Bangladesh 65
bardo 113
Bardo Thödol s. Tibetisches Totenbuch
Bedingtes Entstehen 34f.
Bengalen 94
Berlin 180
bhadrasana 172
Bhaja 155
bhakti 52, 70
bhava 34
bhavachakra 118
bhikshu 22
bhumisparshamudra 170f.

Sach- und Ortsregister

Bhutan 84
Bo-Baum 17
Bodh Gaya 17, 159
bodhisattva 18, 72, 74, 82f.
Bön 106f.
Borobudur 83, 105, 160
Boulder 182
Brahmanen 8
Brunei 87
Budai 175
Buddha-Bild 162ff.
Buddhist Publication Society 181
Buddhisten-Verfolgung (China) 135, 137
Buddhistische Gemeinde für Deutschland 180
Buddhistische Theosophische Gesellschaft 179
Burma 58ff., 128

*c*haitya 155
chakra 98
Champa 86
chan 145
Chan-Buddhismus 109, 145ff.
chedi 62
Chengdu 149
China 130ff.
Chinnamasta 95
Chitipati 174
Chittamatra 80f.
City of 10 000 Buddhas 181
Cochinchina 86

*d*agoba 157f.
dakini 102, 127
dalai lama 116
dao 133f.
Daoismus 133f.
Darel 168
Daseinsfesseln 38
de 134
devaraja 176
Dharamsala 117, 123
dharma (Daseins-/Anhaftungsfaktor) 32, 34
dharma (Lehre) 29
dharmachakramudra 171
dharmakaya 70
dharmapala 102, 103
dharmaraja 106
dhyana 145
dhyanamudra 171
dhyanibuddha s. *jina*
Diamantsitz 172
Dodanduwa 180
Drei Juwelen 29

Dreikorb 47
Dreikörperlehre 69f.
Drepung 115
Drucktechnik 46
Durga 93, 95
dvarapala 176
Dvaravati 61

Ellora 167
Erleuchtungsgeist 120f.
Erste Ausbreitung der Lehre (Tibet) 109

Farbsymbolik (Tantra) 99
Fruchtbarkeitskulte 90
Fudo 176
Fugen 141
Fußabdrücke Buddhas 19

Ganden 115
Gandhara 128, 158f., 163f., 165, 174
gati 118
Gebetsmühle 122
Gelbmützen 115
Gelug-pa 115ff.
Geschlechtsverkehr 39
Gestalttherapie 181
Gleichnis der Blindgeborenen 51
Golden Mountain Dhyana Monastery 181
Guge 109, 110
Gupta-Zeit 159

Hahn 35
Hamburg 182
Han-Zeit 135
harmika 154
hasta 170
Heian (heute: Kyoto) 140
Heilmethoden, östliche 99
Hiei (Berg) 141
Hinayana (Begriff) 53f.
Hosso 140

Individuum 32
Indochina-Kriege 87
Indonesien 128f.
Iran 129

Jainismus 11, 16
Jalandhara 28
Japan 139ff.
jara-marana 34
jataka 47, 163
jati 9, 34
Java 129
Jesuiten 178

Jetavana-Kloster 20
jina 71, 100
Jingtu 136f.
Jizo 143
jnana 75
Jodo-shin-shu 141f., 180
Jodo-shu 141
Jojitsu 140

Kadam-pa 115
Kagyü-pa 114
Kalachakrayana 111
Kali 93, 94
Kalinga 128
Kamakura 149, 168
Kamakura-Zeit 141
Kambodscha 63ff.
kami 139
Kandy 51, 67
kangyur 112
Kanishka-Ära 10, 163
Kanthaka 15
kapala 93
Kapalika 93
Kapilavastu 12, 14
karman 9, 35
Kashia 20
Kashmir 110
Kashyapa (Vorzeit-Buddha) 55
Kastenwesen 67
Kegon 140
kensho 147
Khajuraho 90f.
Khmer-Reich 63
Klöster, Klosterleben 50, 56f.
koan 146, 150
Koguryo 138
Kokuchukai 144
Konfuzianismus 86, 134, 137ff.
Königsverehrung 61
Konzilien 24, 27f., 52
Korea 138
Körperbeherrschung 42
Koryo-Zeit 139
Koshala 14
Kukai 140
Kulturrevolution (China) 138
Kumbum-Tschörten 161
Kundalavana 28
kundun 125
kungan 146
Kusha 140
Kushana-Dynastie 129, 158, 165
Kushinagara 20, 21
Kwannon 175
Kwanyin 136, 175
Kyoto 140, 141

Sach- und Ortsregister

Ladakh 109
Laiengläubige 22
lakshana 166f.
lalitasana 173
Lalitavistara 12
lama 123ff.
Lamaismus 108ff., 181f.
Lamayuru 110
Lannathai 61
Laos 62f.
Lebensdurst 33
Lebensrad, tibet. 35, 118
Leshan 168
lokapala 176
Lotos 7, 19
Lotossitz 172
Lotos-Sutra 131, 136, 142
Lotosthron 172
lotsava 110
Löwenthron 172
Lumbini 8, 13, 14
Luoyang 130
Lüzong 136

Madhyamika 77ff.
Magadha 11, 48
Magadhi 46
Magie 89
Mahabodhi Society 58, 179f.
Mahasanghika 27f., 53, 55f.
mahasiddha 89
maithuna 90
Maitreya 12, 62, 69, 82, 136, 172f., 175
Malaysia 87
mandala 104f., 121
Mandalay 59
Manju-Dynastie 117
Manjushri 72, 82, 175
mantra 90, 121
Mara 17f.
Marichi 102
Mathura 158, 164, 166f., 174
maya 103
medhi 154
Meditation 42f.
Meru 99
Ming-Dynastie 138
Mission/Missionare 22, 128ff.
Mittlerer Pfad 18
Mönchsgebote 22f.
Mönchsleben 66f.
mondo 151
Mondstein 157
Mongolen 114, 116, 139
Mucalinda 172
mudra 90, 170

Muttergottheit 90
Myanmar s. Burma
Myoho-renge-kyo 142

Nagaoka 140
Nagarjunikonda 77
Nalanda 77, 79, 96, 111, 129, 159
nama-rupa 34
Nara 140, 168
Naranya Nikaya 67
Nara-Zeit 140
Navayana 180
Nepal 84, 85
Nichiren Shoshu of America 182
Nicht-Substantialität 31f.
nikaya 47
nirmanakaya 70
Nirvana 44f.
Nonnenorden 20, 21, 67
Nyingma-pa 112f.

Omitofo 136
Orissa 128

Paekche 138
Pagan 59
Pagode 160f.
Paharpur 159
Pala-Dynastie 96, 129
Pali 46
Pali Text Society 179
Pali-Kanon 46f.
Palmblatt-Manuskripte 85
panchatattva 94
panchen rinpoche (auch: *panchen lama*) 116
Paradoxon 27
parinirvana 169, 173
Parvati 90, 95
Pataliputra (heute: Patna) 27, 48
Pathet Lao 62
paticcasamuppada 34f.
Pegu 59
Persönlichkeitswahn 38
Peshawar 159
phassa 34
Phnom Penh 64
phurbu 90
Piprahwa 152
poson 57
poya 57
pradakshina 153
prajna 75
prajnaparamita 75ff.
Prajnaparamita (Bodhisattva) 82, 175
prana 42, 167

Prasangika 78
Pudgalavadin 45
Purang 109

Qing-Dynastie 138

Rajagriha (heute: Rajgir) 27, 52
rakshasa 103
Ramanya Nikaya 67
Ratnaketu 100
Ratnapani 82
Ratnasambhava 73
Reiner Illusionskörper 108, 122
Reines Land 136
Rinzai 149f.
Ritsu 140
Rituale 28, 38
Rote Khmer 64f.
Rotmützen 115
rupa 34

Saicho 140
Sakya 114
Sakya-pa 114
sal-ayatana 34
samadhimudra 171
Samanthabhadra 82, 101
Samanthabhadri 101
sambhogakaya 70
samurai 149
Samye 109
Samye Ling 182
San Francisco 181
Sanchi 153
sangha 29
sankhara 34
sanna 34
Sanron 140
Sanskrit 46
sanzen 149f.
Saptaparni-Höhle 27
Sarnath 18, 167
Sasaniden 129
satori 145, 148
Schlacht am Talas 137
Schlange 35
Schwein 35
Seelenwanderung 31
shakti 91f., 101
Shakya 12
Shambhala 111
Shaolin-Kloster 149
shastra 75
Shingon 140f.
Shinto 139, 143
Shiva 92, 95
Shravasti 20

Sach- und Ortsregister ... Personenregister

shunyata 76, 96
Siam 61
Siam Nikaya 67
siddhi 88f.
Silben, magische 99
Silla 138
Singapur 87
Sino-American Buddhist Association 181
Skeptizismus 38
Soka Gakkai International 144, 182
Soka Kyoiko Gakkai 144
Soto 149
Sri Lanka 46, 50, 56ff., 66f., 158, 178, 179
sthana 170
sthavira 22
Stromeintritt 38
stupa 50, 152ff.
Sukhavati 71f., 104
Sukhothai 61
Sumatra 128
sutra 75
Sutta-Pitaka 47
Svatantrika 78f.

Taiwan 85
Tang-Zeit 136
tanha 34
tantra 92
tao s. *dao*
Tara 82, 175
Tashilünpo 115
tathagata 12
Täuschungen 32
Tendai 141, 143
tengjur 112
tenno 139
terma 113
tertön 113
Thailand 61f.
thangka 126f.
Theosophische Gesellschaft 179
Theravada 54
Thien-Buddhismus 85
thödol 118
Tibet 106ff.
Tibetisches Totenbuch 113, 118f.
Tientai 136
tipitaka 47
Tiraulakot 14
tirthankara 11
Tokugawa-Shogunat 143
Tongking 86
Topra 27
tribhanga 175

triratna s. Drei Juwelen
tulku 117, 125
Turkestan 129f., 137
Türkis 89
Tushita-Himmel 13

upadana 34
Urkanon der Lehre 26
urna 167
Uruvela 17, 24
ushnisha 167

Vairocana 72, 73, 100, 140
Vaishali 27, 152
vajra 97, 107
Vajradhara 73, 100f., 114
Vajradhatu 182
Vajradhatu-Mandala 104f.
Vajrapani 82
vajrasana 172
vajrasattva 97
Vajrasattva (Buddha) 72, 73, 100
Vajrayana 107ff., 120f.
varadamudra 171
Varanasi 22
vedana 34
vedische Religion 8
Verzehr von Fleisch 36
vesak 57
vidyaraja 176
Vier Edle Wahrheiten 30ff.
Viet Cong 87
Viet Minh 87
Vietnam 85ff.
vihara 155f.
Vijnanavada 80f.
Vikramashila 111
Vinaya-Pitaka 47
vinnana 34
Vishnu 96
Vishvapani 82
vitarkamudra 170
Vollmond 57

Wei-chi 136
Wei-Dynastie 135
Wiedergeburtslehre 9f., 31
Won-Buddhismus 139
wuwei 134

*y*ab-yum 94, 177
yaksha 103, 152, 166
Yama 174
yantra 104
yidam 94, 102
Yi-Dynastie 139
yin-yang 133
Yoga 42

Yogacara 81
Yüan-Dynastie 114

Zahnreliquie 50f.
zazen 149
zen 145
Zen-Buddhismus 145ff., 149f., 181
Zweite Ausbreitung der Lehre (Tibet) 110

Personenregister

Ajatashatru, König v. Magadha 25, 52
Akong Rinpoche, tibet. Missionar 182
Alexander der Große 48
Altan Khan, Mongolenfürst 115
Anagarika Dharmapala, Missionar und Reformator 179
Ananda, Schüler Buddhas 24, 27, 52
Arada Kalama, brahman. Gelehrter 16
Asanga, Mitbegründer des Yogacara 80, 107
Ashoka, Maurya-Kaiser 8, 27, 48ff., 152
Ashvajit, Freund Buddhas 22
Atisha, Missionar 110

Bertolucci, Bernardo 182
Bhadrajit, Freund Buddhas 22
Bhallika, Schüler Buddhas 18, 22
Bimbisara, König v. Magadha 19, 24, 25
Blavatsky, Helena Petrovna, Okkultistin 179
Bodhidharma, Begründer des Chan 145
Buddha, historischer:
– als erstes der Drei Juwelen 29
– Asketendasein 16
– Auszug aus dem elterlichen Palast 15f.

Personenregister

– Beisetzung 21
– erste Predigt 18, 30
– Erwachung unter dem Bo-Baum 17f., 31
– Geburt 13
– Reliquienstreit 21
– Shakyamuni 12
– Siddharta Gautama 13
– Tod 20f.
Buddhaghosha, Hinayana-Gelehrter 48

Chandaka, Buddhas Diener 15
Chögyam Trungpa, tibet. Missionar 182

Dahlke, Paul, dt. Forscher 180
Dalai Lama, 14. 117
Dareios I., Perserkönig 11
Devadatta, Vetter und Widersacher Buddhas 25
Dogen, japan. Mönch 149
Drogmi, tibet. Übersetzer 114
Drom Tönpa, tibet. Gelehrter 110
Drom-tön, tibet. Übersetzer 115
Drona, Brahmane 21

Eisai, japan. Mönch 149

Faxian, chines. Pilger 131
Feniger, Siegmund s. Nyanaponika
Ford, Harrison, Schausp. 181
Fudaishi, japan. Zen-Meister 146

Gampopa, tibet. Gelehrter 114
Genku (Honen Shonin), japanischer Gelehrter 141
Gere, Richard, Schausp. 181
Glasenapp, Helmuth v., dt. Forscher 34
Grimm, Georg, dt. Forscher 180
Gueth, Anton s. Nyanatiloka Mahathera

Hakuin Ekaku, japan. Zen-Meister 41, 150
Hewavitarne, David s. Anagarika Dharmapala
Honen Shonin s. Genku
Huineng, chines. Chan-Meister 145

I-ching, chines. Pilger 131

Kashyapa, Brahmanen-Brüder (s. auch Maha Kashyapa) 24
Kaundinya, Freund Buddhas 22
Kerouac, Jack, Schriftst. 181
Kim Myong-guk, korean. Maler 138
Konfuzius 134
Kumarajiva, ind. Missionar 131

Langdarma, tibet. König 107
Lao-tse 134
Lozang Gyatso, 5. Dalai Lama 116

Maha Kashyapa, Schüler Buddhas 24, 52
Mahanama, Freund Buddhas 22
Mahaprajapati, Adoptivmutter Buddhas 13, 20
Mahavira, Begründer des Jainismus 11, 16
Mahinda, Missionar der Maurya-Zeit 56
Marpa, tibet. Gelehrter 110f.
Maudgalyayana, Schüler Buddhas 24, 50, 51, 118
Maya, Mutter Buddhas 13f.
McGregor, Allan Bennet, brit. Mönch 180
Menander, König 9
Milarepa, tibet. Gelehrter 111
Mongkut, thailänd. Prinz 61

Nagarjuna, ind. Gelehrter des Mahayana 45, 77f.
Naropa, ind. Gelehrter 110f.
Neumann, Karl Eugen, dt. Übersetzer 179
Nichiren Daishonin, japan. Reformator 142ff.
Nyanaponika, dt. Mönch 180f.
Nyanatiloka Mahathera, dt. Mönch 48, 180
Nydahl, Hannah u. Ole, dän. Anhänger des Lamaismus 182

Oda Nobunaga, japan. Heerführer 143
Olcott, Henry Steel, amerikan. Okkultist 179

Oldenberg, Hermann, dt. Übersetzer 179

Padmasambhava, ind. Gelehrter 108f., 112
Perls, Fritz S., Mitbegründer der Gestalttherapie 181
Phagpa, tibet. Großlama 114
Poros, ind. König 48
Prasenajit, König v. Koshala 19

Rahula, Sohn Buddhas 24
Rhys Davids, Thomas Williams, brit. Übersetzer 178f.
Rinchen Zangpo, tibet. Gelehrter 110
Ryotan, japan. Zen-Meister 147f.

Sakya Pandita, tibet. Großlama 114
Schopenhauer, Arthur, dt. Philosoph 178
Schrödinger, Erwin, Physiker 183
Seidenstücker, Karl, dt. Übersetzer 180
Sengai, japan. Zen-Meister 146
Shakyamuni s. Buddha, historischer
Shariputra, Schüler Buddhas 24, 50, 51
Shashanka, bengal. König 17
Shenrab Miwo, tibet. Gelehrter 107
Shinran Shonin, japan. Reformator 141
Shotoku, japan. Prinz 139
Shuddhodana, Vater Buddhas 13, 14
Siddharta Gautama s. Buddha, historischer
Sihanuk, kambodschan. Prinz 64f.
Sönam Gyatso, 1. Dalai Lama 115f.
Songtsen Gampo, tibet. König 106
Suzuki, Daisetz Teitaro, japan. Zen-Gelehrter 181

Tilopa, tibet. Magier 114
Tokusan, japan. Zen-Meister 147f.
Trapusa, Schüler Buddhas 18, 22
Tri Rapaltschen 106

191

Personenregister ... Bildnachweis

Trisong Detsen, tibet. Gelehrter 106
Tsongkhapa, tibet. Reformator 115
Turner, Tina, Sängerin 144

Udayana, ind. König 162
Udraka Ramaputra, brahman. Gelehrter 16

Vaspa, Freund Buddhas 22
Vasubandhu, Mitbegründer des Yogacara 80, 107

Xuan-zang, chines. Pilger 69, 131, 136, 162

Yajnavalkya, brahman. Gelehrter 20
Yasha, Schüler Buddhas 22
Yashodhara, Gattin Buddhas 15
Yeshe-Ö, tibet. König 110

Bildnachweis

o = oben
u = unten
l = links
r = rechts
m = Mitte

AKG 178
allOver, Josef Beck 23 u, 29, 60, 62, 64, 67, 157 u, 160, 169;
Axel Brod 150 r;
Marcus Brooke 168;
Manfred Görgens 10, 19, 23 o, 33 o, 36, 50, 58 u, 65, 83, 84, 153 o+u, 156, 170 ul, 182 u;
Nicole Häusler 7, 20 u, 53, 61
Ferdinand Hollweck 33 u, 115, 123, 124;
Barbara Kirchhof 144, 147, 150 l, 175;
Link 99 u;
Jens Nagels 11;
Werner Scholz 8, 27 o, 41 o, 49, 54, 79, 126, 152, 179 l
Ashmolean Museum, Oxford 93
Hans-Joachim Aubert, Bonn 18 o, 30, 85, 159
A. Begsteiger, Gleisdorf 40 o, 70
Benrido Company, Kyoto 47
Udo Bernhard, Langen 57, 157 o, 172 u
Bibliothèque Nationale, Paris 69
Bodleian Library, Oxford 76
Gisela Bonn 121
Martin Brauen, Bern 35, 44 o+u, 98 o, 105, 120
Manfred Braunger, Freiburg 58 o
Jürgen Bringenberg, Wuppertal 17 o, 122
British Library, London 74 u
British Museum, London 9, 22, 25 u, 45, 130 u, 135 u, 137 u
Fridmar Damm 114 u
Karl-Heinz Everding 37
Forschungsstelle der Heidelberger Akademie der Wissenschaften 129
Freer Gallery of Art, Washington D. C. 142
Manfred Görgens, Wuppertal 16, 40 u, 154 o
Günter Heil, Berlin 154 u
Holle Verlag 102
Indian Museum, Calcutta 13 o
Japan National Tourist Organization 149
Jean Dénis Jobert 86 u
Keystone, Hamburg 87
Kohlhammer, Stuttgart 141 u
Kozanji, Kyoto 140 o
Magdalene Krumbeck, Wuppertal 130 o
Kunstamt Berlin-Tempelhof 12, 20 o, 21, 28 o, 177
Linden-Museum, Stuttgart 128
Kai Ulrich Müller, Berlin 148
Musée Guimet, Paris 162
Museum der Kulturen, Basel 109, 127
Museum für Völkerkunde, Leipzig 143
Museum für Völkerkunde, München 82, 92
Museum Kabul 25 o, 32
Museum Rietberg, Zürich (Foto Wettstein & Kauf) 26
Museum van Aziatische Kunst, Amsterdam 113 u
National Museum, Tokyo 176
Erhard Pansegrau, Berlin 132, 138 o, 161
Jaroslav Poncar 89 o, 101 o
Raghu Rai 91
Rijksmuseum voor Volkenkunde, Leiden 100, 103, 125
Ralf Röttjer, Köln 86 o
Sammlung Joachim Baader, Stuttgart 119
Sammlung Yamamoto Kiyoo, Ashiya 41 u
Smeets, Weert NL 27 u, 38, 68, 155, 172 o
Staatliche Museen zu Berlin, Preußischer Kulturbesitz
 – Berliner Museum 166
 – Museum für Indische Kunst 13 u, 15, 17 u, 46, 163 u, 163 o
Victoria & Albert Museum, London 163 o

Die Rechte für die nicht aufgeführten Abbildungen liegen bei den Autoren, beim Verlag oder konnten nicht ausfindig gemacht werden.